小仲马传

反俄狄浦斯者

〔法〕玛丽亚娜·肖普
克洛德·肖普 著
张文英 译

ALEXANDRE
DUMAS
FILS

创于1897
The Commercial Press
商務印書館

涵芬楼文化 出品

《手握滚环的小仲马肖像》
路易·布朗热（Louis Boulanger）绘
私人收藏

《小仲马肖像》

路易·布朗热，1859年绘

大卫·拉兹（David Rase）摄

由维耶科特莱城亚历山大·仲马博物馆提供

《杜普莱西女士肖像》
让-夏尔·奥利维耶
（Jean-Charles Olivier），约1840年绘
大卫·拉兹摄，由维耶科特莱城
亚历山大·仲马博物馆提供

《玛丽·杜普莱西》
埃德瓦尔·维耶诺（Édouard Viénot）绘
私人收藏
图片由PVDE和布里奇曼图片社提供

《茶花女》招贴画，莎拉·伯恩哈特

（Sarah Bernhardt）主演

阿尔封斯·玛利亚·穆夏

（Alphonse Maria Mucha），1896年绘

G.达格利·奥尔蒂

（G. Dagli Orti）摄

图片由阿格斯提尼图片库和

布里奇曼图片社提供

《法兰西喜剧院，〈巴格达公主〉，小仲马的三幕剧》
奥古斯特-伊莱尔·雷维耶（Auguste-Hilaire Léveillé）绘

《〈克莱芒梭事件〉，阿尔芒·达尔图瓦（Armand d'Artois）
根据小仲马的小说改编，最后一幕第五场》
阿德里安·玛利（Adrien Marie）绘
选自《戏剧插图》杂志

《小仲马先生画销四海、八方来财》

闪（亚美戴·德·诺埃〔Amédée de Noé〕）绘

选自《杂音》杂志，1865年4月19日刊

《小仲马肖像》

戴奥巴尔·夏尔唐（Théobald Chartran）绘

选自《名利场》杂志，1879年12月27日刊

《小仲马先生，〈杂音〉的新万神殿》
保罗·阿多尔（Paul Hadol）绘
选自《杂音》杂志，1866年8月21日刊

《杀死他！杀死她！杀死他们！或者戏剧道德家》
安德烈·吉尔（André Gill）绘
《日食》杂志封面，1875年10月24日第365期

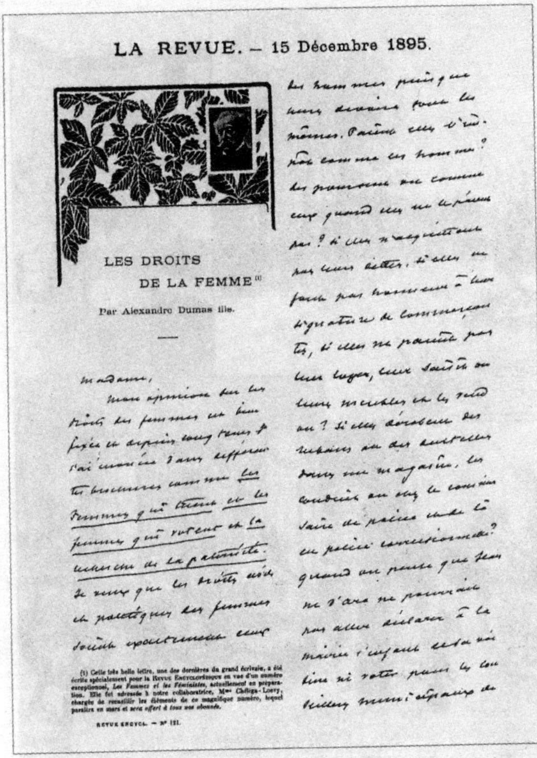
LA REVUE. – 15 Décembre 1895.

LES DROITS
DE LA FEMME (1)

Par Alexandre Dumas fils.

Madame,

Mon opinion sur les droits des femmes est bien fixée et depuis longtemps. Je l'ai exprimée dans diverses brochures comme Les femmes qui tuent et les femmes qui votent et La recherche de la paternité. Je veux que les droits civils et politiques des femmes soient exactement ceux des hommes puisque leurs devoirs sont les mêmes. Paient-elles l'impôt comme les hommes? les punit-on comme eux quand elles ne le paient pas? Si elles n'acquittent pas leurs dettes, si elles ne font pas honneur à leur signature de commerçantes, si elles ne paient pas leurs loyers, leur saisit-on leurs meubles et les vend-on? Si elles dérobent des rubans ou des dentelles dans un magasin, les conduit-on chez le commissaire de police ou en police correctionnelle? Quand on pense que Jeanne d'Arc ne pourrait pas aller déclarer à la mairie l'enfant de sa voisine ni voter pour les conseillers municipaux de

(1) Cette très belle lettre, une des dernières du grand écrivain, a été écrite spécialement pour la REVUE ENCYCLOPÉDIQUE en vue d'un numéro exceptionnel, *Les Femmes et les Féministes*, actuellement en préparation. Elle fut adressée à notre collaboratrice, Mme Chéliga-Loevy, chargée de recueillir les éléments de ce magnifique numéro, lequel paraîtra en mars et *sera offert à tous nos abonnés.*

REVUE ENCYCL. — N° 121.

小仲马关于妇女权利的手写信

选自《百科》杂志，1895年12月15日刊

《马尔利勒鲁瓦的尚福鲁别墅》

穆里尼耶（Moulignié）先生绘

《小仲马在书房》根据保罗·多尔纳克公司的照片绘制）
选自《名流圈》杂志，1891年4月18日第1777期

《小仲马的葬礼》

保罗·代斯特兹（Paul Destez）绘

选自《绘画世界》杂志，1895年12月7日第2124期

献给于连

序言

人们对小仲马的评价毁誉参半，直到这本书出版之前，还没有人冒险写过他的传记。他创作的《茶花女》描写了一个幡然悔悟的交际花，这是一个被升华了的形象，是伟大的文学神话之一。对于他的同代人来说，小仲马是一位重要的剧作家，以至于流传着“仲马风格”这样一个搞笑的形容词。

莱昂-保罗·法尔格（Léon-Paul Fargue）曾在《灯下》中谈到以专有名词加上后缀-iste构成形容词的风潮，他说：“这种风格的回潮，比如马斯奈风格、仲马风格，从老一辈奥吉耶（Augier）、萨尔塞（Sarcey）、古诺（Gounod）[……]开始，一直延续到都德（Daudet）和莫泊桑（Maupassant）、布尔热（Bourget）和洛蒂（Loti）。”[1]

奥克塔夫·米尔博（Octave Mirbeau）在一连串玩笑中使用过同样的表语：

> 我不是斯汀伯格主义者。
>
> 我不是仲马主义者。

1 拉蒙·费尔南代兹（Ramon Fernandez）在《普鲁斯特的荣耀，或者普鲁斯特现代小说谱系》（新批评杂志出版社，1943年）中引用。

我不是莎拉·伯恩哈特主义者。

我是卡里耶苏普瓦主义者。[1]

安德烈·莫洛亚（André Maurois）在《寻找马塞尔·普鲁斯特》[2]中谈到1949年普鲁斯特写给他妈妈的一封信时，重拾了这个造出来的形容词。后来，1957年他又在《三仲马》中写道："仲马这个家族什么都不缺：糊里糊涂的丈夫，受伤害的女人，道理明白但就是恶习不改的朋友群，爱闹别扭的女友，还有集萝莉和风情于一身的女子。"

这个新词是根据姓氏和血统关系造出来的混合词，证明当时的人把这位第三代仲马当成了第二代。

这难道意味着小仲马首先因为父亲的关系才能成名？严格来讲，必须区分三位仲马：祖父托马斯·亚历山大·仲马（Thomas Alexandre Dumas）是位将军，父亲亚历山大是作家，儿子亚历山大也是作家，三个人都是同样的名字。仲马最早应该是共和国将军托马斯·亚历山大·达维·德·拉帕耶特里（Thomas Alexandre Davy de La Pailleterie）所用的化名。从1674年以后，作为姓氏，仲马或者达维·德·拉帕耶特里习惯上都会起名为亚历山大。

但是，当父亲过世后，小仲马成为唯一的亚历山大·仲马，因为没有从名字里删去"儿子"这个词，就不需要再加以区分了[3]："这个

1 阿尔贝·富尔尼耶（Albert Fournier），《寻回的时光之所》，团结的法国出版社，1971年，第169页。

2 安德烈·莫洛亚，《寻找马塞尔·普鲁斯特》，巴黎，阿歇特出版社，1949年。

3 小仲马在法文中写作Dumas fils，意为"儿子仲马"。——译注

词是我名字的一部分，就像是家族的第二个姓取代了本姓一样。”[1]

小仲马这个当儿子的终于复了“仇”，虽然所有境况都在推动他这样做，比如：非婚生、私生子艰难的童年、对父亲放荡生活的不赞同、父子二人截然相反的性格、他们之间作为作家的竞争，但他没有寻求与父亲决裂，也没有想过取代他、杀死他。

小仲马是一位“反俄狄浦斯者”。被称作仲马的达维·德·拉帕耶特里家族都努力歌颂他们祖先的荣光。大仲马颂扬在他四岁时死去的父亲，这是一位英勇的武士，曾凭借一己之力把敌人阻截在克罗森桥，执政府为了战胜反革命军队而召回这位革命英雄，但他很不幸地因为车辆故障而耽搁了，最终巴拉斯（Barras）让拿破仑·波拿巴（Napoléon Bonaparte）代替了他。小仲马与父亲如出一辙，就算他亲眼看见父亲过着远谈不上正常的生活，还是以近乎宗教般的热情守护着父亲的名声：无论在父亲的生前还是身后，他都赞美伟大的作家是如何宽厚和深受喜爱：

> 他创作了那么多的人物，每个人物虽然性格不同却总是那么恰如其分。来看看吧：德·吉斯（de Guise）公爵夫人、阿黛尔·德·艾尔维（Adèle d’Hervey）、德·普雷（de Prée）夫人、黎塞留（Richelieu）、安东尼（Antony）、雅库（Yacoub）、布雷当（Burédan）、皮尔托斯（Porthos）、阿拉米斯（Aramis），还有《旅行印象》，而且总是那么趣味盎然。有人问我：“您的

1 安德烈·莫洛亚，《三仲马》，巴黎，阿歇特出版社，1957年，第431页。

父亲不会写下任何一行乏味的文字，他是怎么做到的?”我回答他:“因为这会让他无聊不已!”他的全部秘密都在这个词里。他幸运地比任何人写得都要多，必须要写作才能养活自己和其他人，但他从来只写让自己开心的东西。

父亲在万花丛中挥洒自己的情感，根据弗洛伊德的理论，儿子会走向反面，抛弃父亲身上令其母亲痛苦的东西。作为唯一被承认的子嗣，他自认为是唯一拥有这个权利的人，因此痛苦不堪。

在儿子的青少年时期，父亲的个人生活很混乱，极度紧张和困难的父子关系成为两人关系的主调，但他们也彼此深深依恋，就如他们在通信中相互倾诉所呈现的那样。

同样，如果有人冒险撰写儿子的传记，那么永远不要忘记，他与父亲复杂的情结虽然是以愤怒和严厉的评判为主体，但也一直饱含着敬仰和温情。

传记作者希望读者在传主身边度过几个钟头之后，衷心承认他的品质，最终成为一个仲马主义者。

目录

第一章　生父不详

我一直认为，一个男人自愿生了个儿子（必定是自愿地），却不为他提供生存必需的物质、道德和社会条件，也不承担由此产生的所有后果，他就等同于小偷和杀人犯。

小仲马

《私生子》序言

在布瓦埃勒迪厄广场1号，也就是曾经的意大利人广场1号，一块贴在住宅墙上的铭牌告诉路人：

> 戏剧作家小仲马
>
> 1824年7月27日
>
> 降生于此。

说真的，一个没有姓氏的孩子诞生了，唯有名字将他与某个家族联系在一起。他的父亲诞生于7月24日，与他同为狮子座。孩子降生时天气极为恶劣，7月27日的《辩论报》告诉读者：“陛下［当时在圣克鲁城堡］做完弥撒后应该动身前往凡尔赛去检阅卫队，包括国民自卫军、两个团的皇家卫队和来自西班牙军队的两个瑞士兵营，但是因为糟糕的天气而改变了行程。”

这位陛下是查理十世，1815年坐着外国人的马车返回了法国。

孩子的生父当时二十一岁，刚刚离开家乡小城维耶科特莱，在奥尔良公爵办公室做临时办事员。他在意大利人广场1号租了一个小房间，“房间朝向院子，铺着黄色壁纸”。对于梦想走上“一条铺满玫瑰和黄金大道”的人而言，环境显然过于简陋，但这个房间还附带一个亭子间。除了工资以外，他有时为法兰西喜剧院爬格子赚些稿费。

那时，他在这里刚住了六个多月。1823年10月21日，吕西安·阿尔诺（Lucien Arnault）的悲剧《葡萄牙的皮埃尔》举行了首场演出，他从剧院归来，还沉浸在巨大的热情中，这时他发觉自己没有火柴了，点不了蜡烛，于是他去敲同层女邻居的门。他应该不止一次在楼梯上遇见过这位邻居，对她屡献殷勤。

她告诉别人自己叫劳尔（Laure），父姓拉贝（Labay），大约三十岁。“我母亲在格朗日巴特利耶街街角的二楼开了一家女士内衣店兼营刺绣，就在市政府对面。她曾是著名的卡洛琳娜内衣店最早的工人，现在自己开店。她品位优雅、守时，性格温和，吸引了为数不多但经过筛选的顾客群。”[1]《克莱芒梭事件》的叙述者就是这样描

1 小仲马，《克莱芒梭事件——被告的回忆》（以下简作《克莱芒梭事件》），巴黎，米歇尔·雷维（Michel Lévy）兄弟出版社，1866年，第6页。书中的地址与劳尔后来租的一间店铺相符。

述他母亲的，或许借用了劳尔·拉贝的经历？

劳尔·拉贝为陷入黑暗的年轻邻居打开了门，他热烈地称赞她的房间充满奢华的细节，直到第二天早上九点钟才离去。

“我完全有理由相信，《茶花女》的作者就是《葡萄牙的皮埃尔》首演当晚孕育的”，大仲马在《回忆录》的某个段落中这样写道。因为风化的原因，《新闻报》曾拒绝刊发他的《回忆录》。

九个多月后，执业医生让-巴蒂斯特·普鲁（Jean-Baptiste Prout）被请来助产，他在1823年获得了医师资格，由《医学公报》公布。随后，医生在两位裁缝和牙医邻居的陪同下来到当时坐落于当丹街3号的第二区政府进行出生登记，这里曾是蒙德拉贡的宅邸。“亚历山大，当月27日晚六点钟生于母亲家中［……］玛丽·卡特琳娜·拉贝（Marie Catherine Labay）小姐的私生子”，并未明确她是否承认这个孩子。

有极大可能的是，劳尔宣布自己怀孕的消息并没有让她的情人喜出望外，他是一位将军的儿子，自己也生活窘迫，不可能娶一个卑微的女裁缝，这位女子“没什么吸引力，几乎没有受过教育”，尤其是，这位年轻的雇员已经投身于征服文学荣耀的崇高目标：孩子没有获得承认。

人们对于母亲劳尔知之甚少，安德烈·莫洛亚和追随他的传记作者们认为她叫玛丽·卡特琳娜，她儿子申报的死亡证明上称她为玛丽·卡特琳娜·劳尔。她在一些文件上的签字让人认为，她常用的名字应该是劳尔。根据斐多区警察局的证明，她出生于与布鲁塞尔交界的市镇埃特贝克（死亡证明上说她出生于布鲁塞尔）。但是在这两座城市以及周围的安德莱赫特、艾弗斯、伊克塞勒、热特圣皮埃尔、科盖尔博格、莫朗贝克、圣吉勒、圣若斯滕诺德和谢贝克地区的民事登记文档中寻找，都没有任何结果。证明上写道：其父母为法国人，但再无其他信息。小仲马口述的死亡证书上这样写道："未提供父亲和母亲的姓名"。她1794年出生于比利时，这让人将她的出生与革命军占领比利时联系起来，1794年6月26日的弗勒吕斯决战造成帝国军队撤出莱茵河，就在劳尔出生（6月8日）后的第三个星期。或许她的父母在第一次布鲁塞尔被占领（1792年11月14日）后就安顿在此处了。

根据警察局的证明，她在法国居住了二十年，那么她是在1812年离开了比利时，当时年仅十八岁。

同一份证明表明她是寡妇，而她在承认儿子的证明上宣称自己是独身。她还曾在鲁昂生活过，可能在那儿结过婚，但鲁昂的民事登记中没有任何关于这次婚姻的记录。与疯子丈夫分开或者成为寡妇之后，她决定在巴黎安身。但是关于这次婚姻的说法前后不一：因为在后来承认儿子的证明上自称为独身，于是这份声明因为与前一份不一致而无效。

这位三十岁的女子长什么样？她是位金色头发、中等身材、略为丰满、皮肤白皙的女子。加布里埃尔·费里（Gabriel Ferry）在晚年结识了她，说她是个严肃的人，不算漂亮，但是脸上有种令人愉悦的魅力。相反，亨利·布拉兹·德·布里（Henri Blaze de Bury）说她勤劳、热诚而漂亮。基督山城堡保存的一幅她的水彩肖像与这种速写式的描述相符。

就在孩子出生前，情况发生了变化：实际上，大仲马的薪酬增加了（1824年4月他成为正式雇员，负责抄制副本），因为孩子的母亲一直想和他一起住在巴黎，于是他为他们在圣德尼郊区街53号租了一处房子，那里紧邻银狮大街。未来的一家之主成了过路情人，意大利人广场1号算是大仲马比较长久的一个歇脚处，他在母子的住所与奥尔良公爵办公室所在的皇宫第二重院子之间穿梭往返。

在儿子出生后，大仲马是否更加殷勤地陪在意大利人广场？他似乎对自己的母亲隐瞒了孩子出生的事。几乎没人知道这一时期这对父子的生活状况。按照欧仁·德·米尔古（Eugène de Mirecourt）的说法，大仲马当时只是一个前途未卜的文员，不过还是“支付了保姆的费用和断奶后的寄宿费用”。[1]和父亲相反，儿子没有留下任何珍贵的自传性文字以飨读者和传记作家。传记作家在写小仲马的传记时，仅有数条逸事可供玩味。

比如这一条，小仲马向亨利·布拉兹·德·布里吐露自己的童年回忆，可能是从母亲那里听来的，这一幕应该发生在1826年9月：

> 我经常看到父亲在母亲旁边的一盏灯下奋笔疾书。记得有一晚我睡不着，哭闹不休，母亲抱我坐在她的腿上哄我入睡。我继续哭哭啼啼，父亲一直在工作，但是哭闹声吵得他烦躁不

1　欧仁·德·米尔古，《十九世纪的肖像与剪影》，“当代人丛书”第九卷，《小仲马》，巴黎，古斯塔夫·阿瓦出版社，1855年，第15页。尽管有卷首声明，米尔古还是谨慎地写道：“小仲马在没有任何证据佐证的情况下，出于对我们的不信任，搞乱了历史资料，把我们抛入不确定的深渊。幸好，我们发现了陷阱。对内容的严格审核使我们能够掌控后面传记的真实性。”（第6页）

安，最后他竟然一手抓过我，把我扔到床上。我似乎现在还在空中飞行，母亲则大声哭喊，什么样的场景啊！我再次大哭，父亲躲到自己房间。第二天，他羞惭地回来和母亲晚餐。为了求得原谅，他竟然带来了一只甜瓜！[1]

儿子对父亲最初的印象就是一个无比高大的男人，和自己一样有着蓝宝石般的眼睛，头发很奇特，摸上去就像在摸羊毛。这个男人一直在写，用一支鹅毛笔不停地写，笔尖在纸上划出沙沙的声响，他经常把笔伸到墨水瓶里蘸墨水，还因为担心墨水洇湿稿纸或者洒到地板上而不许他靠近。那个时期，父亲不会写满一整行，因为他写的是诗。很快，他开始写厚重的悲剧，一页又一页，代替了短小的诗篇。

1827年6月3日，孩子还不到三岁。他的父亲遇见了梅拉妮·瓦尔多（Mélanie Waldor），一位三十一岁的女子。她也一样，“谈不上美丽”，褐色头发，身材瘦削，瘦到维克多·雨果（Victor Hugo）把她比作幽灵，缪塞（Musset）觉得她像牡蛎。她的丈夫是一位军官，被流放到边远的军营。她加入了复辟时期的资产阶级文学圈子，主持父亲的沙龙，她的父亲是令人尊敬的、博学的维耶纽夫（Villeneuve），翻译过不少古希腊文和拉丁文的作品。和其他的情妇不同，她是年轻作家的皮格马利翁[2]，她仰慕他，同时也激起他更多

1 亨利·布拉兹·德·布里，《我的研究与回忆：亚历山大·仲马的一生，他的时代与作品》（以下简作《我的研究与回忆》），巴黎，卡尔曼-雷维（Calmann-Lévy）出版社，1885年，第7页。

2 皮格马利翁是希腊神话中的人物，他爱上了自己雕刻的少女。这个故事意味着当你不断对某件事情注入极大的热情，终有一天它就会成为事实。——译注

的雄心。“我们的天赋都在我们爱的女人身上”，他写道。对大仲马来说，情感的天赋是多形态的，新情感的到来从不意味着旧情感的终结。梅拉妮后来责怪他：“您骗了我，而且是从您在我的脚下哭着说‘我爱你，我只爱你’的时候就开始了。当您夜晚睡在您儿子的母亲的臂弯里，您对她说的是一样的情话。”

在她成为他的情妇之前，他曾坦白自己有个儿子。

“我正在给你写信，儿子就在我身边，他好多了。”9月13日，就在她对他表白爱意的第二天，他这样写道。

9月22日，她成了他的情妇，她几乎是立即想到要和情人、他的儿子还有自己的女儿重组一个家庭。她的女儿伊丽莎白（Élisabeth）被喊作伊丽莎，比男孩只小几个月，是男孩的第一个玩伴。10月10日，她提议大仲马去莫顿公园可以赏秋景的林间散步，还为男孩的衣着担心：“我觉得亚历山大冬天的衣服不能穿了，穿夏天的衣服又太冷。”

12月15日和16日，大仲马在写给梅拉妮的信中流露出对孩子的温情：“我现在要睡了，和亚历克斯一样向你抛飞吻，他左手飞吻，右手还在写字本上写个不停。”

父亲正在写的是一出五幕悲剧《克丽斯蒂娜在枫丹白露》。1828年4月30日，这个剧本被收下了，为他敲开了法兰西喜剧院的大门。但是，剧院的演员们表示不愿意上演这出剧。而另一出极为大胆的新剧《亨利三世及其宫廷》1829年2月10日在法兰西喜剧院上演，为他赢得喝彩，也引来嘘声，将这位年轻人与浪漫主义运动联结在了一起。

这是一部改变作者命运的剧本，它也进而改变了天真的孩子的命运。这出剧上演时，孩子睡得正酣。

让我们看看2月12日的《辩论报》：

> 这是一位年轻剧作家事业的开端，我敢说这是个辉煌的成功［……］。在暴风雨般的掌声中，应观众的大声要求，费尔曼[1]说出了作者的名字。
>
> 奥尔良公爵大人想以特殊的方式给作者以荣誉和保护。他为光彩夺目的作者、皇家的王子公主们以及其他依附奥尔良家族的名人预订了大量剧院的楼座包厢。

根据《我的回忆》描述，“奥尔良公爵听到了自家雇员的名字，站了起来。[2]这次成功即使不是最辉煌的，也可以算是当时最轰动的，它将作家推上了圣坛”。

从此，亚历山大·仲马的名字——这也是孩子的名字——再没离开过海报的醒目位置。

根据亨利·布拉兹·德·布里的说法，[3]年轻的作家利用这第一笔酬金为母亲和孩子在帕西租了一套小公寓。

劳尔无疑厌倦了与别人分享自己的情人，威胁要与他断绝关系

1 费尔曼（Firmin，1784—1859年），本名为J.-B.弗朗索瓦·贝克莱尔（J.-B. François Becquerell），是法国喜剧演员，于1811年加入法兰西喜剧院。

2 公爵很快提名他做图书馆长助理。

3 见亨利·布拉兹·德·布里，《我的研究与回忆》。

并带着孩子离开。人们或许认为，就算大仲马与这个女人结束关系，也不需要与儿子分离。他刚刚在巴克街与大学街交汇的地方租了一套位于五楼的优雅公寓，可以把他带在身边养育：他难道不是最适合教养儿子的人吗？

但是孩子在母亲身边非常快乐。人们极有理由相信，这种快乐类似于《克莱芒梭事件》的叙述者的回忆：

> 我还依稀看见那所简朴的房子，它是如此整洁。上了年纪的女佣一大早就开始抹抹擦擦，我刚睁眼就借口帮她做早晨的清理而玩耍；我们吃简单的饭食，吃饭时母亲会和女佣闲聊[……]；到了晚上，两三个笑意盈盈的年轻女工来我家，母亲会把亲自剪裁好的衣料分给她们。这些年轻姑娘都特别宠我，我私生子的身份可能是她们更怜爱我的一个原因。[1]

于是父母之间展开了一场无声的战斗。

梅拉妮·瓦尔多一封没有日期的信[2]——很可能写于1829年，佐证了这场斗争。大仲马想从母亲身边带走儿子，孩子则拼力反抗：

> 我的朋友，你知道我是多么爱你的儿子，所以对他的判断过于宽容而不够严肃。好吧！我的朋友，我认为你不能在家里

---

1 小仲马，《克莱芒梭事件》，第6—7页。

2 安德烈·莫洛亚认为这封信是贝勒·克莱尔萨内（Belle Kreilssamner）所写，但笔迹显然是梅拉妮·瓦尔多的。

养育他。你对他的教育模式是有缺陷的，需要重新来过而且越快越好——如果你能一直照顾他，他留在你身边是非常好的，但是你能给他什么？每天最多两个小时，而且是不连续的；除了你以外，他不在乎任何人。没有人受得了他，无论是祈求还是威胁，我都没办法给他梳洗！他既不愿意读书也不想写字，而且粗暴任性，我有时不得不冲他吼。但是导致这一切的弊端，万恶之源，就是告诉他可以在礼拜日和礼拜四见到他母亲。每次见到她，他回来以后只会跟我们更加顽皮、暴躁和阴郁。我坚信，他的母亲让他讨厌我们，甚至是讨厌你。他甚至不再像最初那样问起你。他只有一个念头：他的母亲！其他事对他而言根本无所谓！他礼拜二下午三点钟回来了，可是明天又要回去！她会自己来接他，他可能会睡在她那儿，他在她那儿待的时间要比他离开那里的时间更多。这就是问题所在，而且会越来越严重。

今天上午，阿黛尔带他去散步，领他到了费莱斯（Féresse）家[1]——他调皮捣蛋地想让她送他到母亲家。他哭着回来，因为没有遂了心愿而怏怏不乐。他越是见到她就越想见到她，就会离你越远。最初的坚定意念取得的成效已经荡然无存。你在孩子和你之间，放了一个想尽办法把你从他心中抹去的女人，很快，对母亲充满爱意的孩子就会说："你把我和母亲分开，你对

1　费莱斯是大仲马的表兄、森林办公室主任让-米歇尔·德维奥莱纳（Jean-Michel Deviolaine）办公室的仆人。

我母亲太狠心了。”这就是她教给他的。长此以往，你的儿子肯定因为经常去见她而不幸福，如果你把他带离他母亲身边改正他的习惯，他可能会更加怨怒。有的时候，打破关系比结束关系危险要小得多。他在这里过的每一天都是以泪洗面、怏怏不乐，不断要逃走去她那里。这些想法、眼泪和情绪只会随着每次见面更加强烈。我的朋友，如果你不希望他越来越疏远你，不想他受母亲的影响觉得你是暴君而不是朋友，我觉得应该重视这个问题并采取措施，这个孩子需要在一段时间内只见你、只爱你。

孩子在哪里过的五岁生日？巴克街还是帕西？可能这个五岁生日过得悄无声息，这一天，太多的私人事件都让位给了公众事件。1830年7月27日是“光荣三日”的第一天，这场运动砍去了波旁家族的枯枝，改变了法国。这三天内，戏剧作家大仲马跑遍了整个巴黎，他猎枪在手，投身热火朝天的革命，鲁莽地参加了一个又一个事件，直到最终，圣母院的钟楼上挂起了三色旗。奥尔良公爵会说他创作了自己最好的剧本，很久以后，他的朋友帕斯卡·杜普拉（Pascal Duprat）说他“将会全身心投入革命”。

大仲马的英勇行动远没有令他的期待得到满足，革命的结果不过是为共和国换了一位国王，这位新国王就是他的老板。1831年，《儿童日报》印了一张德维里亚（Devéria）画的新国王的肖像，他身披一根红色绶带，这是七月革命战士的荣誉。

在这场政治动荡之前，梅拉妮回到了雅尔里耶省旺代的乡村。

她对小仲马几乎视如己出，无论是否在身边，她都挂念着这个孩子："你问我亚历山大的消息，他一直咳个不停，就在我身边，抱着伊丽莎。"[1]没有说出来的，是对"世纪病"肺结核的担忧。

然而，一场翻天覆地的变动正在酝酿中：大仲马在革命之前遇到了一位喜剧女演员贝勒·克莱尔萨内，这是位名副其实的美人，二十年之后，大仲马在《我的回忆》中充满爱慕地描绘她的美貌：她有着"漆黑的头发，深邃的蓝眼睛，鼻子如米洛的维纳斯的那般直挺，齿如编贝"[2]。她在外省的戏剧圈被叫作梅拉妮·塞尔（Mélanie Serre），并且扮演玛尔斯那样风情万种的角色。

梅拉妮徒劳地抗争，她无力抗衡后来者的魅力，因为后来者不仅美丽而且还怀了孩子，而她自己却在夏末流产了，按当时的说法就是"失去了果实"。

这个时期，人们有时会在帕西看到一个矫健的高大身影，穿着国民自卫军的深色制服——很容易确定这就是大仲马，因为他是9月从旺代返回后加入了国民自卫军的炮兵营的，炮兵营直到1831年1月1日才解散。当时这里还是一个村庄，他到这里来呼吸新鲜空气，更主要是去看儿子，喜欢儿子到了迁就他的种种任性的地步。他一直很担心儿子会感染疾病或者遇到危险。

小仲马曾讲述过他小时候的一个故事。有一天，他从楼梯上摔下来，昏了过去。慌乱的母亲担心他有生命危险，请人去找大仲马，

1　日期为1830年6月13日的信。

2　见亚历山大·仲马《我的回忆》，第四十三章，A.加多出版社，1852—1854年，二十二卷，八开本。

最终在卢浮宫门岗的哨位上找到他。他赶到儿子出事的现场，孩子已恢复知觉，但面色苍白。现在轮到他呼吸困难，几乎昏了过去。人们又赶紧忙着给这个全副武装的大个子解开制服纽扣，因为他从头到脚穿着擦得锃亮的铠甲，又为他卸掉军刀，摘去筒状军帽和军服的丝绦。布拉兹·德·布里补充道：

> 医生要用水蛭为孩子放血，但是孩子强烈反抗；父亲苦苦哀求，向上帝发誓说不会疼，孩子回答：
>
> “那好，先用水蛭放你的血，我就同意放我的。”
>
> 大仲马同意了，他把两只水蛭放入左手心里。[1]

1831年3月5日，男孩在不知情的情况下有了一个妹妹：贝勒·克莱尔萨内生了一个女儿，人们在小女孩的常用名玛丽后加上父名的女性词尾：亚历山德丽娜（Alexandrine）。因为经验丰富（贝勒·克莱尔萨内已有两个私生子，其中一个是法兰西喜剧院经理泰勒〔Taylor〕男爵的女儿），分娩四十八小时后，她要求大仲马承认这个孩子，大仲马同意了。

大仲马意识到与劳尔·拉贝的紧张关系造成自己对儿子的忽视，因为担心公平问题，或者说这种忽视可能带来的灾难性后果，他在3月中旬写信给公证人和未来的塞纳省终身议员让-巴蒂斯特·莫罗（Jean-Baptiste Moreau）：

1 见亨利·布拉兹·德·布里，《我的研究与回忆》。

先生，我请您为这份证书进行公证，我希望通过这份证书承认是一个孩子的父亲，这个孩子的出生登记是在意大利人广场区政府做的，名叫亚历山大，生于1824年7月27日。

母亲：拉拜（Labaie）女士，[1]生父不详。

我希望承认这个孩子，但不希望孩子的母亲知道，我想这是可行的。我的名字：亚历山大·仲马·达维·德·拉帕耶特里，住址为大学街25号。

有必要尽快进行，我担心有人会夺走这个孩子，而我是那么爱他。请把必要的步骤指点给送信人。我想还需要一份出生证明抄件，这位先生会去取的。

先生，请接受我崇高的敬意。

亚历克斯·仲马”[2]

父亲承认儿子的证书于1831年3月17日签字，由莫罗先生公证，存放在国家档案馆的中央公证文书原本保管处：

亚历山大·仲马·达维·德·拉帕耶特里先生，作家，现居于巴黎圣日耳曼区大学街25号［……］，声明自愿承认公元一八二四年七月二十七日在巴黎出生的孩子是他与独身的成年女性玛丽·卡特琳娜·拉贝小姐的非婚生儿子，登记名为亚历山大，于前述年代的七月二十九日在前述城市的第二区政府

1 原文如此。

2 曾经被西曼松（Siminson）收藏，安德烈·莫洛亚曾引用过。

进行民事登记，出生证明上注明为前述的拉贝小姐所生，生父不详。

同意从此该儿童冠以父姓，并通过本声明表示愿意在一切官方需要的文件上签名。

小亚历山大不再是个没有姓氏的孩子了，但是这份迟来的承认也无法抹去那份原罪。

第二章　儿子的痛苦

我立即思考这个异常艰难的事实，思考它能够和应该给我的未来带来什么益处。这无疑是因为，很多曾令我年轻时蒙受痛苦的事，后来却为我带来最幸福的结果。

阿道尔夫·德巴罗尔
《手的秘密：全面的启示》续完
1879年，第912页

必须承认，小仲马没有说出童年的所有秘密，人们也无法通过推想来重新建构他的童年。

那么，1831年，当大仲马和贝勒去图维尔的海滨浴场避暑一个月的时候，他把儿子交给谁了？答案"几乎和鲁宾逊·克鲁索漂流的荒岛一样无人知晓"——大仲马曾夸口自己发现了这个"荒岛"。他把孩子交给了母亲，还是交给了最终得知他的存在的祖母？

大仲马在避暑期间游览一个小港口时，被菲利克斯·贝丹（Félix Beudin）说服，要参与他与普罗斯佩·古博（Prosper Goubaux）合作编写的剧本，后者日后成为一家机构的负责人，小仲马将会寄宿在这家机构。

贝勒·克莱尔萨内与之前的梅拉妮·瓦尔多一样，梦想与小仲马和还在吃奶的小玛丽一起组成一个家庭。这注定是一场徒劳！孩子与母亲的感情极深，很难原谅父亲与别的“女士”招摇于世而令母亲伤心落泪。

贝勒的一封书信证明了她对孩子非常用心：“我照顾你的儿子，为他做衬衣，我希望回来之前能做好。”这是1831年9月13日她在诺安泰尔城堡的姐姐家度假时所写。她接着写道：“找一套房子，我一到就能去看房子。”房子找到了，是个大套房，在新雅典咖啡馆所在的时尚街区圣拉扎尔街40号。

这些衬衣无疑成为寄宿学校行李的一部分。

实际上，大仲马因为手握承认儿子的证书，便拥有了作为父亲的权利。他可以在自己身边抚养孩子。慌乱的劳尔也在4月21日承认了孩子，但是晚了一个月：她万不得已提起诉讼，不过，由于她的承认晚于父亲，所以她不能收回孩子的监护权。

在儿子的配合下，发生了一连串的诱拐事件，孩子坚定地站在母亲一边：当警察来找他时，他就藏起来或者从窗户逃走。

最终，法庭做出判决带走了孩子，把他送入一所寄宿学校，如果按照《克莱芒梭事件》的说法，此前他上的是一所老先生办的走读学校，在那里学习阅读、书写，还包括一点儿算术、宗教史和基督教理。在小说中，小仲马描写了与母亲待在一起的最后几天，他们准备寄宿学校的行装，贝勒做的衬衣可能也放进去了，还买了一面银鼓。他写下了酸涩的感受：

“这些物品，每一件都代表了一笔辛苦挣到的钱、一个熬到很深的夜晚，甚至有时是通宵达旦。那个男人把母亲变成一个贫穷的女子，丢下母亲辛苦工作独自供养孩子，他知道自己在做什么吗?”[1] 三十五年之后，孩子的愤怒依旧不减。

他被带到巴黎最好的小学之一，由让-巴蒂斯特-约瑟夫·沃蒂耶（Jean-Baptiste-Joseph Vautier）主持，学生们上的是亨利四世中学的课程。学校坐落在圣热纳维耶芙山大街，就在过去的前进中学原址上。教室里竖着一尊雅克·德利尔（Jacques Dellile）神父的胸像，这位创作了《花园》的诗人曾在这间教室为学生们上课。

老师会让学生们背诵他的诗句吗？比如：

温柔的春天回来了，同时唤醒了

鸟儿、和风、花朵还有我的嗓音。

正是这个时期，父亲的忠实朋友路易·布朗热（Louis Boulanger）画下了孩子站在（可能是杜伊勒里）公园门口的全身像[2]：孩子大约六七岁，没有戴帽子，长长的金色卷发披在肩上，穿着深色条绒裤子和一件外套，外套里面是白衬衣和白背心，打着红色领带。他一只手里拿着一只木环，另一只手拿着一根棍子。“大大的眼睛凸出来，他直视观者，带着早熟孩子的怀疑神情和老人脸上

1 小仲马，《克莱芒梭事件》，第8页。

2 劳尔·拉贝终生在自己家里保存着这幅画；小仲马的第二个妻子亨丽埃特继承了这幅画并赠送给自己的教女热纳维耶芙·辛基维茨（Geneviève Sienkiewicz），这位教女于2013年过世，接续的继承人最近刚刚转手了这幅画。

嘲讽的表情。所有线条都透露出果断和直率：宽大的前额，笔挺的鼻子，紧闭的嘴唇”，古斯塔夫·拉鲁梅（Gustave Larroumet）是这么评价的。[1]

画家答应孩子待着不动就给他蛋糕吃。

1832年10月20日，父亲去寄宿学校接他。这是个值得庆祝的夜晚：他带他到奥德翁剧院，他的《查理七世在廷臣家》在这里首演。

> 简直是一场惨败［……］。当时我八岁，我虔诚地聆听，因为这是父亲写的。我当然什么都没听懂。你希望我参与到这桩盛事中来，你很迷信，觉得我会为你带来好运气，但是你搞错了。五幕剧在沉闷的静默中进行。你突然想用一部朴实、坚定、简单的作品来阻止你参与其间的这场运动，你打的是什么主意？更何况你是第一个在剧院上演这类作品的。人们一致称拉辛为喜欢恶作剧的人，为什么你会突然间向他致意？
>
> 我们俩一起梦游一般走着，你用手拉着我，我在你旁边小步疾跑以追上你的步伐。你不说话，我也什么都不说。我觉得你很悲伤，最好不要出声。那天以后，我再没走过塞纳街的这堵老墙，就在法兰西学院的橱窗那边（而你最终没能进入学院），也再没看到我们投在那面潮湿的墙上的影子，那晚在明亮的月光下，我们的影子格外清晰。后来，每当我从极度热闹和成功的首演归来，我都会想起那晚清冷的大厅、我们默默走

1　古斯塔夫·拉鲁梅，《小幅肖像和艺术随笔》，第一卷，巴黎，阿歇特出版社，1897年，第131页。

过的寂静无人的街。当朋友们祝贺我时，我都会低声告诉自己：“也许吧，但我更希望那部没有成功的《查理七世在廷臣家》是我写的。”[1]

和儿子的说法相反，如果说《查理七世在廷臣家》没有如预期那样大获成功，但也绝非惨败：“好几个场次散发出来的激情、气势强烈的对话、大仲马先生很多光彩夺目的特点，以及大胆和抒情的诗体风格使得作品大获成功”，《辩论报》戏剧专栏作家这样评论。[2]

孩子保存着父亲写给他的第一封信，这是大仲马1832年9月14日从巴登大公国的康斯坦茨写来的。早前，7月21日，大仲马和贝勒一起离开巴黎，到瑞士共和国长途旅行：

我亲爱的小亚历山大：

你去探望妈妈时，希望她如我所托，拥吻了你无数次，我想念你的证据到处可见，希望能让你乖巧和明理。

我刚刚参观了一个非常美丽的地方，如果你再大四岁，我会带你一起去的。好好学习，快些长大，要乖，我希望尽我所能令你幸福。

经过日内瓦时，如果我还有钱，就给你买一块漂亮的小表，下个月初就能给你。我希望你能给我写一封短信，可以寄到马赛邮局留存待取。

1 小仲马，《私生子》，序言，巴黎，查理厄出版社，1858年。

2 参见1831年10月22日的《辩论报》。

再见我可爱的小东西，去看你妈妈，给她读附给她的信。

吻你。

亚历克斯·仲马

因为孩子的监护问题所起的冲突逐渐平息：为了让劳尔·拉贝能不依赖自己不定期给儿子支付的赡养费而有尊严地独立生活，大仲马提供了帮助。1832年11月，她致信商业与公共工程部部长和内政部部长要求获得书业的营业执照。她从警察局获得开办一家阅览室的许可并设法获得一份书业基金。内政部部长曾经向警察局局长询问寡妇拉贝女士的状况，12月8日，警察局局长回复内政部部长："这位女士原籍比利时，在法国已居住二十年［……］，据说是为了找一份有进项的职业养育年幼的儿子才提出了这个请求。"

大约12月15日前后，仲马给美术部负责人、朋友埃德蒙·卡维（Edmond Cavé）寄去一份巴黎非常著名的四家书店联署的证明，称"劳尔·拉贝女士［……］拥有从事书店业必要的知识和能力"。和这份证明放在一起的还有一份没有签署日期的信：

亲爱的朋友，这是一封帮助拉贝小姐获得书店经营执照需要的证明——请把它送到掌管此事的人手中并再次推荐。你忠实的，亚历克斯·仲马。

卡维递交给部长的报告自然获得批准，1833年1月22日，阿道尔夫·梯也尔（Adolphe Thiers）签署了书店经营许可，由劳尔·拉贝

“在向法国国王宣誓效忠之后向所在区的民事法庭注册，并承担相应的费用”。两天后她领取了3639号执照，但她似乎并没有开办阅览室：至少1833年、1834年、1835年的《商业年鉴》没有记载这件事。另外，在国家档案馆找到了废除执照的文件，但没有签署日期。

发生了什么？应该把这份拒绝与金钱问题联系起来吗？或者是因为儿子换了寄宿学校？实际上，1833年10月1日，坐落在布朗什街31号的圣维克多寄宿学校接收了小仲马。这所学校是由普罗斯佩·古博[1]主持的，为了兑现他在图维尔时对菲利克斯·贝丹许下的诺言，大仲马创作了《理查德·达灵顿》。1831年12月12日，该剧在圣马丁门剧院首演，获得了巨大的成功。

小仲马在圣维克多寄宿学校的伙伴中就有埃德蒙·德·龚古尔（Edmond de Goncourt），他还提到过朱蒂希斯（Judicis）家的孩子们。龚古尔讲过一个小伙伴“对一位四十岁的美丽护士一见钟情，为了创造机会能经常见到她、被她温柔地照料，小伙伴在自己身体的某个部位放了一头大蒜好让自己发烧不止”。[2]

欧仁·德·米尔古肯定地说，那段时期，大仲马“家庭生活的排场很大，小寄宿生每两个礼拜来看他一次，称他为仲马先生。可能大家觉得，在新秩序建立之前，父爱之情最好隐身在神秘的谨慎背后”[3]。

1 普罗斯佩·古博，大学期间就非常出色，后来在路易大帝中学做研究员，还曾担任圣巴尔博中学的希腊文替补教授。1820年他与人联合开办了这所学校。他的教育方式“适合培育拥有心灵和精神世界的人”。

2 埃德蒙·德·龚古尔，《日记》，1855年10月13日。

3 欧仁·德·米尔古，《十九世纪的肖像与剪影》，巴黎，E.当图出版社，1867年。

应该是经由大仲马的推荐，为了离儿子更近一些，劳尔受雇于圣维克多中学，负责向学校提供纺织品。这所学校享有盛名，招收的是贵族、金融家、奢侈品商家庭的孩子。女裁缝的私生子成为这群天之骄子宣泄恶意的目标，他经受了“艰难的痛苦时刻，甚至需要自卫”。小仲马后来讲述“这些孩子从早到晚辱骂我，他们兴高采烈是因为通过羞辱我而羞辱了父亲那响亮的名字，我的母亲悲伤得无法自已［……］当他们太过分的时候，我会跑到无论哪个角落去哭泣，只要那些令我流泪的人看不到，也无法为此得意扬扬就好”。[1]

在《克莱芒梭事件》中，他又回忆起这些痛苦：

> 一个孩子认为有权责备我是穷人，因为他很富有；另一个孩子责备我母亲出门工作，因为他的母亲优哉游哉；这个责备我是手艺人的儿子，因为他是贵族的儿子；那个责备我没有父亲，因为他有两个——可能。

同宿舍的室友不让他睡觉，食堂里人们递给他的只有空盘子。他被当作野种对待，传阅的淫秽画册里，下面写着他母亲的名字。他的性格和健康受到严重影响：他精神濒临崩溃，发育停滞，健康状况日下。我“一直处于戒备状态。［……］我变得阴郁、忧虑、充满仇恨。我感觉到复仇的欲望以及经常在弱者和被压迫者身上出现的被压抑很深的复仇之心。我会因此变得懦弱吗？总之，我受够了，

1　小仲马，《克洛德的妻子》，序言，巴黎，米歇尔·雷维兄弟出版社，1873年。

已经急切地想报复所有欺侮我的孩子了”。[1]

痛苦导致他沉浸于宗教的神秘主义：他把自己的痛苦与基督的痛苦相提并论。他觉得自己命中注定要遭受巨大的牺牲，同时负有伟大的使命，相信自己在死于痛苦折磨之际天国会来迎接他。他投入有意识的思考、斋戒、苦行，几乎所有礼拜日都狂热地待在教堂里。

第一次领圣体之后，一切逐渐平息下来。他甚至写道：“在超自然中根本没有我的位置，另外，在与超自然相对的数学中也没有我的位置。我不迷恋任何信仰，只有付出我的爱和崇拜的极强烈的需要，我根本不需要别人爱我。”

这个时期的生活将给他带来深远的影响。他一直对失足少女和私生子的境遇倍加关注。他后来在《克莱芒梭事件》中写道：“我从人类接收到的这个原始印记，我的灵魂从未对此屈服，我不愿表现得比真实的自己更好；不，我没有原谅最早的这些敌人。我的仇恨不是在想起这些艰难的回忆时一下子就被唤醒的［……］；即使在我一生中最快乐的日子里，它也从未彻底沉睡。”[2]

大仲马先是搬到了布鲁街，后来又搬到利沃里大街。他每次离开寄宿学校到父亲家里，都会遭受父亲新情人的敌意。这位情人成功地取代了贝勒，她是位喜剧演员，本名为玛格丽特·约瑟芬娜·费朗（Marguerite Joséphine Ferrand），后来取了艺名叫伊达或者

1　小仲马，《克莱芒梭事件》，第35页。

2　同上书，第42页。

伊达·费里耶（Ida Ferrier）。她赢得了《安杰儿》的角色，这是她的情人为她写的剧本。

她就像个天使，浑身都散发着吸引力，达什（Dash）伯爵夫人是这样描绘她的："她有着迷人的脸庞，一双妙目看上去似乎是黑色的，但实际不是。她以高超的手法描画自己的眉睫，使它们看上去如画似漆。她的皮肤真像是白色的丝缎，略带玫瑰色调，她的双唇似珊瑚，鼻管就像无可挑剔的画作，这一切组合成了少见的美人。当她把迷人的金色长发卷出无数个曼奇尼式的发卷，她就像是佩提托[1]笔下的釉色美人"。[2]这位夫人"极为堕落而且毫无原则的"道德品行令人无法恭维。"她所有行动的出发点总是坏的"，[3]达什伯爵夫人如是说。

伊达·费里耶想做绝对的女主人，严格管控情人的孩子们的生活。她尽心抚养玛丽、照顾她，似乎很喜欢这个孩子，但她放弃了亚历山大。梅拉妮·瓦尔多或者贝勒·克莱尔萨内都想努力扮演替补母亲，伊达·费里耶却放弃了后妈的角色："我从来没搞明白，"达什伯爵夫人写道，"为什么费朗小姐无法忍受《半上流社会》的作者，当她遇到他父亲时，他不过是个孩子。她极度嫉妒，不愿意他住在她家里。别人甚至不能在她面前提到他的名字。大仲马虽然很爱小仲马，却只好偷着去看他。"[4]

---

1 让·佩提托一世（Jean Petitot I，1607—1691年），被称为"珐琅画界的拉斐尔"。

2 达什伯爵夫人，《关于他人的回忆》，插画出版社，第六卷，第十七章，第190页。

3 同上书，第186页。

4 同上书，第十八章，第207页。

小男孩“以牙还牙，以眼还眼”。父亲和儿子只能保持几乎是半地下的联系，通过寄信或者留言条安排外出、组织假期、请假看戏或者过节相聚，父亲有时还会给儿子些钱。

他被禁止到父亲家中，但还有一个能获得安慰的避难所：忠实的梅拉妮·瓦尔多对他感情很深，培养他和自己女儿伊丽莎的友谊，经常邀请他到沃日拉尔街84号的家里，有时他也会在这里过夜。这个家的大门对他敞开，也曾在三年内（1827—1830年）为他的父亲敞开：“在我一生所有的不幸与快乐中，我是如此肯定，这所我闭着眼睛都能找到的房子，会对无论泪流满面还是喜笑颜开的我敞开大门”，他在《德·肖弗兰先生的遗嘱》中这样写道。

1836年的狂欢节期间，梅拉妮·瓦尔多带着小仲马去参加假面舞会：

> 我亲爱的孩子，我会穿着水手服等你。我要带你去奥尔菲拉（Orfila）夫人家，在那儿你会见到上百个孩子，一定要乖一些。也许你最好带着衣服，到我这里再换，免得第二天你穿着舞会服装回学校，因为你会很开心要在我这里过夜。
>
> 礼拜二你多早来都可以。如果想去看假面具，你就得想办法最迟四点半到我这里。我和伊丽莎都吻你。

1837年7月4日，她要带他去蒙梭公园。门票是皇家行政部门发放的：

亲爱的孩子，你在信中说你礼拜四会过来，可是你没有来。我猜你是没收到我的回信，以为我还在乡下吧。我本来很高兴可以看到你的，但是因为伊丽莎第一次领圣体，我已经有六个礼拜没有见到她了，我觉得如果你来我这里时她不在你也不会开心。礼拜四一整天我都会和她在一起，带她去蒙梭公园。你愿意来吗？我们会很高兴，我会在家里等你到十点钟，如果十点钟你到不了我家，我会跟公园守门人说，你可以到蒙梭公园来找我们，我们要一直待到晚上七点钟。如果下雨我会待在家里不出门。如果你愿意，就留下来过夜。再见亲爱的孩子，明天见。我希望你明天能有假。热烈拥吻你。

1837年的夏天，姑姑爱梅·仲马（Aimée Dumas）邀请他到贡比涅附近的贝蒂西圣皮埃尔小住，她和哥哥一起继承了表姐吉娜（Zine）在那儿的房子，现在是她和丈夫维克多·勒特里耶（Victor Letellier）居住，她丈夫是间接税务部门的负责人，分管诺让莱罗特鲁和苏瓦松两地。

父亲在给他讲述假期安排和路线的信中落款："吻你，爱你的父亲。"同时，一句附言令人感动："别忘记去看看奶奶。"

这是最后几封提到仲马将军遗孀的书信之一：她于1838年8月1日去世。"你说得对，我很难过，从我母亲过世后，我从未经历如此深的痛苦"，1842年7月23日，在奥尔良公爵意外死亡之后，大仲马在给儿子的信中这样写道。

可以想象，祖母的故去让孩子产生了缺憾之感，之前他都定期去看望祖母。

大致是这个时期，根据米尔古小心翼翼而有分寸的叙述，发生了一个很关键的事件。一天，有人偶然发现十四岁的少年正在读埃米尔·德·吉拉尔丹（Émile de Girardin）的自传体小说《埃米尔》。作者也是个私生子，在得知父亲的鼎鼎大名后，仿佛晴天霹雳一般，不得不学着去适应。被父亲一连串的问题追问，小仲马宣布他从这位埃米尔身上找到了勇气，因为当“一位父亲拒绝把姓氏传给你，那就必须获得这个姓氏”。对此他父亲回答：“那么你还是愿意跟我姓喽，很清楚了。那就添上吧，不用再费口舌。”

1838年10月1日开学，他进入巴黎最有名的校长皮卡尔·路易·约瑟夫·艾农（Picard Louis Joseph Hénon）领导的寄宿学校。学校位于库塞尔街16号，这几乎就是一座历史建筑：实际上，德·塞古尔（de Ségur）先生就是在艾农先生的事务所写下了《俄罗斯的乡村》一书。学生们被送到尼古拉·布耶[1]领导的波旁中学（现在是孔多塞中学），少年虽然有了单间，但感觉和在波旁中学一样无聊，不过他被分派给了大学的权威教授们：历史教授夏尔·莫吕奥、德文教授梅耶·多克托也叫马克西米利安·东多夫（Maximilian Donndorf）、修辞学教授奥古斯特·尼萨尔还有希腊文教授让-雅

1 尼古拉·布耶（Nicolas Bouillet，1798—1865年），《历史和地理万有词典》的编者，该词典于1842年出版。

克·库尔托·迪韦内莱斯。[1]比起这些大牌教授的课来，小仲马显然更喜欢波尔罗亚尔的贡塔尔游泳学校和蒙勃朗体育学校的课程，这所体育学校坐落在圣拉扎尔街75号，曾经是红衣主教费什（Fesch）的教堂。他就是个中等生，喜欢在课本的边缘写下受缪塞启发的诗句。[2]

他与学校的一位辅导老师让·尼古拉·德马盖（Jean Nicolas Demarquay）结下了友谊。这位老师曾经是农场工人，由于勤奋好学，1847年获得了医学博士学位。他们的友谊经久不衰，《克莱芒梭事件》就是题献给他的："献给我杰出的朋友德马盖博士，艰难岁月的纪念。"

他中断了寄宿学校的单调生活，渴望快乐，和画家阿德里安·多扎（Adrien Dauzats）串通，跟父亲要求去参加狂欢节的娱乐活动。他在1839年1月写给画家的信中随便而愉快地写道：

您得找我父亲要一封信，这样我就可以去要马上举办的文

1 夏尔·莫吕奥（Charles Merruau，1807—1882年），拥有历史教师资格，第三势力（Tiers-Parti）作家，《立宪报》记者，在阿道尔夫·梯也尔的内阁担任公共教育部部长。梅耶·多克托（Mayer Doctor，1805—1838年），海涅（Henri Heine）的同学，在《奥格斯堡大众报》任职。奥古斯特·尼萨尔（Auguste Nisard，1809—1892年），德兹雷（Désiré）和夏尔·尼萨尔（Charles Nisard）的哥哥，1845年获得文学博士学位，1855年被任命为格勒诺布尔学区区长。让-雅克·库尔托·迪韦内莱斯（Jean-Jacques Courtaud Diverneresse，1794—1879年），法国语文学家和古希腊学者，因《法语希腊语词典》（1847—1857年）而闻名。

2 亨利·达尔梅拉（Henri d'Almeras），《获得荣誉之前：他们的起点》，第一系列，巴黎，法国印刷和书店协会，1902年。

艺复兴舞会的门票，两位女士，一位先生，弄不来我就吃了您。别说是我要的。如果您拿到了，您只需要到我等您的地方来会合。我等门票的消息，今天，甚至礼拜二或者最迟明天中午。

您忠诚的

小仲马

可以发现，年轻人从这个时期开始接受了小仲马的身份。他变得高大而强壮，并很有气场，他也不再是同窗恶意攻击的目标，相反他可以保护弱小的同学了。

那时我差不多十六岁，还在寄宿学校［请记下发生这个插曲的日期大概在1839年或者1840年］。在宿舍里我是大个子，但是我在课间休息时没少参与同学之间的嬉闹。有两个孩子，其中八九岁的那个被比他大的孩子打。我护着第一个孩子打了第二个。这样的好事绝不能没有报偿！

那个孩子的外祖父邀请他和小伙伴一起到乡下过暑假："我在那儿一直待到9月过半，种花养草、翻土、收割、爬树、和小伙伴在树林中追逐奔跑，过着十六岁乡下孩子一样的日子。我胃口极佳，腿力出奇得好，生活仿佛在我面前绽放。"

在马恩河塞纳港附近的圣阿西兹，他经历了最初的情感悸动，后来他还偶然重访了这里。他朋友的母亲到她父亲这里小住了几日。

她看上去如同十八到二十岁，金黄的秀发，两侧各留一个发髻，头上戴着一顶装饰着虞美人、谷穗和矢车菊的意大利圆草帽。一条细布长裙，仿佛可以透过细布嗅到她肩膀和胳膊的芬芳，同样质料的披肩围裹着前胸，在背后打结，布结随风飘动。[……] 那一晚，我陷入了爱情，不是对这个女子，而是对女子本身。

1840年年初，大仲马宣布和伊达·费里耶结婚。小仲马不接受这场已经决定的婚姻。大仲马想平息儿子和情人之间的明争暗斗，徒劳地在两人中间周旋：

我亲爱的朋友：

有件事你很清楚，如果你是雌雄同体，并且上帝因此赋予你烹饪的才能，我将只有你一个情人。

但不幸的是，上帝对你做了另外的安排。

请再发一次善心，即使我们之间存在着具体的障碍，让我们的心连在一起并相互理解。

你一直是而且永远是我心爱的长子，我的钱更多花在你身上——但我的心比我的钱包回应你的还要多。你的亚力克斯·仲马。

也许是出于让父亲和母亲结婚的执念，小仲马千方百计阻挠这场让他感到耻辱的婚礼。他在威胁面前毫不退让：要她还是要我。

他还向梅拉妮·瓦尔多求助，这位朋友是他的同盟，支持他反对前情人的婚姻。儿子委托她捎给父亲一封信，表达自己对婚礼的明确反对。梅拉妮·瓦尔多在1840年1月15日讲述了送信的经过：

> 我亲爱的孩子，这是你写给父亲的信的回执。有人把它从部里送到小维耶特。送信人费了好大劲儿才进去，只有多芒热先生[1]露了面，他否认你父亲在他家，还拆了你的信，说如果不拆信他就不给回执！他还提了很多问题，但是没有得到回答。你明天到学校就会看到回执——这封信是我在你母亲家里匆匆写的。
>
> 我很担心你的信不会被转交给你父亲，封锁措施太有效了！我自己也在等待仆人返回。他今天早上十点钟出发，下午两点钟往回返。明天，我从十一点钟至五点钟外出。如果你有话对我说，可以来找我。
>
> 多芒热先生是你父亲在利沃里大街住所的代理人。
>
> 你母亲应该和你一起去那些参加婚礼的人家里，以你的名义揭发他们犯下的错误，因为有人对他们说你很开心地接受了这场婚礼！这个举动可能会拯救你的父亲。
>
> 再见了我的朋友。温柔地吻你。如果之前没有空闲就礼拜日来吧。如果你有什么想法了，就写信给我。

1 雅克·弗朗索瓦·多芒热（Jacques François Domange，1801—1877年），通过创办淘粪企业（多芒热有限公司）而致富。他是伊达·费里耶的赞助人，住在小维耶特。

1月末，大仲马悲伤地写信给儿子，将1834年儿子与未来继母之间再度升温的不和归咎于他：

我亲爱的孩子：

我没有收到你写给我的另外一封信，所以没有尽早回信。

如果我们父子之间突然断了联系，错不在我，在你：你来到家中，这里所有人都善待你，可是，突然你得到不知什么建议，不再与我选定为妻子并住在一个屋檐下的人说话：从这一天开始，因为我不打算接受任何人的建议，也包括你的间接建议，僵持的状态开始了，而且非常遗憾地持续了六个月，这正是你所有抱怨的起因。现在，只要你愿意，这种状态可以随时停止：给伊达女士写封信，恳请她像对待你妹妹一样和你相处，你将一直和永远受到欢迎：可能对你来说更开心的是，这种关系会一直持续下去，因为我在这六年内再没有过孩子，我确定不会再有，你将是我唯一的儿子和长子。

如果你这样做——我的要求一点儿不过分，而且没有任何附加条件——不仅每两个礼拜欢迎你来一次，而且你有权利常来，这将使我非常快乐。

我没有什么可说的了。好好想想，如果我和伊达女士之外的其他女人结婚，我可能会再有三四个孩子，和她就不会再有孩子了。

另外我想，关于这件事，你将根据自己的内心而不是你的利益来考虑，但是这一次，和过往相反的是，两种出发点的结果会是完全一致。

全身心地吻你。

亚力克斯·仲马

又及：你不应该和我一样署名亚力克斯·仲马，这会引发严重问题，因为我们的笔迹相似，署名仲马-达维吧：我的名字太有名了，你明白的。如果在我的名字里加入“大”又未免太年轻了，很难不引发疑惑。

1840年1月，正是小仲马为《青春之罪》中两首早期诗作署名的日期，其中一首题为《怀疑、希望与现实》。

婚礼的筹备紧锣密鼓。结婚契约是2月1日在维耶特的公证人德玛奈什（Desmanèches）女士的事务所签的字，出席的众位来宾非常显赫：法兰西重臣弗朗索瓦-勒内·德·夏多布里昂（François-René de Chateaubriand），公共教育部部长阿贝尔·维耶曼（Abel Villemain），德·纳伯那-拉拉（de Narbonne-Lara）子爵和国务参事加斯帕·库莱·德·拉博纳迪艾（Gaspard Couret de la Bonardière）男爵。民事婚礼于2月5日在安茹圣奥诺雷大街11号的第一区区政府举行，出席的同样有夏多布里昂、维耶曼，宗教仪式在圣罗什教堂举行，有夏尔·诺蒂耶（Charles Nodier），雅克·多芒热，画家路易·布朗热，建筑师夏尔·洛布兰（Charles Robelin），以及前面的德·纳伯那-拉拉子爵和加斯帕·库莱·德·拉博纳迪艾男爵。

婚礼再次扩大了矛盾双方之间的鸿沟。小仲马什么都不想知道，每次来到利沃里大街，都会爆发冲突场面，以至于大仲马虽然很悲伤，但迫于伊达的压力，在3月宣布不许儿子登门。艾农承担了对寄宿生宣告这个决定的任务。

他以圆熟的方式履行了承诺，让人猜测他对这个被诅咒的孩子怀有温情。

先生，我很荣幸地将您儿子这个季度的成绩单和最近到期的寄宿费用明细寄给您。

仲马夫人于礼拜六来我这里，亲切地告知我您和她关于亚历山大的决定。很明确，他不能再抱着受到您家庭接待的希望，至少在您动身之前，做出这个决定只是为了更好地保证您家庭的幸福。

他哭了很久，但是回答我："我会一直尊重父亲的决定；希望他幸福，希望他对我的心永远不会变；我每天都会这样恳求上天。"

礼拜日，亚历山大到姑妈家吃饭，当他知道您也会去那里，他在姑妈家写了一封信，请姑妈转交给您。先生，我倾向于认为这封信是为了表达他的悔恨、恭顺和接受你们愿望的心情。

这封信里还有一张您的儿子为您画的马，他很希望亲手交给您。

虽然您事务繁忙，我还是希望，先生，您这个礼拜找个时间来看望亚历山大。您的心会引导您前来，我非常肯定，我只是为了自己这样请求您。我希望这个孩子的心灵是平静的，这样能让他的学习更有收获。

5月末，仲马夫妇离开巴黎前往佛罗伦萨。这次背井离乡表面上是由于经济原因：大仲马债务缠身，伊达希望重振家庭财务。在托斯卡纳的生活没有那么靡费，远离巴黎，大仲马可以像牛马一样干活，不会随时受到打扰或者过着整日觥筹交错的生活。

但是，这次远离巴黎还有一个秘密的原因，大仲马对朋友保罗·科兰（Paul Collin）坦承："这个固执的倒霉孩子几乎是我唯一发愁的事，差不多就是因为他我才离开巴黎的。"

10月，大仲马从佛罗伦萨寄给儿子一封忧伤的信：

我亲爱的孩子：

你的来信给了我极大的快乐。你在信中说自己身体健康，而你的健康是我在这个世界上最关心的事。乖一些，你知道我说这句话是什么意思，一切都会好起来的［……］。你可以向杜蒙（Dumont）要一本《一位击剑大师的回忆》[1]，另外我写的所有小说都可以要一本。

1月底之前我不可能回巴黎，我的经济状况让我不得不离开：耐心点儿，离开巴黎让你我都很难受，但是又能怎么样？［……］好好学德文，将来会非常有用。也不要忽略希腊文，古希腊文会对你学现代希腊文提供很大便利。你也知道，我会很

1　亚历山大·仲马，《一位击剑大师的回忆》，《巴黎》杂志于1840年7月26日至9月27日连载，1840—1841年由杜蒙出版社分成三卷出版。

高兴你学一门亚洲语言。还要学习击剑，等我回去，我教你骑马。至于射击和打猎，我们一起学。再见，亲爱的孩子，你不需要梦到我，我肯定会想念你。

对孩子要乖的叮嘱经常出现在这对父子的通信中，这里所说的乖，首先是提防性病，也就是皮肉交易的必然结果。

随后11月30日的信表明，如果说父亲对儿子的感情一直很强烈，伊达的怨恨却没有平息，所以儿子会借用别人的名义写信，因此伊达并不知道父子之间的通信：

我亲爱的孩子，放心吧，不是六个月，也不是一年，也不是两年，我会一直关照你直到你可以独自处理事务。也不用担心任何事情，相信我永远是你热忱的朋友，好好学习，安心过日子。

一直用欧仁而不是别人的名义给我写信，我会收到你的信。

1840年12月23日，父亲为孩子制订了一个紧迫而明确的学习计划，鼓励他分享自己对文学的热爱：

你的来信让我非常开心，你所有洋溢着愉快心情的信都会让我很高兴。拉丁诗不是什么重要的事，但是要学习它的音步，这样你就可以按格律朗诵拉丁诗篇了。偶尔你也不得不讲这种语言，比如在匈牙利，那里有极少的农民会讲拉丁文。

努力学习希腊文，这样就可以熟读荷马（Homère）、索福克勒斯（Sophocle）和欧里庇得斯（Euripide）作品的原文，再用三个月学习现代希腊文。好好练习德文的发音，再往后你还要学英文和意大利文。那么，等你学会这些，我们就可以一起决定你适合往哪个方面发展。

另外也不要忽略绘画。告诉夏里奥（Charlieu）不仅要教你莎士比亚（Shakespeare），还要教你但丁（Dante）和席勒（Schiller）。还有，不要相信学校里让你学的那些诗——教授们的诗还不如狗屎。研究《圣经》吧，这是宗教、历史和诗学的经典，撒西[1]的翻译是最好的。在扫罗（Saül）王和约瑟（Joseph）的篇章中，透过译文去寻找隐藏其间的高贵而壮丽的诗意吧。读读高乃依（Corneille），把重要的片段背下来，高乃依不总是诗意的，但他的语言永远是色彩浓烈而清晰优美的。转告夏尔庞蒂耶（Charpentier）给你讲安德烈·舍尼埃[2]（André Chénier）的作品。夏尔庞蒂耶住在塞纳河大街，布罗（Bulos）那里有他的地址。跟科兰讲，让他跟阿歇特出版社要四卷本的《奥古斯都时代的罗马》[3]。可以读雨果和拉马丁，但只读《沉思集》与《和谐集》，然后写一篇你觉得又美又糟糕的东西，等我

1 路易·以撒·勒麦特·德·撒西（Louis Isaac Lemaistre de Sacy）版《圣经》包含旧约和新约，最终由于雷（Huré）和博布伦（Beaubrun）完成，巴黎，1696年，1834—1836年再版。

2 安德烈·舍尼埃，《全集》，巴黎，博多万兄弟出版社，1819年。由亨利·德·拉杜什（Henri de Latouche）首版和再版。

3 夏尔·德佐布里（Charles Dezobry），《奥古斯都时代的罗马，或一个高卢人在奥古斯都统治时期及部分提比略统治时期的罗马旅行记》，巴黎，阿歇特出版社，1875年。

回去的时候给我看。最后，努力学习，可以通过轮换不同的科目作为休息。注意身体，还有要乖一点儿。

他随后又开出一份诗体剧和浪漫主义的书单。他的赞美几乎都是给维克多·雨果的。

到泰斯（Tresse）那儿，以我的名义要几本书：

雨果的诗集和他的戏剧，还有“万神殿丛书”中收录的莫里哀的戏剧[1]。

我回去后会给你拉马丁的诗。多读莫里哀，他是路易十四时代语言的完美典范。把《达尔杜夫》《女学究》《愤世嫉俗》的一些片段背下来。古往今来的戏剧无数，但没有比他更有格调的了。把《艾尔那尼》中亨利五世的独白背下来——还有《国王取乐》里圣瓦利埃的台词，特里布莱在第五幕的独白，安杰罗关于威尼斯的看法，《玛丽蓉·德·洛尔姆》里南热对路易十三的台词。最后，你也可以学习我的《卡里古拉》中对斯泰拉的描写和雅库围猎狮子的描写，以及伯爵、查理七世和阿涅斯·索莱尔[2]之间的第三幕，这些是我建议你尤其要研读的古典

1　维克多·雨果的《全集》，共二十七卷，1832—1842年，先后由E.朗度埃尔（E. Renduel）和德洛依（Delloye）完成。诗歌为第五至第十卷，戏剧为第十二卷至第十九卷。“文学万神殿”收集各国重要作家作品，八开本，每面三栏，主编是路易·艾美·马尔丹（Louis Aimé Martin）。

2　参见下述作品：维克多·雨果，《艾尔那尼》，第四幕，第二场；《国王取乐》，第一幕，第五场；第五幕，第三场；《安杰罗，帕度的暴君》，第一场；《玛丽蓉·德·洛尔姆》，第四幕，第七场；A.仲马，《卡里古拉》，第一幕，第二场；《查理七世在廷臣家》，第一幕，第一场；第三幕，第四场。

和现代作品。再往后，你就要从局部进入整体了。

再见，你看，我把你当大孩子看待，跟你讲道理。再说你就要十六岁了，我就应该这样跟你说话。尤其要注意身体，身体是你未来的根本。

大仲马的喜剧《路易十五的婚礼》即将上演，3月18日夜里，他回到巴黎。在离开的前一夜，他交给儿子一封短信，满足了他见到维克多·雨果的愿望——父亲推荐阅读的书目使他成为雨果的追随者。

亲爱的维克多：

我儿子将会登门拜访，请您在一位美人的画册上题几句诗。他希望亲自获得这份荣耀和快乐，您肯定不会拒绝，我非常肯定。

埃米尔·布拉维（Émile Blavet）在小仲马之后讲述了以这封短信为由头的这次会面：

他十八岁，刚从中学毕业，而弗朗索瓦-维克多（François-Victor）和夏尔·雨果（Charles Hugo）跟他在同一所学校，比他要小几岁。

这一天，他的父亲借个由头派他去皇家广场，实际上是为了给他接近这位名人的机会。他还没有见过雨果，而且极度渴望见到他。

维克多·雨果非常亲切地接待了老朋友的儿子。小仲马在告辞时请求见见他的两个刚放学的朋友夏尔和弗朗索瓦·维克多。“这不可能！”大师带着无法掩饰的窘迫回答。“为什么呢？”年轻人激动地反问。“天呢！您独自一人，随心所欲地过着自由的生活，雨果夫人担心儿子们受您的影响。”“干脆说我是个麻风病人吧！”“当然不会，但是在您的年纪，您已经具有成年男人的激情！”“先生，”小仲马干巴巴地反驳，“如果一个人在二十岁没有激情，到了四十岁就会有怪癖！”这是相当直接的影射，当时，维克多·雨果肯定不是个圣人。

之后一段时间，《吕克莱斯·波基亚》的作者遇到了《奈斯勒之塔》的作者。“那么，您见到了我儿子，”他问道，“您觉得他怎么样？”“很可爱，”雨果回答道，“他很率真，而且可以说机智，但是他没用在正事上。”[1]

父亲对儿子深沉的爱，以及因为身在异乡而胡思乱想出的种种危险，始终充斥在从佛罗伦萨寄往巴黎的字里行间中。

1841年7月，大仲马建议儿子到住在桑利的姑妈家度假，维克多·勒特里耶刚刚到此处上任。大仲马再次叮嘱儿子要谨慎：

暑假去你姑姑家吧，去哪儿都不如去那里。我希望你一定不要打猎，但是如果你想去，就要找个懂得使用枪械的人，去

1 《亚历山大·仲马在维耶科特莱》，《费加罗报》，1885年5月25日。

找德威姆[1]吧，给他看这封短信［……］

“亲爱的德威姆，我送一个玩枪械的伙伴给您。请亲自帮助我教他两三次枪械的知识，并告诉他这种机械的所有危险。我请求您让他使用我放在您那里的勒福舍步枪[2]，我觉得这把枪对一个学生来说危险最小，在打猎的时候，您把枪交给他，要知道，如果他打猎，我不希望他使用别的枪，还请帮他准备子弹。您忠实的，亚力克斯·仲马。”

现在，亲爱的孩子，我更希望你一定不要去打猎，不过你可以等我回来再说，因为到了10月我完成剧本之后，如果不是过分打扰你，我会带你去科西嘉。

既然此前你要到姑姑家待两个礼拜，如果你想打猎，请姑父教你，你的两个表兄都是冒失的家伙，会用子弹打到你的屁股，一定在打猎时待在你姑父身边。但是，再重复一遍，我更希望你陪着姑妈，等我回来一起学打猎：说这些不是为了和你作对，而是担心你会出什么事……你知道，我绝对禁止你下河游泳［……］再见，我亲爱的孩子，保重身体，尤其要乖，健康是未来的基础。

一个月后，在另一封信中，还是那些关于危险的说辞：

1 弗朗索瓦·德威姆（François Devisme，1806—1873年）致力于改进武器的功能，于1828年创办了自己的品牌。

2 卡兹米尔·勒福舍（Casimir Lefaucheux，1798—1852年），巴黎军械制造商，发明了针式底火猎枪。

你知道博瓦雷（Beauvallet）出事了吧？估计是他的枪爆了[1]——必须使用我那把乌木托的枪，每次使用武器一定要好好请教维克多，枪口要一直对着天空是因为怕你不够高，让枪口进了土，而且不论是否上了子弹，永远不要把手放到枪口上，如果你出事，想想我怎么受得了［……］。

再见，好好玩，但不可以不开心，不可以出事，否则你会打乱我未来的生活［……］。

到了桑利给我写信，好让我知道你平安无事。

这封信尤其引人注意，因为信中表达了父亲对儿子尝试写诗的关注，另外学校的成绩让他很是骄傲：

我非常高兴你获得奖学金和奖状，你过于瞧不上马莱伯（Malherbe）了，至于其他两位，我不坚持［……］。

你的三首亚历山大体诗和雨果的诗有神似之处：

“那是座教堂……拱顶低垂，我们走入殿堂内。”[2]

他宣布只能11月初回巴黎，但他比预期更早回了巴黎，因为要处理被侵权的独幕剧，侵权人是人称米尔古的雅高（Jacquot）：

1 1841年8月8日，礼拜日，“六点一刻，博瓦雷先生派人来说，一颗子弹在他手里炸开，他不能参加《马赫梅》的演出了”。参见法兰西喜剧院枪支登记簿。

2 评论是针对诗篇《老人与孩子》：“高大而美丽的教堂，在您母亲身旁/您终于做了晨间祈祷。”维克多·雨果，《黄昏之歌》，三十三，《在***教堂》。

[小仲马]上波旁中学的课程，各种奖项雨点般落在他身上。某个晚上，父亲的朋友梅拉妮·瓦尔多夫人为高中生举办庆功晚会，邀请了不少艺术和文学的青年才俊。当仲马一世挽着儿子出现时，加瓦尔尼（Gavarni）、费利克斯·皮亚（Félix Pyat）、克里斯蒂安（Christian）、于连·勒梅（Julien Lemer）、奥古斯特·利勒（Auguste Lireux）和其他很多人已经聚在可亲的缪斯家的客厅里了。大仲马有充分理由称儿子为"我最出色的作品"。年轻的仲马收获了大量的书和奖项。奖品在小桌上堆积如山，桂冠挂在墙上，然后人们开始用晚餐。

我们赢得了大奖的优胜者具有天使般的性情，所有女士对他说尽甜言蜜语和优雅的恭维。他当时十七岁，非常自信，漂亮的脸蛋已经摆脱了埃塞俄比亚微黑的肤色，只能辨别出一丝克里奥尔的色调。他是晚会的真正主角。人们恭维他的胜利，也没有忘记当场朗诵发表在《淑媛日记》上的两三首诗，这部剧已经以他的名字发表了，显示出他过人的诗才。仪式后是快乐的舞会，这位高中生跳起舞来就像花丛中的蜜蜂。父亲看着他对女士们殷勤备至，他体验到了超越年龄的陶醉，接近心醉神迷。子夜之后，客人们闹得有些过度了。费利克斯·皮亚，加瓦尔尼和利勒，他们的额头上胡乱绑着桂冠，做着可笑至极的鬼脸，开始跳在拉丁区流行的舞蹈。小仲马找不到了，仲马一世在一处极偏僻的小沙龙里找到了他，他正跪在梅拉妮·瓦尔多的女儿脚下发表热情洋溢的宣言，这是位才十四岁半的寄宿女生：

“太棒了！太棒了！”幸福的父亲喊道，“我看到了自己的血脉……你真是我的种！”[1]

父亲没有待在巴黎处理剧院和书店的事情，而是很快赶到桑利和儿子团聚，在那里教他“开上一枪”。

父亲为法兰西喜剧院创作了剧本《洛伦奇诺》，儿子则在纸上写下未来将收入《青春之罪》的诗篇。父子之间如此投契，以致父亲编出借口不回佛罗伦萨，而伊达当然不会受骗。

> 我亲爱的，我们两个都需要多一点儿耐心。剧本还过得去。我只有公爵的事情要处理。一切都将在月底结束，感谢上帝，我不用再离开你，也不去想来年的剧本。

最终，1842年1月，他终于决定上路了。但是，为了延长这种蜜月的感觉，他让儿子陪他到马赛，后者在马赛对他忠实的朋友梅拉妮·瓦尔多宣布了他的好运气。

> 我亲爱的瓦尔多夫人：
>
> 您相信吗，我都没能找时间去看您。父亲迅速决定让我陪他去马赛，但当时已经很晚了。到了这儿，我才找到时间向您表示歉意。我父亲今晚刚刚动身去佛罗伦萨。我将在地中海周游一圈，从现在起二十天左右回巴黎，那时我将去拥

1 欧仁·德·米尔古，《十九世纪的肖像与剪影》，第20—24页。

抱您［……］。

重新找回父亲的喜悦显而易见，这也鼓舞了他继续写诗。

父亲这边，却已经为儿子可能在海上遇到的危险而担忧不已：

我亲爱的孩子：

看着汹涌的大海，一想到你今天就要登上去伊夫岛的船，整个路程我都会担心。我们分别得太快了，来不及对你的旅行和返回巴黎后的工作千叮咛万嘱咐：你明白吧，你失去了差不多两个月的时间，必须猛追才能赶上其他人。

事实是他没有追上，他在1895年承认："我甚至都不是业士。"

第三章　叛逆的儿子

当诗人、小说家和剧作家只是在本能的反抗中看到不被理解的灵魂，在平庸、腐败的社会中看到权利，语文学家和观察家往往已经看到并且还会继续看到特殊秩序下的病人。

小仲马

《女性之友》序言

大仲马重返佛罗伦萨之后写的信带有重归于好的意味。叛逆的儿子则成了合伙人，负责父亲有关戏剧和出版的事务（戏剧演出、赠票、财务管理），反而不大关心自己的学业了。

他开始在父亲身边扮演经纪人的角色，当父亲被流放或者旅行离开巴黎时，他代为处理父亲无论是公开的还是私人的事务，甚至是极度私密的事务。1842年6月，大仲马和维尔吉妮·布尔比耶（Virginie Bourbier，多年后出现在圣彼得堡）私奔到里昂，他感谢儿子在高卢人的首都给他写信，安抚了他因为毕克肖（Bixio）的诉讼而糟糕的心情。大仲马让他尽快给马克西米利安·贝杜纳写封短信[1]，不让多芒热参与进来，免得他继续做蠢事。

他很后悔耽误了儿子的时间，小仲马当时住在布尔达卢街某个院子的底层。

> 尽量追赶功课，努力学习，还要学骑马，这样9月我们就可以一起骑马走遍科西嘉的山山水水。

儿子继续写诗寄给父亲，父亲很快规划出把这些诗向公众推出的最佳策略：

> 我今早收到了你的信。诗写得非常好，但是我觉得，在你第一部诗集出版之前，这些诗不应该发表在《世纪报》和其他报纸上。你看，你每天都在进步，你最早写的诗几乎留不下什么了。因此，我不认为过去一年内你有一整卷可以出版。再有，等我们见面时再细谈［……］。如果你的诗集到春天能够完成，我们就可以从里面挑一些，这是为了帮助你随我去希腊旅行。我回巴黎后会与《世纪报》或者《新闻报》协调好。[2]

7月18日，在杰罗姆·波拿巴（Jerôme Bonaparte）的瓜尔托别墅

1　1826年5月30日，马克西米利安·贝杜纳（Maximilien Béthune，1793—1865年）获得了印刷许可。他是《新闻报》的印刷商，1842—1845年之间参与了好几桩大仲马的出版事务。

2　1842年7月的一封信。

小住时，大仲马获悉他最亲密的朋友费尔迪南·奥尔良（Ferdinand d'Orléans）去世的不幸消息，大仲马在他身上投注了全部的政治希望。

> ［7月13日］中午，奥尔良公爵去讷伊向国王辞行，他应该在当晚出发去圣奥梅尔营地。驾车的马受惊狂奔，当时公爵独自一人坐在车中。他跳车时直直地落地，但是震荡太严重了，造成脊椎断裂，而且头部流血，心脏破裂。

四点钟，毫无知觉的亲王被送到附近的一所房子里，在匆忙赶来的讷伊神甫的陪伴下撒手人寰。[1]

“上帝保佑你远离一切事故，否则我会打爆自己的头。”他悲伤欲绝，在给儿子的信中这样写道。

1842年秋天，科西嘉之旅一再推迟，小仲马完成了学业，虽然得了一些奖，但都不是最耀眼的。父亲和儿子开始一起在巴黎过着快乐的单身汉生活。“我的儿子，”父亲这样对他说道，“当我们有幸冠以仲马的姓氏，就应该过高尚的生活，在巴黎咖啡馆用餐，并且对一切享乐来者不拒。”

儿子没让父亲说第二遍。在《放荡的父亲》中，戈德弗鲁瓦（Godefroy）夫人对费尔南·德·拉利沃尼埃尔（Fernand de La Rivonnière）

---

1 《新闻报》，1842年7月14日。

伯爵讲述社会上是怎么传他的：

——他的儿子十五岁，你见过吗？他父亲到哪儿都带着他。

——这可不对。

——他做得对啊。

——他得小心！小伙子有个情人。

——啊，啊！

——一个演戏的女孩子。

——父亲怎么说？

——父亲觉得这很自然，如果父亲就是个寻欢作乐的人，他怎么可能阻止儿子也成为这样的人？好狗出自猎犬。[1]

他模仿父亲的一切，很快乐也很骄傲能够一再朗诵自己最早发表在《环球评论》专栏上的诗篇，大仲马正是答应这家报纸写佛罗伦萨专栏：

你在梦中，美丽的姑娘；
你的耳朵分辨出从未听过的声响，
它们让你心烦意乱，忧心忡忡的年轻姑娘，
你相信上天，因为你那被囚禁的灵魂
听不懂尘世的歌唱［……］。[2]

1 小仲马，《放荡的父亲》，第三幕，第九场。

2 节选自《青春之罪》，题为《爱情与年轻姑娘》。

在1842年10月1日那一期，有按语说明这确实是小仲马最早发表的诗。

随后一个月，专栏发表了他献给贵妇们的诗，反复强调这些诗绝不至于有损上流社会女性的形象。

这只是个开始。二十年前，父亲也是以短诗起家。

1843年4月11日，他“有了第一个已婚情人”，他应该不是很满意，只是在很久以后才跟朋友亨利·里维埃尔（Henri Rivière）少校提到这段风流韵事：

> 您能想象吗？（写下这封信的日期时，我脑子里闪过这个念头）二十八年前，就在我给您写信的时刻（两点半），美丽的普拉迪耶（Pradier）夫人第一次来到我家——她曾在克莱芒梭（Clemenceau）夫人面前帮过我点儿小忙，她穿着绣花的白绸长裙，披着同样质地布料的披肩，头戴草帽。我当时十八岁，刚刚中学毕业。这还是第一次，一位上流社会的夫人踏进我这个男孩住的底楼。她极漂亮：金色的秀发，蓝宝石一样的眼睛，齿如编贝，粉嫩的手指微微弯曲，胸前是一小绺汗毛［……］。应该说她没有浪费时间，立刻全部脱光。她的身体毫无缺陷，同时在道德上也毫无羞耻感。在我们开始嬉戏时，我楼上的住客开始拉小提琴。这位“美丽而诚实的女子”如同布朗多姆（Brantôme）所言，全身心投入到律动中，她无疑对此极为熟悉并且对我说：“注意节奏！”

于是，1843年4月诞生了一首题为《女罪人的金发》的诗：

有着金色秀发的、蔚蓝眼睛的女神啊，翻开了
雅典诗人的和谐之书：
您将看到，高傲的女神总是
有着金色的长发和蔚蓝的双目。

女人，请朗读这本书，里面沉睡着所有的痛苦，
圣经为心灵带来风和日光的慰抚；
您将看到，耶稣命令您去爱，
而他，如果说他失去了夏娃，却拯救了玛德莱娜。

6月，父亲和儿子一起动身前往佛罗伦萨，大仲马要处理一件有关荣誉的事。[1]他们走的是经过比利时和莱茵河谷的游学路线，儿子写了几句诗：

然而，沿着古老的历史之河顺流而下，
天空是如此壮阔，我怀着诗兴，
在幻想中看到，在那众山之巅，

1 于勒·勒孔特（Jules Lecomte）责备大仲马在法国驻托斯卡纳大使那里说了他的坏话，在卡西纳公园散步时，狠狠打了大仲马一拐杖，如果不是大仲马拒绝与制假和使用假货而被判刑的人动手，这几乎引发了一场决斗。为了让拒绝的理由更加充分，大仲马回到巴黎搜集能压垮对手的资料。

魔鬼建造的阴暗而裸裎的布格群峰。[1]

抵达佛罗伦萨后，他们找不到勒孔特——他躲了起来，于是他们又回到巴黎。维克多·雨果的《卫戍官》在法兰西喜剧院落幕之后的几个月，小仲马写给朋友夏尔·穆里斯（Charles Meurice）的一封信反映了他的真实状态：机智、风趣、快乐、大胆和莽撞。《卫戍官》是雨果最后一部伟大的浪漫主义戏剧，于1843年3月7日上演。

我亲爱的穆里斯：

我收到了信和指环，很是意外，但却是多么可爱的惊喜。

现在我必须做的事：

1. 我拥抱了父亲，还没等回来我就这样做了，毕竟我们是一起从意大利回来的。

于是我因为穆里斯的友情而收到一个来自父亲的重重的亲吻。

2. 写一封长信，关于我、圣西尔[2]，还有剧作家的不幸死亡——就是这样。

我自己一切都好，《圣西尔的名媛们》也进行得不错。我从意大利、比利时、瑞士和莱茵河回来了，《圣西尔的名媛们》还

1 这首诗有如下标记："莱茵河畔。——1843年6月"。

2 《圣西尔的名媛们》，大仲马的五幕喜剧；于1843年7月25日在法兰西喜剧院上演。——译注

没有上演，我父亲在佛罗伦萨狠揍了一顿最近侮辱了他的家伙：现在他好像已经死了［暗指有些报纸误报大仲马去世的消息］。雨果一直让人上演《卫戍官》。下面是某天发生的趣事：雨果到法兰西喜剧院问维尔特伊[1]卖出去了多少包厢。回答是：最后一排包厢一个，一些单人座，正厅前座两个，没了。《文学与哲学杂论》的作者说：把剩余的票全部给我。随后，他租一辆敞篷车并对车夫说：我是《卫戍官》的作者，今晚要上演。快些走，我会给你一张票去观看这部史诗。车夫慢吞吞地赶车……哦，那些下层人的直觉真灵！他来到一位美人家中，第二十次给了她一个包厢，然后又去派送其余的票。

晚上，美人派他的仆人打扮得体面光鲜坐在包厢里。第二天，仆人前去要报酬，说观看《卫戍官》的演出不包括在女主人规定他做的事中，况且他还有那么多活计。美人于是把他推荐给了正在雇用仆人的雨果。

我希望在写给您的信中写写老约伯［维克多·雨果］。夏尔［·雨果］也会给您写很多关于《圣西尔的名媛们》的趣事。在等待的空隙，我写雨果式的诗歌，这就是我的状况。

我的创造者身体很好，爱您一如既往：这段时间他完成了一部相当有趣的作品，我的天！书名可能是《鸽子》或者《阿斯加尼奥》[2]。我觉得会非常棒，您会读到的。

事情已谈妥，协议放在一个厚厚的信封里，夹在他丰富

1 于勒·维尔特伊（Jules Verteuil）刚被任命为喜剧院的行政秘书。

2 《阿斯加尼奥》，大仲马的小说，是在夏尔·穆里斯版本的基础上重写的，1843年7月31日至10月4日在《世纪报》连载。

优美的诗篇中，等待前往洛波街［1号和2号是佛洛芒-穆里斯（Froment-Meurice）金银工坊的地址，后者是保罗·穆里斯（Paul Meurice）的异母兄弟］。

再见，高尚的人。给我带些瓶装酒，还有您的诗剧。您很善良，那么再做个高尚的人吧，这是我对您的衷心祝愿。

您6月16日的信，我7月16日才收到。估计是指环的原因才耽搁了。因为美而延误了好。

我父亲下榻在巴黎旅馆，随后会搬到肖塞-当丹大街45号，但一个月之内不会搬走。

再见了，保重您自己。既然有必要，那就兴风作浪吧。在巴黎所有爱您的朋友中，您将会有一个愿意理解您的人，一颗必然爱您的心，还有会骄傲地为您鼓掌的一双手。这一切差不多组成了完整的我，剩余的部分用来观赏女人，但我不会跟您这个谨慎的年轻人汇报这些。

全身心地爱您。

小仲马

7月27日

肖塞-当丹街的公寓已经布置好，伊达要来了。她从佛罗伦萨归来，意图恢复所有的特权，并过上辉煌的上流生活。

继母与继子之间的战火重新点燃。因为受辱，他选择了逃跑。他请求离开巴黎去旅行。

父亲夹在中间，冲突的情形逼着他为交战双方找出可行的妥协办法，然而效果并不明显。

1843年12月，他写给儿子的这封信流露出悲伤：

我的朋友：

如你所愿，我写信回答你。你知道仲马夫人只是名义上的仲马夫人，而你，你是我真正的儿子，不仅是我的儿子，几乎就是我唯一的幸福和我仅有的欢乐。

你要求去意大利或者西班牙，把我遗弃在我不爱的人和那些束缚我的社会关系中间，你这样做有多么无情无义我就不去说了，但是你在意大利和西班牙能有什么未来呢？如果这只是一次简单纯粹的旅行，非常好，但我还是觉得你可以等到我们一起去。

你说你在巴黎的处境是愚蠢而屈辱的。我得问问你这是为什么。你是我唯一的朋友，人们最经常看到我们在一起以致分不清我们的名字。如果说有某个未来在等着你，那一定是在巴黎。严肃地工作和写作，两三年以后，你就能每年挣上万的法郎。我没看出这有什么愚蠢的，也并不屈辱。

再有，你很清楚，我习惯于为身边人的幸福和好处做主，我曾在上帝面前许下诺言要保护他们，即使有违道德也在所不惜。我将做你希望的一切，有一天如果你很不幸，说出来，我会把你带到你希望走的路上——相信我，我为了对你的爱牺牲了自我，你是我心中唯一仅存的、最后的爱，不要和其他曾拥有这份爱的人一样错失。

还有，你想谋其他出路吗？你愿意在巴黎的某个图书馆找份工作吗？这会让你差不多能独立。但是想清楚，你有勇气像你的老师一样，每天花四个钟头待在办公室吗？

简单说，你要明白一件事：我和仲马夫人之间的分离只能是精神上的分离，家庭纠纷将会恼人地占据公众的注意力，因此是不可取的。

儿子听不进父亲的劝诫：他固执地坚持自己的要求，受挫的父亲在另一封信中回答：

我亲爱的朋友：

你的信真是无礼透顶。我不再跟你多说，我在仲马夫人面前可不是绅士。我不知道谁为你提的糟糕建议要跟我作对，你很清楚这种不愉快是唯一能影响我的。

我以为可以把你当朋友，我错了。我以为，当我心怀悲伤，我可以敞开给你看，我又错了。我以为在我要求自己做出的永恒牺牲中，我能获得某些愉悦的时刻，那就是和你在一起的时光，我再次错了。不要再提了。

我很生气，你在十九岁的年纪过于自信了，不能接受别人置喙你的处境并把未来托付给这个人。无论这个人是谁，给你的都只会是错误的建议。

离开巴黎可不等于开辟前途，我会提出一些理性的建议。

感谢你给我带来的痛苦，那股难受劲儿又来了。也许我的

第一部作品可以更好。这都是我欠你的。

然而纷争还是平息下来：父子二人都太痛苦了。1843年12月，父亲给儿子发了一封求和的信：

> 我收到露易丝［·普拉迪耶］的一封信，她说两天来你和我一样为发生的事感到悲伤。
>
> 一个不眠之夜过后总是很糟糕，相信我，我刚刚经历。我希望你永远不会经历。来看我吧，再睡个好觉。

伊达在肖塞-当丹街45号会客。自1844年1月起，伊达四处散发邀请：她邀请比如欧仁·德拉克洛瓦（Eugène Delacroix）前来和"她们分享一顿糟糕的晚餐，因为新锅还没有养好"，她补充说："当旅行三年后归来，还指望朋友们念在往昔美好的友情上而肯牺牲一点儿闲暇或者工作，这简直是心比天高。"

每个礼拜三，从十一点钟至子夜，在一张十五人的餐桌旁团团围坐着宾客，大部分是戏剧界人士。"大仲马更倾向于邀请艺术家和作家；伊达女士正相反，只喜欢上流社会人士，并尽力请来更多［……］。宾客的名单有时是双倍的。"[1]晚餐通常有一道野味馅饼、一道烤肉、一道鱼和一道由大仲马亲自调味的沙拉。

一个名字被从名单中划掉，即男主人的儿子。他因为不断挑衅女主人而被认为应该受到惩罚。

1 达什伯爵夫人，《关于他人的回忆》，第214—215页。

第四章　放荡不羁的儿子

如果您曾经爱过，认认真真地爱过，您一定有过把您想完全独占的人儿与世界隔绝的念头。

小仲马

《茶花女》第十五章

小仲马不再是孩子了。他不断写下的诗句并没有回答下面这个问题：我这一生要做什么？

后来，他平静地提到这个踟蹰不前的阶段：

十八岁时，我迅速投入了摩登生活，我日后会称之为异教般的生活［……］。当然，我过的可不是圣人的生活，除非与早期的圣奥古斯丁做比较［……］。不过那些太容易得到的享乐不能使我满足。比起享受这种喧闹的生活，我更喜欢观察和思考。我时常与那些误入歧途的造物待在一起，她们有的对着一些人卖笑，有的对另一些人卖笑，而那些人给她们的只有确定的羞辱、灾难般的丑行、来源可疑的财产，让我更想大哭而不是大笑，我开始思考为什么会是这样。[1]

1844年年初，父亲虽然对他宽大到了纵容的地步，还是非常担心，写信给他：

你的来信让我从财务状况到精神状况都稍觉安心，但是却不能让我对你的个人发展有任何把握。是你自己选择了脑力工作，没有任何职位能迁就你的习惯，这里面既有我的错误也有你的错误。一切名声都能转化成金钱，但是金钱只有在获得名声之后才可能到来。你大白天睡觉，两三点钟起床，这些习惯妨碍你思考昨天的烦恼或者明天的焦虑，你觉得你所过的生活能够给你充裕的时间让你去考虑如何做得更好吗？这还不是全部，你必须做得更好，别人不会为你支付全部，你要自己赚钱。努力工作一年、两年、三年，随后，有了坚实的积累，就可以做你应该做的和你想做的事。另外，我做了个噩梦，一切强烈的感情都会走向迷信。

在1844年5月4日的另一封信中，父亲给他安排了工作，要他“把为《以鼓订婚》写的三段歌词写得尽可能优美”，这是大仲马与鲁汶（Leuven）和布兰斯维克（Brunswick）合写的一部三幕喜

1 莫里斯·斯普龙克（Maurice Spronck），《小仲马》，1898年3月15日发表在《两个世界》杂志上的文章。

歌剧。他还让儿子接受一项很难体现自我的工作，接手皮埃尔·安杰洛·菲奥朗蒂诺（Pier Angelo Fiorentino）的创作。“你应该已经看到对《海盗船》的评语了。总之，如果你希望完成菲奥朗蒂诺剩余的部分，我把标有日期的手稿寄给你，这样你就可以接续剩余部分。”这封信的前半部分则是他对欧仁妮·斯克利瓦内克（Eugénie Scriwaneck）的爱慕之情，欧仁妮是他众多的情人之一、塞莱斯特·斯克利瓦内克（Céleste Scriwaneck）的姑姑，皇宫剧院著名的女演员。她和小仲马拉关系，还开出空头支票：

［1844年5月］

我亲爱的亚历山大：

我简直是幸福极了，我不会离开您的父亲！他同意带着我。

我会穿着男装和你们一起旅行，裁缝刚来为我量过尺寸。

啊！我高兴疯了！原谅我，朋友，原谅我没有早些告诉您，我每天都想聊一聊您，但他总是找借口。您的父亲给了我好多工作，他口述我记录，我非常骄傲、非常快乐能做他这位渊博学者的秘书。我希望一个月后见到您，但这期间请寄给我几句甜蜜的话！我们给您买了不少东西，我负责为您的领带缲边，裁缝很快就能做好您的裤子，这些东西都会随后寄到。

儿子回信中写道：“这是个可怕的女人。”

1844年的春天，大仲马对儿子做了让步，小仲马希望远离巴黎和可憎的晚娘。父亲借口为意大利之旅做准备送他到马赛，他们将一起旅行。

在马赛，有个以约瑟夫·梅里（Joseph Méry）为中心的文学圈子，儿子在这个氛围愉快的圈子里逐渐发生改变。约瑟夫·梅里是位多产的作家，也是大仲马的朋友。1844年5月9日，他在《新闻报》发表了致大仲马的公开信，信中写道："[……]我收到您的一封信，我亲爱的仲马。信中说我们最年轻、最亲爱和最迷人的朋友正坐着邮车向地中海飞驰而来，到这里来拥抱春天。"大仲马回信给他："这是上帝面带微笑单独创作的造物，上帝把人身上所有美好的、高贵的、智慧的部分都放了进去。梅里，他有着天使的心灵、诗人的头脑，却是个魔鬼般的精灵。"[1] 1840年之后，梅里在城市的图书馆里任职。

人们在圣费雷奥尔街4号苏查娜·格雷哥（Suzanne Greig）夫人家的沙龙聚首，她是马耳他岛一等秘书赫克托·格雷哥（Hector Greig）爵士的妻子。这位褐色头发的美丽女子是出生于马耳他岛的科西嘉人，梅里的情人。她主持的沙龙，用泰奥菲尔·戈蒂耶（Théophile Gautier）的话来形容，会把往来的客人用"享乐和美食"喂饱。在为小仲马，或者不如说是为他父亲举办的欢迎宴会中，出席的沙龙常客有约瑟夫的兄弟路易·梅里（Louis Méry），他是《普罗旺斯史》的作者——大仲马在《旅行印象：法兰西的南方》中轻率地抄袭了不少，还有当时只是诗人的约瑟夫·奥唐（Joseph

1 大仲马，《旅行印象：法兰西的南方》，第二卷，巴黎，米歇尔·雷维兄弟出版社，1851年。

Autran)。日后约瑟夫·奥唐将小仲马描绘为不可抗拒的诱惑者：

> 谁不认识二十岁的小仲马，谁就不清楚年轻最具魅力的品质是什么。如果这个时期有人为他着魔，我根本不愿知晓，但是我相信就算是天父也会原谅他，因为他实在太有魅力了。不久之后，他身上的所有魅力都会光芒四射地显现，即使现在也已初露端倪。这还不是最终的果实，这只是最早熟、最绚丽的花季……在这位名人骄傲的继承人身上，已经可以依稀看到诗人、哲学家和道德家的样子，然而在这一切之上，他首先是一位光彩夺目的交谈者。他舌灿莲花，他的思考为精神世界打开了最意想不到的道德的地平线。我不想去评论他的人品，这完全是一副小说主人公的面孔，就像一位从包厢里探出身的年轻女子所梦想的那样。[1]

年轻的仲马很高兴能忘记巴黎，那里的一切令他悲伤，使他愤怒。他与母亲一直保持紧密的联系，未曾中断，她很担心他。1844年5月，表兄阿尔弗雷德·勒特里耶（Alfred Letellier）在信中写道：

> 我寄给你一封你母亲的信，她在信中训导你，她求我也要说你几句，这也正是我的想法。如果你觉得无法独自前往意大利，你就留在那里（你父亲的旅行是不现实的，我几乎可以肯

1 约瑟夫·奥唐，《全集》，第七卷，《旅行信札和笔记》，《颓屋》，巴黎，卡尔曼-雷维出版社，1879年，第158—159页。

定地跟你这样说），在马赛待太久会对你非常不利。你的父亲很好，太好了，但是你的存在不是为了平衡其他人的力量，你以后会觉得非常恼火。我作为表兄和朋友告诉你这些，我是一天天看着事情发展到今天的。在马赛游玩之后，你最好回到巴黎。想想吧，你已经二十岁了，你需要一份工作，你父亲就是这样开始的，这并没有妨碍他获得今天的地位。想象一下，如果不幸发生意外——在这世界上必须计算和衡量一切。我这样说是因为所有跟你说的这些我都经历过，我曾经游手好闲，丢掉了前程，然后突然有一天，我发现自己没有任何社会地位，坐在垂危者的床边——几乎就是活在尸首和贫穷中间。我希望你永远不要亲身经历我遭遇的这些事。我非常确信，你终会明白我说的这一切，故而不会怨恨我的小小说教。在你享受生活的时候寄给你这封信真是煞风景。

这一年的5月，大仲马建议儿子为计划庞大的《佛罗伦萨艺术品珍藏》[1]撰写画家传记。“我们一起写”，他许诺。6月15日，他催促儿子：“干活吧，我亲爱的，干活吧——我们肯定会选用一部分你写的东西。你的诗句中总是有强烈的个性和色情描写，这些内容没办法在报刊发表。在报刊上，他们都是道貌岸然的。”

6月20日的信中还有其他建议：

1 1840年，大仲马与佛罗伦萨的一家公司签订《佛罗伦萨艺术品珍藏》的出版合同。他负责撰写16卷至20卷文字，配有插图。

我刚为你找到一份工作，我觉得挺有意思，就是另外写一部凡尔赛城堡野史，可以写所有发生过的趣事。

他们会付给你100路易。

你可以参考下面几本书：

瓦图的《凡尔赛城堡的历史》[1]，

伏尔图的《凡尔赛史》[2]，

拉沃尔德的《凡尔赛史》[3]。

我会指点你我觉得应该怎么写。我给你100路易，只是你要给你母亲400法郎，剩下的2000法郎是你的。我将在凡尔赛出售的两卷本上署名。

他建议儿子二者选其一：或者回到巴黎，接纳他并与他和谐相处；或者他取道日内瓦去欣茨纳赫，租有三四个房间的套房给他的妻子和女儿住。

再给我租一个房间——如果可能就在另一个门栋——或者另外一层。

我将在7月15日到达，我们三四天后要一起动身去斯特拉斯

1 让·瓦图（Jean Vatout），《法兰西皇家居所的历史记忆》，巴黎，费尔曼·蒂铎出版社，七卷，八开本，第一卷，《凡尔赛的宫殿》，1837年。

2 伊波利特·伏尔图（Hippolyte Fortoul），《古往今来凡尔赛的盛大场景》，巴黎，德鲁瓦耶出版社，1839年，八开本。

3 亚历山大·德·拉沃尔德（Alexandre de Laborde），《凡尔赛的前世今生》，巴黎，A.埃弗拉印刷厂，1839年；施耐德与朗格朗印刷厂，1841年，八开本。

堡，再从斯特拉斯堡去荷兰看郁金香。

在此期间，你还要继续工作，我也是。回到巴黎，我们就会收到你的小说的稿费，无论如何，你可以指望写凡尔赛的100金路易。

另外，如果你想继续写画家传记，我也会把贝杜纳付的稿酬给你，不过佛罗伦萨将要付的稿酬留给我。

小仲马因为与巡演女伶的一桩感情纠葛而羁留马赛，最终7月才带着年轻人的家当回到巴黎。

一段时间后，他写信给梅里，解释这桩带有某种洒脱意味的爱情故事的结局：

最后，父亲给了我有益的建议，让我离开那些回到巴黎后会玩到一起的人，但是，既然我没有任何借口，事情就很难办。我在您的城市里结识的那个女孩，对我极为可亲又可爱有趣，那天她对我说了值得我永远铭记的话："我担心你的父亲不会接受我和你的关系。虽然很不情愿，我已经身无分文，你就算省吃俭用也没有余力给我什么。就此结束吧，我发誓你没有任何可以指摘我的。"

我在信末跟您讲这桩事，两个礼拜以来，我都没有再理会。转天，她一整天跟在我后面，到我的朋友家，让朋友来看我，做一切想象出来的让步——我没有回答她。独自一人时，我热泪奔流。

最终，我们两个人都从绝望中平静下来。上个礼拜日，她来看我，见到了我。她告诉我，就算她和另一个视为丈夫的男人在一起，也只是为了钱，她还会继续和马赛的朋友们睡觉。于是我握住她的手，充满敬意地亲吻它们，建议她不要经常来看我，因为这会为她带来无端的影响。我像兄弟一样送她到大门口，从未有过像我们一样纯洁的兄妹。她的眼泪像断线的珍珠从蔚蓝的眼睛里滚落，这是一双可以点亮体育馆剧场的眼睛。礼拜四，昨天，她又来看我，但恰好我去买东西了。亲爱的朋友，就是如此。既然事情就发生在您的身边，那我应该告诉您。

1847年，《绿堡》一书出版，书的前言是约瑟夫·梅里致小仲马的一封信，回忆最好朋友的儿子在马赛度过的美好时光：

我亲爱的亚历山大，在圣日耳曼大街清凉的树荫下，也许您忘记了绿堡火红的柽柳。这很容易理解。当人们和您一样害怕雷奥米尔（Réaumur）偏激的后裔时，月光会让人忘记了太阳。那么，我想唤起您对地中海海滨的回忆，星空下无垠的镜面，我们经常去那里创作悲剧和歌谣，远离公众、远离舞台和优伶。

他还回忆大仲马去佛罗伦萨或者从佛罗伦萨回来时经过普罗旺斯的短暂时光。

您来了，坐在［库尔提和绿堡的］这些桌子旁，帐篷散发着强烈的海藻和贝壳的气味，我们坐在一起开始闲聊，周围伴随着海浪声和西北风的呼啸声［……］。我有义务唤起您的回忆。

巴黎则无疑是爱情死亡的季节。10月18日，小仲马对马赛的朋友宣布了一个他日思夜盼的“重大消息”：“仲马家分崩离析了。丈夫和妻子准备像亚伯拉罕和夏甲一样劳燕分飞了，但不是因为不生育。很快您将看到一位肥壮的妇人经过马赛前往意大利定居！这就蛮好。至于我们，我们明年应该去中国，顺路与梅里会合。这就是最新的消息和我的梦想。”

实际上，大仲马和伊达和平分手，大仲马应该是同意了巨额的经济补偿。小仲马肯定对这次胜利的结局起到推波助澜的作用。伊达带着小玛丽重返佛罗伦萨，此后她与一位意大利亲王在那里生活。

1844年夏天，在圣日耳曼昂莱，父亲住在亨利四世的别宫，具体来说就是修缮宫殿的柯利内（Collinet）家中。

1844年9月的一天，小仲马在欧仁·戴亚杰（Eugène Déjazet）的陪同下去看望父亲，他拖着朋友到森林里骑马。欧仁大他几岁，是著名的喜剧女演员维尔吉妮·戴亚杰（Virginie Déjazet）的儿子，全靠母亲的溺爱，才过着很有排场的生活。他们突然心血来潮，跑出森林回到巴黎去寻找好运。

在蒙马特大街的杂耍剧院里，那些年轻的交际花经常来剧院既是为了露脸，也是为了消遣。小仲马坐在前排包厢里，他注意到了玛丽·杜普莱西（Marie Duplessis），此时她已经因为美貌、有品位和搞得情人倾家荡产的传闻而声名鹊起。

在《茶花女》的序言中，小仲马描绘了她的肖像：“她身材颀长、苗条，黑色秀发，面颊白里透红。她的头很小，细长的珐琅般的眼睛像个日本姑娘，明眸善睐，再加上樱唇皓齿，人们会说这是一个萨克森瓷娃娃。1844年，当我第一次见到她时，她比花还娇美，正过得春风得意。”

于勒·雅南（Jules Janin）在小说第二版的序言中这样讲述他在剧院简陋的休息厅初次遇见玛丽·杜普莱西的情形：

> 她用脚蹭了蹭多结的木地板，就像是刚在雨天的大街上走过；她本能地撩起裙子，以免蹭到干涸的泥浆，丝毫没有想给我们看到什么，根本没可能。她脚上的鞋穿得很严实，往上是圆润的小腿，腿上穿着镂空丝袜。她整体的装束与柔软年轻的腰身非常协调；美丽的鹅蛋脸有些许苍白，衬托着她周身散发出的优雅，似乎洋溢着微不可察的香氛。[……]我们很容易就可以看到她，压褶的绣花衬裙上垂落着她的黑发，戴着手套的手让人相信这就是一幅画，手中的帕子镶有精妙的皇家式样的花边，耳垂上的两颗东方珍珠令王后都要嫉妒。她穿戴着这些美丽的衣饰，就像是生于钟鸣鼎食之家，习惯于锦衣玉食，在自己领地的金色殿宇中，头戴王冠，脚下是争相奉承的人群。她的穿戴与谈吐相匹配，她的思想与微笑相称，她的妆容与为人一致，想从人世间最高贵的人群中寻找一个比她更美、外表

与衣饰和谈吐更协调的人只能是枉然。

阿尔封希娜·普莱西（Alphonsine Plessis），也叫玛丽·杜普莱西，是诺曼底农场仆役的女儿。她确定地说，父亲把她卖给了波西米亚人，这些人把她带到了巴黎，放在一个女帽商家里。皇宫的一位修复师被她的魅力吸引，将她金屋藏娇，年轻而俊美的贵族公子哥、蓄着小胡子的吉什公爵小阿日诺尔（Agénor）性情放荡，专爱拈花惹草，随后接手了她。还有人说，公爵的叔叔为了结束这段荒唐的关系，把阿日诺尔遣送到伦敦，然后又送到维也纳。玛丽·杜普莱西于是在那些被她诱惑的上流社会人士中挑选情人，她优雅的举止和教养是其他交际花身上完全没有的。“人们从来没有见过玛格丽特插戴茶花之外的鲜花，为她提供鲜花的巴尔蓉（Barjon）夫人叫她‘茶花女’，于是这个名字流传开来。”[1]她会弹钢琴，喜爱诗歌，在她身边围着众多初涉风流场的年轻贵族和苦于名声不显的诗人。

当小仲马遇到她时，她正被一位年迈的原驻俄罗斯大使古斯塔夫·恩斯特·冯·斯塔克尔贝格（Gustav Ernst von Stackelberg）伯爵包养，这位伯爵即将七十九岁了。那天晚上，欧仁·戴亚杰通过一个很乐意牵线搭桥的老相识，带着小仲马来到玛丽·杜普莱西家中。他们饮酒作乐直至玛丽因为剧烈的咳嗽而离开——她已经患上了肺结核。小仲马被迷住了，年轻女子先是推拒了他的追求：她提到自己需要钱，很多钱；她明确表示，自己不是适合年轻男子的快

1 小仲马，《茶花女》，巴黎，亚历山大·加多出版社，1848年，第37页。

乐女伴。他坚持，她最终让步了。一对情人过着幸福的日子，演出、晚宴、心血来潮以及撒娇使性。小仲马可怜的钱包很快就瘪了下去。他求助于父亲，但这位也是“漏眼的筛子”，很难满足儿子的要求。玛丽不断去找老伯爵以及另一位出身于金融世家的年轻人埃德瓦尔·德·佩雷戈（Édouard de Perrégaux）伯爵。

玛丽纠缠小仲马要求他把自己介绍给他的父亲，会面是在法兰西喜剧院的一个包厢内。

> 我刚刚闭上眼睛，转过头，我感到嘴唇触到两片战栗的、发热滚烫的芳唇。我睁开了眼睛，眼前是一位可爱的年轻女子，二十到二十二岁，和亚历山大单独走进来，上来就给了我一个不太像晚辈的吻。我认出来，曾经在剧院见到她几次。她就是茶花女玛丽·杜普莱西。

小仲马继续创作诗篇，父亲将这些诗推荐给出版商于勒·黑泽尔（Jules Hetzel）。正如通常在诗的结尾标明的日期所提示的那样，这些诗以后来的西班牙之旅和其他篇章为灵感（《致父亲》《主宫医院》《孤独》《M.D.》）。

> 我儿子刚刚完成一部精彩的诗稿。您愿意出版吗？付他一1000法郎就可以。
>
> 如果需要序言，我可以为您撰写。

诗集首先取了个“庄重严肃”的篇名:《生活的序言》，后来改为更谦逊的《青春之罪》。

但是出版商显然没有抓住成为小仲马第一个出版者的建议。不久之后，1845年1月中旬，父亲寄给还是这位黑泽尔34页自己的诗和6页亚历山大的诗。[1]他补充道:“我想，您可以大胆地出版而不致破产了，一共付我们700法郎就可以。”

这6页就是黑泽尔1845年插在《巴黎短笺年鉴》中的《丈夫们》。[2]

小仲马同时尝试写作舞台剧本。1845年3月8日在卡斯特拉纳宅邸的私人小剧场上演了他的独幕诗剧《王后的珠宝》。日后，他写信给亨利·拉瓦（Henri Lavoix），信中以带着距离与宽容的态度评价这第一次的喜剧尝试，后来作为序言收入他的《戏剧全集》:“这是我的第一部戏剧作品，时间是1845年，我可以求得原谅的全部理由就在于我当时只有二十一岁。好怀念那段幸福的时光！我依然对我的诗有信心，我又开始了［……］。我明智地对自己说：将来你会满足于写散文。唯有散文才能说清你要说的，它比有韵脚的形式更适合你所处时代的风俗、激情、思考和服饰。它不像对手那样雄心勃勃，充满骄傲和挑衅的意味，但它却是健康、吸引人和坚实的。它既没有鞋跟可以撑高度，也没有紧身衣来突显，也不用花边来装扮，它既不涂红也不抹绿，它就像真相一样赤裸裸。”

他还致力于一部小说《法比安》的写作，父亲也愿意助他一臂

---

1 大仲马为《巴黎的魔鬼》写了《女战士》，于1845年1月16日与皮埃尔－于勒·黑泽尔签了协议。

2 《巴黎短笺年鉴》，第一版，巴黎，J. 黑泽尔出版社，1846年。

之力。

同时，他担负起直至生命最后一刻都在承担的责任：担当父亲热忱的保卫者。实际上，1845年2月，欧仁·德·米尔古发表了题为《生产小说：亚历山大·仲马有限公司》的小册子，揭露大仲马是一系列罪恶剥削的始作俑者，他让穷困的作者写书而署自己的名，独享利益和名望；他举出他称之为“真正作者”的姓名：阿道尔夫·德·鲁汶（Adolphe de Leuven），奥古斯特·阿尼赛-布尔热瓦（Auguste Anicet-Bourgeois），弗雷德里克·加亚尔代（Frédéric Gaillardet），杰拉尔·德·内瓦尔（Gérard de Nerval），泰奥菲尔·戈蒂耶，费利西安·马勒费耶（Félicien Mallefille），保罗·穆里斯，还有特别是奥古斯特·马凯（Auguste Maquet）。1845年2月17日，仲马在写给文学家协会委员会的信中提出这个问题：“两个人根据私下协议合作创作是否有罪？这个合作协议依据特别约定而订立，双方始终接受而且将继续接受这个联合协议。”[……]“合作协议是否损害了某个人或者某些东西？”随后大仲马进行反击，在轻罪第六法庭状告米尔古。1845年3月15日，法庭判米尔古十五天监禁，并在大仲马指定的十家报刊上刊登判决结果。米尔古在监禁期间给《剪影报》寄去了题为《我的监禁生涯》的文章，是对西尔维奥·佩里科（Silvio Pellico）著名作品的模仿。[1]

“文章一登载，有个年轻人就来到报纸的办公室。他用随身带着的马鞭把桌子上的报纸和手稿抽得飞了起来；他一边咒骂一边索要

1 刊登在1845年6月8日、15日、22日和29日，以及7月6日。

米尔古的地址。这个无法无天的孩子就是小仲马。第二天，他派了两个证人来到米尔古家里。”当后者得知证人是儿子而不是父亲派来的，他把自己的小儿子叫来，孩子大约四五岁，身上沾着果酱。他向来访者指明这个举动的可笑之处。“先生们，正如大仲马先生的儿子在意他的名誉，我相信我的儿子同样在意我的名誉。既然他们同为人子，你们应该跟他讲理。[……] 大仲马先生非常强壮，我攻击的是他，让他来找我讲理！我跟他的儿子没有任何瓜葛。”这是米尔古的说法。

无法无天的孩子和玛丽·杜普莱西之间的爱情之火没有燃烧很久。交际花没能将收入与爱情协调起来。她的谎言招来亚历山大的责备。他们的爱情沦为一地鸡毛，陷入反复的分手与和解。

如果他在1845年3月2日写给约瑟夫·奥唐的信中提到的那位寡妇是玛丽，这应该是一次临时断交。他对奥唐提到了玛丽极为虚荣的一次背叛，因为新情人正是国王的儿子——年轻的蒙庞希耶（Montpensier）公爵：“让我感到安慰的是，我的寡妇是位公爵夫人——左手牵着蒙庞希耶。”

玛丽曾对登台演出有过朦胧的愿望，但得知要研究剧本、大量排练才能演出便拒绝了。面对忧心忡忡的父亲，小仲马很快就对姑娘萌生怜悯而不是爱慕。

1845年8月30日，他决定断绝关系：

我亲爱的玛丽：

我不够富有，无法随心所欲地爱你；也不够贫穷，好让您按您希望的那样爱我。我们忘记彼此吧——我的名字对您而言几乎不值一提，对我来说则是一场没有可能的幸福。

跟您说我是多么悲伤没有任何帮助，因为您很清楚我是多么爱您。别了，您有太多的心思，无法理解我这封信的缘由，也有太多的智慧不去原谅我。

万千回忆。

A.D.[1]

为了尽量抚慰自己与玛丽·杜普莱西的不幸爱情，儿子和父亲一样，对初出茅庐的喜剧演员下手。其中有一位名叫阿黛娜伊斯-波利娜（Athénaïs-Pauline），也叫阿娜伊斯·里耶维纳（Anaïs Liévenne），是杂耍剧团的演员。她在名人后代中间非常特殊，因为几年之后，弗朗索瓦-维克多·雨果疯狂地爱上了她。

这个时期，父亲在圣日耳曼昂莱租了美第奇公馆，他和儿子住在里面。公馆坐落在一个大花园里，包括一栋楼，被称为黎塞留楼，还有一栋平房。按照加布里埃尔·费里的说法，劳尔·拉贝也在圣日耳曼租了房子，以便更好地照顾儿子。

如果说他们退隐乡间是为了抵御巴黎的旋涡、平静地写作，父亲和儿子却都不打算就此过隐士的生活：他们随时能坐火车从圣日

1　亨利·里约内（Henry Lyonnet），《茶花女与小仲马》，巴黎，埃德加·马尔费尔出版社，1930年，第32页。

耳曼回到巴黎，为了各种事务或者乐趣重返首都。他们自1844年开始就在茹贝尔街10号有个落脚处，1850年的《名人录》将小仲马写在了这个地址。

父亲利用自己的声望向出版商亚历山大·加多（Alexandre Cadot）施加影响，让出版商接受了儿子浪漫风格的散文。

先生：

我父亲告诉我您对他说愿意以1000法郎的价格接受80页的《一位女子的小说》，请费心告诉我，您是否依然愿意这样做。

那天我来跟您谈这件事，还给您留了言，您忘记回复我了。

致意，匆匆。

小仲马

茹贝尔街10号[1]

1845年11月17日，儿子接受了出版商的条件，与亚历山大·加多签下了平生第一份出版合同，出版《一位女子的小说》，条件是先连载发表。

签字双方：

小仲马先生，作家，地址为茹贝尔街10号，为一方，

1 手稿：阿瑟纳尔图书馆，MS-14371 / 32。

亚历山大·加多先生，出版商，地址为巴黎拉阿尔普街32号，为另一方。

双方一致决定和接受如下内容：

仲马先生将其所写的《一位女子的小说》出售给加多先生，后者同意将其以小说形式刊印。

这部小说应该在《时代》或者《新闻报》上以连载方式发表，并将刊印成120页至125页之间的两卷本小说。

本次出让根据如下条件进行：

加多先生有权将小说出版三卷本的书店版，印数为1200册，送给仲马先生样书12册。

加多先生拥有本书自开始销售起三年内的权利，但是如果这个时段内书籍售罄，仲马先生将收回所有权利，可以按照自己的意愿使用这项权利。

这两卷本的转让价格确定为1500法郎，在签订本协议时，仲马先生承认已经收到这笔款项，共三笔，每笔500法郎，已于4月、5月和6月领取。

如果出现作品超过两卷的情况，加多先生应该再支付500法郎，条件是能有90页内容可以出版第四卷。[1]

当仲马父子不去找他们的朋友时，朋友们会来看望他们。圣日耳曼这座小城因此热闹起来：

1 手稿：阿瑟纳尔图书馆，MS-14371 / 31。

圣日耳曼的居民本来是《睡美人》中值得尊敬的人物，现在他们自己都认不出自己了：我为这座小城带去了活力，这里的居民开始还以为我是病态的发热，像被那不勒斯蜘蛛叮过一样，而且会传染。我花钱请来剧团，巴黎最好的艺术家来我家吃晚饭，为了给大家助兴，他们时不常在就座前表演一番，有时是《哈姆雷特》，有时是《贝拉伊勒小姐》，有时是《圣西尔的名媛们》，平民可以免费观看。[……] 圣日耳曼于是复活了，或者几乎是复活了。圣日耳曼居民在森林里纵马驰骋，圣日耳曼居民去看演出，圣日耳曼居民朝着我的阳台发射在巴黎才能看到的烟火，这一切都令凡尔赛大为惊奇，那里的人从墓穴深处探出头来，空洞的眼神穿过卢夫仙纳山丘看着发生的一切 [……]。

有一天，国王听到圣日耳曼方向传来的喧闹声很是不爽 [……]。

他叫来德·蒙塔利维（de Montalivet）先生。

——我亲爱的伯爵，有件事您清楚吗？

——陛下，什么事？

——我们好不容易让圣日耳曼热闹起来（人们让国王路易-菲利普相信是他做到了这个奇迹），有艺术品陈列展，每月的第一个礼拜日还有喷泉表演，要知道甚至在凡尔赛我们都没有做到呢！

——陛下，您希望凡尔赛快乐到疯狂，而不是死气沉沉吗？

——我亲爱的伯爵，我不想对您隐瞒，这会让我非常愉快。

——好的，陛下，大仲马因为当过国民自卫队要蹲十五天的监狱：您下令让大仲马来凡尔赛服刑吧。

国王用后背对着德·蒙塔利维先生，一个月没再跟他说话。[1]

1845年年末，大批朋友应儿子的邀请前来：

如果今天凛冽的北风没有让您彷徨，
您知道在圣日耳曼昂莱
住着父与子两个居民，
他们闭关已久，怀着见到你们的渴望。
[……]
来吧——也许我们可以
让您忘记门上的白霜
就算没有蔚蓝的天空，
也能为您递上一根雪茄，为炉火添些柴棒。
您知道今天要来的不止一位画匠，
他们灵巧的画笔会为天空着色，
暖房里纵然没有鲜花，却可以充作弹子房：
您认得出穆勒灵巧的水彩画，
多扎这位本子上画满罗马、
加的斯和马德里速写的巨匠；

1 亚历山大·仲马，《我的回忆》，第二百三十章。

最后还有，一位人儿举世无双，
老友迪亚兹（Diaz），是他创造了阳光！
[……]
为了不再失礼地唠叨，
我将为您指明屋舍的位置，在美第奇大街上，
绿色的大门，地平线深处的最后一幢。[1]

在《我的野兽的故事》中，大仲马讲述了一个剧团受邀到美第奇公馆的情形：

我接待客人，把从酒窖到谷仓的一切都提供给他们，有四匹马的马厩、三辆马车和工具棚、花园和鸡舍、猴馆、鸟栏、暖房、酒桶和鲜花。

我只为自己留了一座彩色玻璃亭，让人靠墙加出一张桌子，夏天的时候用作我的书房。

无论父亲是怎么写的，共居还是会有冲突的。当然，儿子钦佩父亲的机智和想象力，但是他无法忍受依附父亲生活的状态，这令他深感屈辱，何况还要忍受父亲的可笑和吹嘘。父亲的挥霍也让他心生怨怼，因为他无法从父亲那里拿到钱。

再有，他的小说连载被推后了：

1　手稿：西蒙娜·安德烈-莫洛亚（Simone André-Maurois）的旧藏，被引用在《三仲马》中，第188页。

《一位女子的小说》要很久之后才在《新闻报》上登出，因为父亲、巴尔扎克和苏利耶（Soulié）的作品插到我前面了，当然是出于吸引读者以及长幼有序的考虑。

立即出版这四卷未发表过的东西对您有什么好处吗？而我还没有在任何地方发表过任何东西。

但是您明白，在这种情况下您要出点儿血了——您能出多少？[1]

1846年3月25日，塞纳省刑事法庭隆重开庭，诉《全球》文学部主任克里奥尔·让-巴蒂斯特·罗斯蒙德·德·博瓦隆（Créole Jean-Baptiste Rosemond de Beauvallon）故意杀人罪，在决斗中枪杀对手《新闻报》经理亚历山大·杜亚利埃（Alexandre Dujarier）。小仲马被指定为证人，因为他经常和被告去同一家武器商行“格里兹耶”。巴黎的报界专门为这次诉讼前来。仲马父子被传唤作证。他们抵达鲁昂时，有各自的情人随行，这令内斯托尔·罗克普兰（Nestor Roqueplan）异常愤怒：“在整个鲁昂诉讼案中，大仲马、小仲马和他们的女人，他们竟然吃住在一起。”

27日法庭开庭，大仲马用他关于荣誉的雄辩令法庭庭长勒唐德·德·图维尔（Letendre de Tourville）和助手们灰头土脸。当被问及职业时，他回答：“如果这不是在高乃依的故乡，我会说我是戏剧

1 阿瑟纳尔图书馆，MS-1471。邮戳上的月份不清晰，日子是15日，年份为1846年。在此期间，《新闻报》从4月14日开始发表了弗雷德里克·苏利耶的《吉斯公爵》，随后在1846年5月31日发表了大仲马的《医生约瑟夫·巴尔萨莫的回忆》。

作家。”“一切都是有等级的。”法庭庭长反驳。

应贝里耶（Berryer）先生的要求，小仲马接受询问，庭长有权做出这个决定：

主席：您记得在决斗前一天见过杜亚利埃吗？

小仲马：礼拜一，我五点钟回家；我看到四副餐具。父亲对我说：杜亚利埃和我们一起吃饭。

问：开枪时您和他在一起吗？

答：没有，先生。但是我听说杜亚利埃开枪时在场，平时他十二个靶子能打中两个。

问：您知道德·博瓦隆枪用得好吗？

答：我只知道他擅长剑术。

问：您是否曾对您的父亲说过，如果选用剑决斗，德·博瓦隆太绅士了，他不会杀死杜亚利埃？

答：是的，先生。我父亲告诉我杜亚利埃转天要决斗，他们用枪决斗。我表现得很不高兴，补充了一句：德·博瓦隆知道杜亚利埃剑术不佳，肯定不用自己的长项。

鲁昂法庭宣告罗斯蒙德·德·博瓦隆无罪，但是被控伪证罪和在决斗前尝试使用手枪，轻罪法庭判他十年有期徒刑，缓期一年半执行。

小仲马在2月迁入纽夫杜卢森堡街25号的公寓，然后在自己家招待马赛的朋友约瑟夫·奥唐，约瑟夫·奥唐要在这里住几个星期，参加26日举行的玛尔斯小姐的葬礼，玛尔斯小姐是《亨利三世和他的宫廷》中德·吉斯公爵夫人以及《艾尔那尼》中堂娜·索尔的首演者。“雨果、仲马和我，我们悲伤地站在从玛德莱娜大街出发到拉雪兹神父公墓的送葬队伍中，两边的人行道上挤满了人，观看巴黎最隆重的葬礼。左右两边站着成千上万好奇的人，对着队伍中的名人指指点点：‘快看大仲马！快看大仲马！’这样的声音此起彼伏，但我没听到有人说：‘快看雨果！’[1]

雨果本人也意识到“带着儿子来到我们这里的”大仲马广受欢迎，“人们认出了他蓬乱的头发，大声呼喊他的名字”。[2]

小仲马当时刚完成了小说《四个女人和一只鹦鹉的冒险》[3]，几乎就是改写了他那部没有找到买主的小说《法比安》。出版商亚历山大·加多把儿子的小说《两位戴安娜》和父亲的《亨利二世的统治》的启事合并在一起刊发：“这两部小说尚未出版，也不会连载。”[4]

对父亲来说，这是美好的年代：在马尔利港的蒙费朗山上建造了自己的城堡，不久改名为基督山城堡，而矗立在圣殿大街上的历史剧院则给予上演他创作的“悲剧、喜剧和童话剧”的特权。此外，国家拨款给他进行一次壮游，他将首先到达马德里，参加德·蒙庞希耶公爵与玛丽亚·费尔南达（Maria Fernanda）公主的婚礼，然后

---

1 约瑟夫·奥唐，《全集》，第168页。

2 维克多·雨果，《全集》，《见闻录》，第一卷，第235页。

3 1846年9月12日第一和第二卷呈缴法兰西国家图书馆，1847年1月16日呈缴第三、第四卷，1847年7月3日呈缴第五、第六卷。

4 《新闻报》，1846年7月21日。

受公共教育部部长萨尔旺迪（Salvandy）的委托到阿尔及利亚，以便在公众中宣传这个新殖民地。而小仲马，既然什么热闹都少不了他，他也加入了旅行。后来，他说在西班牙度过了一生中最幸福的日子。

车队于1846年10月启程。除了仲马父子之外，还有画家布朗热和奥古斯特·马凯。画家德巴罗尔（Desbarolles）和吉罗（Giraud）将自马德里之后加入他们最初的四人组。在《旅行印象（从巴黎到加的斯）》中，大仲马以同伴们的肖像作为开篇开始了他的叙述，并分析了儿子奇怪的自我，即“矛盾的组合”：

> 他是光明与阴影的复合体；他虽然懒惰，却很活跃；他既贪吃又有节制；他既奢靡又很节俭；他既多疑又轻信。他对一切感觉麻木，但他很单纯；他无忧无虑，专心致志；他冷言冷语，出手敏捷；他挖空心思地嘲笑我，他又全心全意地爱着我。最后，他总是准备像瓦莱尔[1]（Valère）那样偷我的财宝匣，或者像熙德[2]（Cid）一样为我而战。[……]
>
> 此外，他马术娴熟，剑术过得去，能使用猎枪、手枪，还可以优雅地跳各种舞。自从英国民间舞和加沃特舞没落之后，法国引入了不少有特色的交谊舞。我们不时争吵，他像个被宠坏的孩子，在取得合法身份之后离开了父亲的家：有一天，我买了一头小牛，将它喂肥，提前一个月就确信他会回来吃他的

1 莫里哀喜剧《悭吝人》中的角色。——译注

2 熙德，高乃依的同名古典主义戏剧《熙德》的主人公。——译注

那份。确实，不怀好意的人会说他是为了小牛而来，不是为了我，但我知道该怎么办。

这次旅程伴随着种种波折，大仲马用他惯常的兴致娓娓道来，吉罗愉快地画了很多漫画，或者为《维罗斯号》画插图。这些漫画后来被卡斯特博物馆收藏，其中“小仲马跳加沃特舞”的漫画特别有趣。

年轻的亚历山大永远在寻找好运气，活力四射地参加游历途中各种临时的游乐和固定节庆。

但在马德里，关于玛丽·杜普莱西的记忆困扰着他，他拿起笔：“穆捷（Moutier）到了马德里。他告诉我，他离开巴黎时你病倒了。你会允许我成为看到你受苦而难过的众多人中的一员吗？当八天后你收到这封信时，我将到达阿尔及尔。如果我收到你给我留在邮局待取的一句话，并且原谅我在一年前犯下的错误，我会在返回法国时没有那么伤心，如果能得到您的宽恕，而且如果您已经痊愈，我将非常开心。”

西班牙赋予他灵感，他投身诗的创作：“从1846年11月6日开始，直到12月底，我每天都在写诗。”

在安达卢西亚之行即将结束时，他因为卷入了一桩西班牙式的风流韵事而失踪了几日，被诱惑和劫持的姑娘的父亲和哥哥都参与进来。他迟些日子才自己找到办法与同伴会合：实际上，负责将小仲马从加的斯送到阿尔及尔的维罗斯号船没有等到他就启程了，他的父亲一直很担心，请求一位朋友在当地等他、照顾他，送他去地中海的另一边。

吉罗画了一幅西班牙之旅的画，表现旅行队伍骑着骡子在内华达山势陡峭的风景中穿行：年轻的亚历山大穿着白衬衣，引人注目，他出现在狭长画面中的行李队伍中，手拿香烟，姿态随意。

几天后，亚历山大终于在直布罗陀与队伍会合了。船从摩洛哥到阿尔及尔继续沿着非洲海岸航行，玛丽·杜普莱西没有给亚历山大写过只言片语。向突尼斯方向前进之后，维罗斯号将旅客放在阿尔及尔，他们于1847年1月下船前往土伦。

小仲马用短诗讲述自己的旅程，总体都是献给女性的：《安托尼娅》《孔希塔》《露易丝和安娜·玛丽》《致Z小姐》《归来》《靠近阿尔及尔》，最后都收入《青春之罪》。

他的父亲返回了巴黎，亚历山大则在马赛流连：

“我八天后回巴黎，一下船就去看你。我专门留在马赛写作。”他对亚历山大·加多这样说。

为了纪念这次在马赛停留的日子，他的朋友约瑟夫·奥唐写了一首长诗，摘句如下：

倏忽三年，从你生命的清晨，
刚刚开启漫长的朝圣之行，
当你来到我们面前，你还只是个孩子，
你说出自己的名字，这就是万能的通行证！
[……]
出现在我们面前的似乎是十八岁的你父亲：

就是他，伟大的头脑，也许更加伟大的是一颗心；
就是他，目光、声音、手势、步伐、举止，
一句话，他整个人投射于你身！
无论我们哪一个，看到如此忠实的翻版，
喜欢复制品就如同喜欢原型，
希望你能青出于蓝，
胜过给你生命的父亲。[1]

他是在马赛得知2月3日玛丽·杜普莱西突然去世的噩耗。这个消息使他充满悲伤和懊悔。一回到巴黎，他重访了那间公寓，里面所有的家具都在进行拍卖展示。心乱如麻的小仲马写下了这些题为《M.D.》的诗，题献给泰奥菲尔·戈蒂耶：

我们闹翻了，为什么？我说不清；
什么都不为！就为怀疑一份莫名的感情；
我从您身边逃开，而今我痛惜万分
那个曾经离开的我现在重又返身。

我写信告诉您会前来，女士，
归来寻求您的宽恕；
因为有个意念深埋于我的灵魂，

1 《归来》，被收录进《青春之罪》，第303—304页。

尚欠第一次拜访，访我这最后的爱情。

当我久已丢失的灵魂赶来，
您的窗户关闭了，您还关闭了大门；
现在人们指给我一个新的坟茔
它永远盖住了我曾经如此爱慕的面容。
[……]
可怜的女孩！人们说在您最后的时刻
只有一个男人在场，为您合上眼睛，
而且，在去往墓地的路上，
只有两位您往昔朋友的身影！

好吧！两人都没戴帽子，愿上帝保佑你们，
你们藐视这个无礼世界的议论纷纷，
伸出你们的手，引领出殡的仪仗，
对熟识的女子善始善终！

你们曾经爱她，曾经苦苦追求！
你们不是公爵、侯爵，也不是贵人，
但因为曾经供养她而自豪，
这还不包括陪伴她去世的光荣！

和以前的诗一样，这些诗句被收录进《青春之罪》，费伦与穆拉出版社6月开始销售，泰奥菲尔·戈蒂耶向《新闻报》的订阅者热烈推荐：

> 如果有一本书是个例外，那肯定就是小仲马的《青春之罪》。那些迷人的罪过啊，而我们这些老家伙，曾经向回声求韵，我们只有邪恶。[……]
>
> 有一首诗特别打动我们，那就是诗人清晨离开舞会，去见一位医生朋友，并且跟随他来到主宫医院。在那里，他看见一个死去的贫穷女孩躺在墓地的石板路上，才二十岁。他用玩牌剩下的最后一点儿钱为她买了一块裹尸布。这种对比如此强烈而出乎意料，借助具有高度戏剧性的技巧表达出来。最后的诗节既饱含讽刺又显露出敏感之心，让人不知不觉间泪流满面。[……]
>
> 最近西班牙和阿尔及利亚的旅行已经使诗卷的最新部分成为对东方明亮和多彩的映射。在某些诗节中，我们感受到阿尔弗雷德·德·缪塞般的轻盈在雨果的紫红外套下跳跃……万一他被杰出的父亲责备，我们建议小仲马再次犯下这类错误，因为一切值得宽恕的罪过中，排第一的是韵律分明的罪过。[1]

从西班牙和非洲归来后，仲马父子没有返回美第奇公馆：父亲

1　1847年6月27日《新闻报》的专栏提到的诗：《主宫医院》，第235—252页；《致M. 奥唐》，第383—388页；《M. D. 》第289—398页；阿尔弗雷德·德·缪塞的《安达卢西亚》中的《阿梅吉侯爵夫人》；维克多·雨果的《东方集》中的《努尔玛拉·拉·卢丝》。

在巴黎等待为基督山城堡揭幕，并着手准备历史剧院即将开始的演出季。

然而，这次归来却遇到了狂风骤雨。

出版商催促大仲马履行合同，他还在众议院当众被攻击“窃取了”国家的一艘船。与出言相辱的议员进行决斗势在必行：“我们在众议院遭到侮辱，据说法国国旗因为庇护了文学而失去尊严。不能再这样下去了，明天我会要求马勒维尔（Malleville）先生道歉——我的儿子与拉科罗斯（Lacrosse）决斗，马凯与德·卡斯特拉内（de Castellane）先生决斗。您愿意做我的证人吗?”大仲马问维克多·雨果。这桩公案件没有继续下去，但儿子在1847年2月的一首诗中驰援父亲：[1]

怎么？思想者，诗人，我的父亲！
你永远打不破你的文学锁链；
你将被迫听任别人
轮番靠你丰饶的创作成为富翁
甚至在一周结束时，
第七天，略事休息也不行。
[……]
应该让人们一直盯着你的窗棂，
当夜幕降临，当曙光就要来临，

1 《在一桩诉讼中》，被收录进《青春之罪》，第375—381页。

书房里的灯光通宵达旦；
而你却被自己的天才奴役，无法
在二十年的创作、漏夜工作和失眠之后，
以金子般的价格，享受三个月的自由光景。
[……]
工作吧！但如果明天你乘船归来，
六个礼拜以来这艘巨艇
为你遮风避雨，那是国家应当应分，
失败的雄辩家们骄傲于自己的名姓，
偶然成名的米拉波们，垃圾般的贝里耶们，
为了自己出名却来抹黑你的名声！
[……]
重新开始你的工作吧！我来守候你的大门。
我不在乎这些人会说我什么！
没有他们，我也能成就我想要的名声！
我是虔诚的哨兵，现在只想
捍卫父亲的荣誉
就像捍卫不可侵犯的守护神。
[……]
工作吧！有人付钱给你。思考吧，崇高的工人，
为了有权剥削你的臃肿的买家，
工作吧，你从来不关心前景，
为了这个拥护立宪的人，

如果我们的国王仍然抚摸瘰疬患者，
他就还将忠于国王——直到治好病人。

工作吧！因为明天矮胖的萨达纳帕洛斯，[1]
为了给他苍白的夜晚，
还有他恶臭的房间和空荡荡的床镀金，
不妨再次付你一周的报酬，
向某位墨尔波墨涅[2]（Melpomène）支付1000法郎，
为了他的诙谐天分。

前四节诗被收录进《青春之罪》，但出版商不敢冒险刊发最后两节，“担心遭到被指控的人追究”。被攻击的人可能是前面提到的两位报社的经理。

1847年5月，还是在圣日耳曼昂莱，但却是巴黎街的白马公馆，小仲马全身心投入对玛丽的怀念中。他已经有了书名:《茶花女》。在他计划写的小说中，回忆成为有限的素材。

当然，生活放荡的女人自我救赎，这样的主题根本谈不上新颖。小仲马在序言中并没有隐瞒灵感的浪漫来源:“雨果塑造了玛丽蓉·德·洛尔姆，缪塞创造了贝尔娜莱特，大仲马创造了费尔南德，

1 萨达纳帕洛斯（Sardanapale，前669—前627年），亚述最后一位有名的国王，以穷奢极欲闻名。——译注

2 墨尔波墨涅，缪斯九女神之一，主司悲剧与哀歌。——译注

各个时代的思想家和诗人都把仁慈的怜悯献给这些交际花，有时伟大之人还会挺身而出，用自己的爱甚至自己的姓氏为其恢复名誉。”小说中最引人入胜的场景引起极大的反响，阿尔芒第一次见到玛格丽特时的情景充满莎士比亚风格：

> 可怕极了，不忍目睹，难以讲述。一对眼睛只剩下两个窟窿，嘴唇烂掉了，雪白的牙齿咬得紧紧的，干枯而黑乎乎的长发贴在太阳穴上，稀稀拉拉地掩盖着深深凹陷下去的青灰色的面颊。不过，我还是能从这张脸庞上认出我以前经常见到的那张白里透红、喜气洋洋的脸蛋。
>
> 阿尔芒的目光无法离开这张面孔，掏出手帕来，放在嘴里咬住。

故事开始于死者财产的拍卖，拍卖前的展示为好奇的公众提供了一位香消玉殒的女子的遗物，将奢华与哀婉动人的结局融为一体。叙述者得到一本《曼侬·莱斯戈》[1]，上面题写着：“从曼侬到玛格丽特。谦恭”，他带着沉重的心情回到家中。

小仲马一上来就成功地运用几件被遗弃的物品暗示了生命的虚空，并控诉世界的残酷，引发了读者的怜悯。这样，他就站在了普雷沃（Prévost）神父一边，后者将在《缪斯泰尔摄政》中出现。他用独特的方式引入了阿尔芒·杜瓦尔（Armand Duval）这个人物，

---

1 《曼侬·莱斯科》是一出爱情悲剧，作者安托万·弗朗索瓦·普雷沃（Antoine François Prévost）。——译注

也就是他的另一个自我：相同的姓名首字母缩写，在死亡面前同样的无能为力，亚历山大·仲马和阿尔芒·杜瓦尔就是一个人。阿尔芒·杜瓦尔，刚刚旅行归来（和小仲马一样从西班牙回来），去叙述者那里讨要这本书。叙述者善意地给了他书之后，询问这个因玛格丽特·戈蒂埃（Marguerite Gautier）之死而绝望的年轻人。打开了阿尔芒和玛格丽特的爱情故事的讲述之门，同时夹杂着叙述者的评论。

据传说，小仲马买下了玛丽的珍珠项链，这是他送给玛丽的第一件礼物。他是从一位在拍卖会上购得此物的商人那儿买下来的，后来送给二女儿雅妮娜（Jeannine）。

在剧本的序言中，他强调从现实中抽取创作的自由，并承认自己没有做到阿尔芒的程度：

> 然而，玛丽·杜普莱西并没有我赋予玛格丽特·戈蒂埃的所有悲伤的经历，但她必须要有。如果她没有为阿尔芒牺牲任何东西，那是因为阿尔芒不愿意，那就只能很遗憾地上演剧本的第一幕和第二幕。她总是重复这些场景，就像佩内洛普（Pénélope）重复他的画一样；唯有白天使她摆脱夜晚开始的一切。她生前也没有被称为茶花女。我给玛格丽特·戈蒂埃的花名是纯粹的杜撰。在玛丽·杜普莱西去世一年后，小说出版了，这个绰号还是转弯抹角地回到了玛丽·杜普莱西身上。如果在蒙马特公墓里，您要求看茶花女的墓，墓园管理人会带您来到一个小小的方形建筑前，上面刻有阿尔封希娜·普莱西的字样，一顶白色的人造茶花编织的花冠围绕着大理石墓碑，外面罩着

玻璃罩。现在，这座墓有了自己的传说。

很快，有人建议年轻的作家以此为基础编一部《茶花女》的剧本。把小说改编为戏剧是很常见的做法。“为什么不把您的小说编成剧本呢?”滑稽剧作家保罗·希罗丹（Paul Siraudin）问他，“亲爱的，您手里有一块肥沃的土地，不应该让它荒在那里。”[1]这是1847年年底。

儿子向父亲说明了打算，希望这个剧本可以在历史剧院的舞台上演出，但后者推脱了：“不，《茶花女》的主题不合戏剧的口味，我永远不能让你上演这种东西。”

---

1 亨利·德·拉波美拉耶（Henri de Lapommeraye），《小仲马在戏剧界初露头角的故事，或者〈茶花女〉的一波三折》，米歇尔·雷维兄弟出版社，1873年，第5页。

第五章　循着父亲的足迹

所有聪明人都朝着同一个目标努力，所有伟大的意志都遵循同样的原则：要善良、要朝气蓬勃、要真实！

小仲马

《茶花女》第三章

对于那一代浪漫主义作家来说，1848年敲响了机遇的钟声。事实上，在2月25日共和国宣布成立的那一天，作家们目睹了当日发生的一切，觉得似乎一切都是可能的。他们看到政治生涯在自己面前展开：拉马丁出任临时政府的外交部部长；雨果和欧仁·苏（Eugène Sue）也很快成为人民代表。

唉！可惜这段时间太短了：没过几个月，第二共和国就成了回忆，随之而来的是革命的失败、人到中年的忧郁、流亡和监禁。

另一方面，对于作家们的下一代来说，正是青春的黎明和崭露头角的时代，报纸和杂志为他们提供舞台，宣布这一代人荣耀的先声。

这一年，小仲马“变声”了：他褪去了《三个火枪手》作者之子的身份；人们开始认同他是一位作家。

父亲则站在共和国一边。他在《人民自由日报》上大声表明自己的立场，自3月以来，他与这家报纸保持政治上的合作。1848年4月，他要求儿子为这家报纸工作，小仲马把自己的诗《致德·拉马丁先生》[1]交给这家报纸。“这个月几乎不会有任何回报，但是三个月后会成为极好的资源”，父亲这样预测，他很快又跑到荣纳省奔走，徒劳地希望当选人民代表。

儿子最终被他说服了。他与《人民自由日报》合作，经历了5月15日的革命，然后是可怕的6月，敲响了秩序的钟声。

在5月24日的《人民自由日报》上，他的文章谈到当时的语义混乱：“有三个法语词，我希望看到它们被赋予确切的意义，因为和其他所有事情一样，这三个词自2月24日以来只具有临时意义，它们是：共和国、兄弟和自由。”[2]

题为《以波兰人为借口》的文章，影射5月15日那天，抗议者借口支持波兰，在围困了众议院之后又夺取了市政厅。文章以一个参加保护贫苦大众军队的见证者的口吻叙述，他说：

> 我去了国民议会，急切地想看看正在发生的事情，因为我确信那里正在发生些什么。[……] 我跟着人群，甚至我得说不

1 见《人民自由日报》1848年3月27日第27期。

2 见1848年5月24日《人民自由日报》。本章所举所有文章全部收入《幕间休息》，“第一系列”，卡尔曼-雷维出版社，1878年。

跟着人群是不可能的。进入大门后，我被人群裹挟着，在汹涌的人流中，任何泳姿的尝试都是徒劳无功的。我听到一位国民自卫军的队长对我喊道：

“先生，先生，停下来！”

“让我停下来吧，如果您愿意或者您能够的话，”我告诉他说，“凭我一个人是永远无法停下来的。”

这是对山岳派和当时被监禁在万塞讷的阿尔芒·巴尔贝斯（Armand Barbès）进行激烈指控的好机会；他列出了巴尔贝斯打算投入使用的断头台的所有品种，他的讽刺是辛辣的。

7月2日，报纸刊载了《六月那些日子之后的巴黎面貌》。这期间，“斧头社会主义”和“法制社会主义”进行了殊死战斗。小仲马详细描述了他的所见所闻：“我们和大家一样，去郊区圣安东尼看看。我们穿过变成军营的林荫大道。[……]我们一路看，一路倾听，一路期待，到了那里，然后眼前出现了引起所有人好奇的场景：美利奴公羊旅店面对巴士底狱，它的建筑只剩下一面红色的墙，墙上有三个被炮轰出的巨大洞口，看起来像三个大开的通风口。同样，在广场的‘灌木丛咖啡馆’附近，一栋房子被炮火摧毁，只剩下残垣断壁。瓦砾堆中仍然还有一层楼，靠里面的墙上倒着三个烟囱一样的东西，地板和屋顶已经消失，就像是三层楼被压成了一层。”

最后，在8月和9月，他写了四篇署名达达尼昂的《巴黎通讯》，使用匿名是为了更好地说出自己的名字。这位新火枪手攻击有钱人，并注意到人们对“六月叛军”改变了看法：

如果说叛乱分子曾带来痛苦并从此遭受痛苦，我们感到仇恨逐渐消失，开始怜悯这些叛乱分子，我们想到他们的妻子和孩子，如果我们吁请国家的审判，国家或许会做出无罪的裁决。国家这样做对吗？不久前拉马丁说过："让我们放下内心的惊奇吧。"[1]

他先是嘲笑卡芬雅克（Cavaignac）将军，随后称赞历史剧院的演出，为戏剧生活的回归而兴高采烈。阿尔弗雷德·德·缪塞的剧本《烛台》上演，乔治小姐领衔重排了《玛丽·都铎》："十五天以来，巴黎充满愉快舒适的气氛，巴黎人记起来那些剧院，开始为国民议会之外的其他事情大笑，为共和国激情之外的情感而落泪。［……］我们请教雨果，他曾在生命中有过如此多成功的戏剧，曾在包厢深处听到所有人为他天才的作品鼓掌，对他而言，这些胜利是否抵得过所有法庭上的虚荣和政治的激情？比起发表长篇演说来，此时的他是否感觉自己更加强大和满足？在发表演讲时，他既是作者又是演员，而演讲只是临时的产物，或许有一天会变得极为平常，因为它依附的现实已经消失。然而随着世代的推进，人们的观念也将会成长。"[2] 如果说小仲马自称"和大家一样"是共和派，他承认"更喜欢查理大帝而不是勒德鲁-罗兰（Ledru-Rollin），更喜欢圣路易（Saint Louis）而不是科西迪埃（Caussidière）先生，更喜欢弗朗索瓦一世（François Ier）而不是路易·布朗（Louis Blanc）先生"，

1 见1848年8月14日的《人民自由日报》。

2 见1848年8月21日的《人民自由日报》。

这些言论有理由受到谴责；他刻毒地指责让共和国陷于混乱的人，随后带领读者进入重新整修后的卢浮宫，进行了一次令人称羡的散步，表达了他对绘画的偏爱，因为绘画是位列第一和最不易变质的艺术。“当我离开卢浮宫时，天几乎要黑了。我环顾四周，就像一个突然从梦境跌回现实的人。卡鲁塞尔广场列满了成队的军人和机动卫队。我想起来了，这是因为人们担心科西迪埃先生和路易·布朗先生的什么运动”[1]。9月17日和18日的局部选举中，路易－拿破仑·波拿巴在五个省当选，他对这次选举进行反思：“今天，因为怀念皇帝，选票像金色的雨点一般投给了路易－拿破仑。需要对伟大的人民以及国家的这次表现进行彻底而深入的反思：人民还保留着记忆，这个感恩戴德的国家将希望放在它曾经以武力相向的地方，并且在这个半神的庇护下启动了政治的航船”[2]，随后他谴责议会恢复了限制人身的权力。

10月，他在《新闻报》上匿名发表了好几封“外省来信”，作者这样说明自己的用意：

> 我只是想说服自己，并与你分享我们极其公正和极其光荣的二月革命给我家乡的风俗和品德带来的变化。
>
> 相信一场革命会突然改变发生革命的地区的风俗和特性是一个被普遍接受的想法，但很明显，这是那些根本没有研究过

1　见1848年8月28日的《人民自由日报》。

2　见1848年12月18日的《人民自由日报》。

这个问题的人才会接受的想法。突然接替权力的人，为了证明自己的力量，想要对政府甚至风俗立即采取措施加以改变。某段时间内确实会发生剧变，原来在头上的翻到脚下，随后，道德世界也和物质世界一样，发生同样的翻转。但除了会有些许波动以外，一切最终都会恢复原来的位置。[1]

1849年11月7日在《新闻报》上发表的第二封信中，他用寥寥数语告诉我们法国刚刚诞生了一部新宪法："分娩的痛苦持续了两个月。母亲和孩子的状况堪忧。"

11月14日的第三封信用一则逸事预言了路易-拿破仑会顺利地登上总统之位：

有一天，德·塞古尔伯爵在巴黎附近一处庄园散步。在路上，他遇到了一个一直为他干活的老羊倌。

"好吧，皮埃尔，"德·塞古尔先生说，"你打算投票给谁？"

"伯爵先生非常清楚。"羊倌回答，就像他很清楚自己的主人问他这个问题是为了取笑他。

"不，我不清楚。"伯爵回答。

"先生希望我投票给谁？"老人激动地回答道，"我的兄弟为皇帝而死，我在滑铁卢失去了两个手指。我当然投票给路易-拿破仑！"

1 《外省来信》，《新闻报》1848年10月6日，第二封信发表在1849年11月7日。

小仲马总结道："还能相信什么事、相信什么人是多么美好，尤其是当你早已失去这个习惯的时候。"

年轻人对政治的嘲笑揭示了他的精神世界，正是这个时期，亚历山大·加多开始发行《茶花女》。尽管1848年的革命使书业陷入了危机，小说仍然赚取了无数女性读者的眼泪。一个月后，法兰西国家图书馆还登记了一篇很短的小说《塞萨丽纳》，[1]"作品未发表，与大仲马的《医生的回忆》合集出售"。

还是8月，他将一出抒情剧《阿达拉》改编为独幕诗剧，女主角是夏多布里昂的童贞女。这部剧中出现了三个角色（阿达拉、沙克达斯、洛佩兹）和一个合唱团。这次戏剧的尝试发生得正是时候：他与父亲生活在一起，目前父亲的主要活动就是尽力拯救惊涛骇浪中的历史剧院免于倒闭，因为暴乱和宵禁让剧院的座席空空荡荡。

这次可怜的戏剧尝试只上演了七场。

如果1849年不是可怕的一年，至少也是艰难的一年。尽管也有像《阿芒达骑士》带来的那样几笔很好的演出收入，历史剧院依然风雨飘摇。基督山城堡负债抵押了87 544法郎，再加上144 924法郎的司法抵押登记，于是在3月22日对城堡进行了拍卖。

儿子加紧创作短篇和长篇小说。父亲的财源逐渐减少可能是儿子更加辛勤写作的原因。有的小说首先在报纸连载发表：《曲终》《见闻录》一开始便初露锋芒：

我们并不是每天都能看到诚实的商贩、忠贞的妻子、正直

1 1848年9月16日呈缴法兰西国家图书馆。

的部长、公正的政府、孝顺的儿子、朴素的英国人、不腐败的报社、熟透的牛排和新鲜的鸡蛋。但是我们每天都会看到一些东西。

人们每天都会看到一个欺骗丈夫的女人或欺骗妻子的丈夫，一个聪明人爱上一个愚蠢的女孩，一条比人更快乐的狗，还有比狗更愚蠢的人。[1]

《一个女人的小说》和《安东妮娜》将与《塞尔万博士》合集出版。[2]

小仲马选定纽夫德马杜兰街17号搬了进去。1849年2月12日，他与顽固保皇派的《法兰西公报》负责人欧仁·德·热诺德（Eugène de Génoude）签署了一份以连载形式出版一系列历史小说的协议：《四次复辟》，以查理七世、亨利四世、路易十四和路易十八的复辟为创作的框架。小说家承诺会写四卷，即每月一卷，将获得每卷1200法郎的报酬。长篇小说的第一卷《特里斯当·勒鲁》以百年战争和"圣女贞德"的故事为架构，1849年4月27日至11月20日在《法兰西公报》时断时续地登载，[3]后来由亚历山大·加多出版。随后《亨利·德·纳瓦尔》（1850年）和《两个投石党人》（1851年）在这份

1 小说《见闻录》，引自《故事与小说》，巴黎，米歇尔·雷维兄弟出版社，1853年。

2 1849年2月17日呈缴法兰西国家图书馆如下作品：《塞尔万博士》（两卷），和《一个女人的小说》（卷一和卷二），A.加多出版社；《安东妮娜》，伊波利特·苏夫兰出版社。

3 第一卷：4月27、28日，5月1、4、5、7、11、13、14、18、19、24日；第二卷：5月31日，6月1、2、3、4、5、17、18、28日，7月3、7、12日；第三卷：8月3、8、14、19、25、30日，9月6、10、13、16、26日，10月4、10、15日，11月14、17、18、20日。

报纸上连载。第四卷却一直没有发表。

1850年1月14日，《君士坦丁堡日报》发表了小说《安杰利科》。

在1897年12月9日法兰西学院的招待会上，安德烈·特里耶（André Theuriet）评价他的前任小仲马的短篇和长篇小说：“他匆匆挥笔写就这些作品，并不费心追求什么风格。剧作家令人眼花缭乱的成功让几乎所有小说家的作品都黯然失色。然而，我们依然很高兴地再次阅读这些作品。其中一些作品拥有魔鬼般的美：自然，充满活力，对话活泼而风趣；其他作品更复杂，已经显示出对心灵的洞悉、透彻的观察、对情境的理解，这一切宣告他是一位道德家和为戏剧而生的人。”

当时，生活一天比一天窘迫，儿子开玩笑地向加多叫苦：

> 亲爱的加多，你最年轻、最可爱的那个作家晚餐刚刚用过没有加黄油的菜豆，而且只有水没有酒。如果没有今天你给的25法郎巨款，他甚至都没有菜豆和白水。
>
> 我在这封信里附上一张贴了邮票的纸，如果您没有钱，您可以随意给我画一张钞票，我会把它变成钱。

这并不妨碍5月9日父亲和儿子动身去荷兰参加“很可能是最后一次在欧洲举行的加冕典礼”：纪尧姆三世的加冕礼。儿子以幽默的方式讲述他的这次旅行：

> 不幸的是，这就是政治，一旦它进入了一个国家，就像人

们把麝香带进了一个房间。我们徒劳地打开窗子、更换家具、清洗墙壁，空气中总有难闻的气味，总有些东西留下。

所以我寻找机会逃避这些东西，而且我找到了。[1]

就戏剧方面而言，有经验的剧作家们或多或少很愿意为小仲马这位年轻的新手提供帮助，因为年轻人想把《茶花女》改编为剧本，这些人确信演出会有丰厚的收入。其中安东尼·贝罗（Antony Béraud）是昂比古滑稽剧院的前任经理，打算好好将小说编写成一部情节剧。最终，小仲马拒绝了所有合作，虽然没有经验，他还是把自己关在讷伊街36号自己的小公寓一个星期，独立完成了这项工作，这栋房子后来在巴黎公社期间被摧毁了。他一画上最后的句号，就跑到父亲住的弗罗硕大街7号，给他看自己的工作成果。父亲深受感动，承认自己错了，紧紧拥抱了儿子，并同意在历史剧院上演这部剧。

唉！革命充斥着公共广场和街道，同时使剧院空无一人。历史剧院在搞垮了几位导演或者可以说是大仲马的傀儡导演之后，不得不在1850年10月关门大吉。

这位戏剧界的新人手捧自己的剧本再次回到起点，他得找到一家剧院。评论家亨利·德·拉波美拉耶跟踪了许多研究，他说："虽然作者的父亲是他非常有力的保护者，但他却被巴黎所有类型的剧院拒绝了。"欢乐剧院和昂比古滑稽剧院将玛格丽特·戈蒂埃[2]拒之

1 见《巴黎》杂志1849年5月11日发表的《外省来信》，后来收入《幕间休息》。

2 玛格丽特·戈蒂埃就是《茶花女》的女主角。——译注

门外；杂耍剧院收下了剧本，但经理很快就破产了；体育馆剧院已经接受一位交际花扮演曼侬·莱斯科[1]，再演一部类似的剧就太多了。面对接二连三的挫败，作者试图引起一位女演员扮演玛格丽特的兴趣，但徒劳无功。小仲马回忆道："我给戴亚杰读了剧本，她以一位伟大的艺术家的真诚向我承认，她既不够年轻，也没有足够充沛的情感去扮演这个角色。不过戴亚杰答应促成她所在的杂耍剧院再次接受这个剧本。"但她没有成功。

杂耍剧院新任命了一位经理，作者虽然气馁，还是去见了他。剧院的门房回答他："您是小仲马吗？我被告知拦住您，并回答您**不能上演**。"与此同时，他递给他一个油腻腻的纸包，里面的封面上沾着油渍：那是他的手稿。

但是，希望在一个晚上出现了，途经圣马丁门的咖啡馆时，他被布菲[2]喊住了，他说："伊波利特·沃尔姆斯（Hippolyte Worms）满怀仰慕地对我谈起《茶花女》，您会答应把剧本给我吗？六个月之后，我将成为杂耍剧院的经理，我会上演您的剧。"

同年，小仲马出版了两本小说。其中包括《二十岁的生活》，这是一本非常伤感的书，已经看得到《女性之友》和《三强人》的影子[3]：一个歹徒、一个圣人和一个巨人，在于勒·克拉尔蒂（Jules Claretie）看来，"他们是绝妙的阿托斯、谨慎的阿拉米斯和巨人波尔

1 《曼侬·莱斯科》，五幕剧，伴有合唱，由戴奥多尔·巴里耶尔（Théodore Barrière）和马尔克-富尔尼耶（Marc-Fournier）编剧，1851年3月12日在体育馆剧院上演。

2 路易·布菲（Louis Bouffé），1851年任杂耍剧院的经理。

3 1850年12月14日呈缴法兰西国家图书馆卷一和卷二，1851年2月8日呈缴了卷三和卷四。

托斯的后人”。[1]

同时，他正在准备《茶花女》的新版本："我昨天见到雅南了，如果您马上出版的话，他随时可以为《茶花女》作序。给我一个答复。德努瓦耶（Desnoyers）准备想办法让《世纪报》买下它"，小仲马写信给他的出版商亚历山大·加多。

10月，小仲马为母亲和自己租了一套位于必佳乐大街22号的公寓，"但不要把我的地址给任何人，"他叮嘱加多，"另外，等我完成您交代我的工作后，我才会回到讷伊。"[2] 他和母亲将一起住在那里，直到小仲马赚到足够的钱重新获得独立。

1 阿托斯、阿拉米斯、波尔托斯是大仲马《三个火枪手》中三位火枪手的名字。——译注

2 手稿：阿瑟纳尔图书馆，MQ-14371 / L. a. s.，巴黎，1850年10月24日。

第六章　第二位母亲

总之，这个姑娘似乎是一个失足成为妓女的童贞女，又仿佛是一个很容易成为最多情、最纯洁的贞节女子的妓女。

小仲马

《茶花女》第九章

玛丽·杜普莱西的教训似乎并没有令年轻人褪去对交际花的热情，因为安德烈·莫洛亚认为他与达万（Davin）或者达尔万（Dalvin）女士保持着某种关系，而这位女士有着不可言说的过往；这位女士也没有敦促他过上更值得称道的生活[1]，所以当自己或父亲的财务状况允许时，他继续出入巴黎的高级娱乐场所。其中俄罗斯贵族的沙龙以豪华和鲜明的波希米亚风情吸引着政治家、作家和画家们。那些拥有异域之美的女主人，因为远离家庭和沙皇，享受着

1　安德烈·莫洛亚，《三仲马》，第248页。奇怪的是，大仲马在《我的回忆》中用达尔万这个姓氏隐去第一个情人阿格莱·泰利耶（Aglaé Tellier）的名字。

无拘无束的自由。

1850年，小仲马结识了莉迪亚·阿斯内芙娜·扎克列夫斯基（Lydia Arsenevna Zakrevski，在巴黎，人们叫她莉迪），她的父亲是极其富有的莫斯科督军阿斯尼·安德烈耶维奇·扎克列夫斯基（Arseni Andreïevitch Zakrevski）伯爵，她还是俄罗斯外交部部长卡尔·罗伯特·冯·涅谢尔罗德（Karl Robert von Nesselrode）的儿媳，与年长她十七岁的迪米特里·卡尔罗维奇·涅谢尔罗德（Dmitri Karlovich Nesselrode）伯爵已经结婚三年。

为了安抚神经方面的问题，她前往不同的温泉城市，从巴登到艾姆斯，从艾姆斯到斯帕，从斯帕到布莱顿，然后留在了巴黎。她与朋友玛丽亚·卡莱吉（Maria Kalergis，又名玛丽）和娜迪耶达·纳里什金娜（Nadiéjda Naryshkine）一起组成美艳三女神，吸引了所有人的目光，其中玛丽亚和希腊丈夫分居了。莉迪为组织聚会花费了大量钱财，穿着时装设计师出品的令人眼花缭乱的服装，戴着奢华的珠宝，她尤其喜爱珍珠首饰。

我们的年轻人，仍然不为人知，身无分文，已然醉倒在莉迪的裙下。大仲马在《闲谈》中讲述了他是如何认识这位“珍珠夫人”的：

> 这座摆着艺术雕塑的房子对我来说并不陌生，[……]巴黎有很多配好整套家具的优雅公寓，专门租给外国人。
>
> [……]一位二十四至二十五岁之间的女士，穿着绣花的细布浴袍，脚上是粉红丝袜和喀山拖鞋，她美丽的黑色长发没有

梳起来，从肩膀流泻到腰部，又从腰部垂到膝盖。她躺在一个草黄色的锦缎布艺双人沙发上。[……]

事实上，伯爵夫人脖子上戴着一挂三重珍珠项链，手臂上戴着珍珠钏，头发上也别着一些珍珠，我甚至去看她脚上有没有。[……]

她周身戴的珍珠价值怕是不下20万法郎。[……]

我在夜间两点钟离开了两个无忧无虑的美丽孩子，祈祷爱神护佑他们，因为，就像人们看到的，他们对周遭的事视而不见。

小仲马写下的诗句令美丽的莉迪着迷：

昨天，我们坐马车出行，
彼此相拥，就像两个相互取暖的人，
在这阴暗的季节里，身边却是
与恋人同在的永恒之春。

然而，他仍没有放弃记者的工作，1月31日清晨，他在寒风中来到圣雅克街垒，这里将处死一名染布商、乱伦强奸杀人犯让·乔治·比克斯内（Jean Georges Bixner）。他在《新闻报》上发报道，强烈呼吁反对死刑：

至于对群众的影响，请让法官像我一样亲自来判断，他们会发现这种影响几乎为零。

“砍得太快了。”失望的人们说。在他们身上，期待的热情远高于看到结果的热情。

民众的确有道理。

断头台上的死亡只是生命的戏法：里面只有头颅的杯子戏法，不是太多就是太少。[1]

3月17日，阿道尔夫·弗朗索瓦·亨利·鲍厄（Adolphe François Henri Bauër）出生。他也叫亨利·鲍厄：粗壮的身形，蓝色的眼睛，浓密的卷发，太过相似的相貌使得风言风语流传，但无法证实他是大仲马的儿子。

那个月爆出了一桩丑闻：据说三位外国女士，包括玛丽亚·卡莱吉和涅谢尔罗德伯爵夫人构想了“一个放荡行动协会的计划”并招募“举止放纵的年轻的文学新人。涅谢尔罗德受小仲马保护，卡莱吉受阿尔弗雷德·德·缪塞保护［……］。小仲马，这位德·拉帕耶特里侯爵与多米尼加黑女人的曾孙、黑人三代之后的私生子，仍旧没有褪去皮肤的颜色，他在学生涅谢尔罗德身上发现了最彻底的顺从，他手握萨德的书，向她证明卖淫的魅力，说麦瑟琳娜有多么伟大，因为她离开了克洛德的床去集市招徕或者满足小酒馆常客们的色情趣味。课程有了收获：涅谢尔罗德来到林荫大道上向路人献身。赫克伦（Hekeren）议员在那里遇到了两次，并且让她为自己的放纵感到羞愧，但已经没有什么可以使她幡然悔悟的了，最

1　以这个新闻为题材的小说被收入小说集《泰莱丝》，巴黎，米歇尔·雷维兄弟出版社，1875年。

终的结果就是彼得堡的一纸命令要把伯爵夫人带回俄罗斯”，霍拉斯·德·维尔－卡斯特尔[1]（Horace de Viel-Castel）刻毒地回忆。

事实上，莉迪几乎是被丈夫绑架，强行拖上返回俄罗斯的路。年轻的小仲马几欲发狂，决定追上去，把她从她丈夫的魔掌中夺回来。他募集了所有可以找到的钱，父亲也保证随后会寄来他需要的钱款。1851年12月12日，小仲马从布鲁塞尔写信给艾丽莎·博代（Éliza Bottée）——也叫德·科尔西（de Corcy），她是这对情人的朋友和知己，信中说他们抵达了比利时首都：

> 上帝知道她现在要带我去哪里！今晚我看到她三四次，脸色苍白而忧伤，眼睛红肿。她让您受累了。让我们继续跟着她吧，我深爱着她。

他的父亲翻空了所有的抽屉，恳请朋友和熟人的帮助。他最担心的是瓦卢瓦画廊的珠宝商巴布林（Bablin），因为小仲马送给莉迪一个超出他支付能力的首饰而欠了巴布林一笔沉重的债。

“没人肯帮忙，”父亲告诉他，“我已经尽力了。快点儿回来，保重。我想巴布林正等着你呢。”

儿子则东奔西跑；他遥控父亲的秘书埃德蒙·维埃洛特（Edmond Viellot），这位秘书最宝贵的本领就是模仿雇主的笔迹，难分真假。他委托秘书一收到这封信就去找《新闻报》经理吉拉尔丹，

---

1 《霍拉斯·德·维尔－卡斯特尔伯爵回忆录》，第一卷，《拿破仑三世的统治》，1883年，第108—109页。

给他送一封信，找他要300法郎。如果经理给了这笔钱，他请秘书或者将钱送到银行或者送到邮局，就是说，用稳妥的方式把这笔钱寄到德累斯顿，并以他的名义留在邮局待取。“有急用。”

4月6日，父亲安慰儿子：

> 我亲爱的朋友，你应该收到寄到布鲁塞尔的一封信了，信里附了一张100法郎的钞票，这张钞票可以在布鲁塞尔使用，和在巴黎一样——我不知道它在德累斯顿值多少钱。维埃洛特做了所有你要他做的事，但没有人愿意掏一分钱。你就指望我吧，相信我。你留在那儿很好，事情到了现在的地步，必须进行到底。只是要当心俄罗斯警察，他们粗暴至极，尽管有三个波兰女人保护我们——也许正是因为这种保护，你会被驱逐出境。我昨天送了20法郎给你妈妈。[……]小心点儿。我会尽可能寄钱给你，十五天后，我会补足你需要的500法郎。我特别希望你可以悄悄告诉比比（Bibi）我对她的所有赞美。

“比比”可能是莉迪的绰号。我们看到父亲支持并参与了儿子的冒险，特别是通过维埃洛特盯着事情的进展：“米罗（Mirault）先生应该告诉过你们关于这次旅行的荒谬传言了。当你们到达那里时，流言就会不攻自破，但你们的朋友只能暂时沉默。在我看来，没有什么比议论不在场的人更卑劣的了。”

小仲马到达波兰和普鲁士之间的边界哨所梅斯洛维采时，受到俄罗斯哨兵的检查，当地的警方接到不让他再向前走的指令。他在乡村旅馆安顿下来，希望最终能让他通过。父亲寄给他的钱一路跟着他，但总是差一步，他没有领到过。4月15日，父亲给他写信，他已尽其所能往布鲁塞尔寄去了100法郎，然后往布雷斯劳寄了200法郎，共300法郎。这最后的200法郎于4月4日从巴黎寄出，小仲马应该收到了，因为他父亲15日当天收到的日期不详的信于12日经过柏林：

> 我的朋友，怎么办啊？没有人愿意给你任何东西，我寄的钱也丢了。我已写信给布鲁塞尔继续转寄。现在，你想让人如何把梅斯洛维采需要的文件寄给你？如果可能的话，我今天寄100法郎——总共就是400法郎——你将不得不到不同的邮局去取。我们已经给你写了三封信，我们已经以最快的速度给你们发送必需用品。

4月22日，父亲首先讲述了巴黎的新闻，然后承认他因为困窘而无法寄给他任何东西；但是，如果他收到一笔钱，他首先会想着儿子的母亲，而不是儿子，他鼓励他利用这段独处的时间学习德语并写作。

> 那么，从各方面来说，你的这次旅行将是一件很棒的事。[……] 我正在日夜盼望着你的来信。

5月初，大仲马不耐烦起来：“看看最近发生了什么：你与巴布林的公案最终以平均每月还100法郎而告解决，我已经付了前几个月的。昨天我们收到了你的手稿，[1]我们会尽快开始抄写，因为很难将它原样交给德努瓦耶，他肯定一个字都看不懂。”

儿子在梅斯洛维采无聊至极：“这儿只是个铁路中转站，一组低矮、敦实的建筑，白墙黛瓦，木板屋顶，凄凉地蛰伏在一片巨大平原的褶皱里，看上去像是病人。打三个喷嚏的工夫就足以穿过这个苍白的、可以说是肺结核患者般的村庄。偶然会有一线阳光落下来，为希腊式建筑的两个尖塔抹上快活的亮色，远远地为这个阴暗的堆块赋予某种特质和优雅。”[2]

他努力写作，希望发送到巴黎的文稿可以被某家报纸连载并获得些许报酬；但“作家有自己的习惯，甚至是强迫症和怪癖。为了坐在桌旁用心和自由地写作，他需要解决好生活的所有问题。他工作的房间必须是完成上次作品的房间”。[3]

尽管如此，他还是完成了一部短篇小说，这部小说于1851年7月至8月在《地方报》以“久未露面的人”为题连载，后来出版时以《缪斯泰尔摄政》[4]为书名，这是一处文学秘境，曼侬（Manon）、德·格里厄（Des Grieux）、保罗（Paul）、维尔吉妮（Virginie），夏洛特（Charlotte）和维特（Werther）在这里相遇，其巧妙的文思足以取悦读者。

---

1 指《久未露面的人》。

2 《缪斯泰尔摄政》，献给亨利·米罗，巴黎，米歇尔·雷维兄弟出版社，1869年，第10—11页。

3 同上。

4 由伊波利特·苏夫兰出版，1852年4月17日呈缴法兰西国家图书馆。

5月15日，他告诉父亲，他偶然获得了一份关于一段珍贵情感的藏品：

当你和乔治·桑（George Sand）女士一起晚餐时，亲爱的父亲，我正在为她忙碌。真想知道人们还会否认有缘分存在吗？！你能想到吗，我手里有她与肖邦十年的通信。你猜我会抄写这些比塞维涅（Sévigné）夫人家喻户晓的信件更加迷人的信吗？我会给你带去满满的一本，因为，不幸的是，这些信件是借来的。至于我是怎么在西里西亚纵深处的梅斯洛维采发现这些信的？它们刚刚在贝里出现，很简单，你也许知道也许不知道，肖邦是波兰人。当他去世时，他的妹妹在文件堆里发现了这些信，所有这些做了标记的信件都被妥善保存，以最虔诚的敬意和爱意被封存好。她带着这些信件进入波兰时，警察无情地读了她带来的所有东西，她便把信件交给了住在梅斯洛维采的一个朋友。

无论如何，因为我的起意，爱情的信物遭到亵渎，但这亵渎至少是以敬慕的名义，而不是以警察的名义。看着这些信件的墨迹已经发黄，想到每一封信件都被已故的收件人开心地触摸和打开，我向你保证，没有什么比这更悲伤、更感人的了。

在生命的所有最私密、最欢快、最生动的细节之后，肖邦的故世给人难以描述的感觉。有段时间，我希望保存人——也是我的朋友，突然死亡，这样我就可以继承他的收藏，还可以向乔治·桑女士致敬，她可能很乐意重温这段往事。我的这个可怜的朋友，外表看上去有些魅力。我打算在15日离开，所以把这些信件还给了他，他甚至没有好奇心去翻看。也许有件事能有助于你理解这种漠不关心，你知道吗，他是一家出口公司的第二合伙人。

他提到的这位朋友，也就是这些信件的拥有者，是法国领事朗多（Landau）。

下面这封信是寄给乔治·桑的。

请允许我转给您一部分亚历山大的来信，他在梅斯洛维采，刚刚得到一个谈到您的文字的机会。请试着辨认他的字迹。也许您会非常希望收回他提到的信件。依他所讲，这可能不会很困难。

乔治·桑慌了，担心这些信件会落入坏人手中，引发丑闻。小仲马决定穿上保护女士的骑士盔甲：

夫人：

我仍然在西里西亚，而且很高兴还在这里，因为我还可以为您效犬马之劳。

几天后，我将回到法国，并亲自向您报告杰德泽耶维兹（Jedrzejewicz）夫人是否授权我将您希望的信件交给您。

有些事情是必须要做的，不需要任何人的许可就可以做。这些信的副本当然将同时交给您，至于说会不会泄露，总的来说，只会有好的结果。

但是请相信，夫人，这中间没有任何不恭之举。我一直都是值得您信赖之人，我这颗遥远而谨慎的心一直以来都属于您，这颗心对您的崇拜达到了无与伦比的程度和日久天长的虔诚。

请相信我并原谅我。

他应该是匆忙离开了梅斯洛维采，因为莉迪亚强大的家族威胁要逮捕他。父亲在6月初寄来了他旅行需要的钱。他建议儿子尽快离开，因为他现在不安全。

领事很有理由表示抗议，儿子平静地对他宣称，如果收信人接到信件后没有烧掉或者撕毁乔治·桑的信，那么这些信便属于写信的人。

大仲马在《闲谈》中讲述了儿子的归来：

有一天，我坐在或者不如说是躺在草地上，从基督山的高处看着最后一缕夕阳在塞纳河的波涛中如同流动的火焰，这时我看到一个留着胡子的年轻人正爬上一个陡峭的斜坡，但是看不清他的五官轮廓。

在离我十步的地方，他停了下来。

“怎么，你不认识我了？”他问我。

这是亚历山大。

“啊！该死的！是你！”我大喊着向他扑了过去，“你变了好多！”

"没有。我在梅斯洛维采很无聊，为了好玩我才留了胡子！"

6月12日，乔治·桑向父亲表达安抚和感激之情：

> 您和您的儿子对我都是如此的有情有义和忠诚，我不知道如何感谢你们。但上帝从没有出过错，他非常清楚他从没有让我忘恩负义，而且我非常在意你们的义举。你们两位都会来看我的，是吗？我会为此举办一次聚会，真希望有一座真正的基督山，不仅是您的基督山，还有您小说里的那座。但我什么都没有，我只能奉上感激之情和我的友谊。毕竟，这是最好的，不是吗？与拥有所有宝藏相比，您的主人公更在意莫雷尔的感激。

因为忙于事业、挣扎在困窘之中，父亲和儿子并没有很快来到诺昂，乔治·桑正在诺昂阅读《地方报》连载的《缪斯泰尔摄政》。8月14日，她表达了自己的急切：

> 我没有亲自前来感谢您，先生。如果您剥夺了我在诺昂亲口向您致谢的快乐，也就是说，约定某一天在乡间见面，而不是一年后在巴黎，我会非常忧伤。我不确定月底会回巴黎。我因为必须完成一项工作而生病了，所以耽搁了一段时间，如果您能在25日之前到这里，我将会非常高兴和感激。
>
> 如果您不能来，请费心把这个封好的包裹送到法朗潘

（Falempin）先生家（对于这个名字我很抱歉，不是我给这个好人起的教名），地址是路易大帝街33号。

我不想失去与您和您的父亲在此见面的希望。他告诉我，如果能得到发自内心的拥抱，他会尽力而为。请告诉他，我已经过了这样的年纪，既不会剥夺他的，也不会剥夺自己的一个如此真诚的友谊的标志，我打算张开双臂欢迎他。如果你们两个都不给我这种快乐，如果你们没有动身去西里西亚或其他什么地方，那么，下个月在巴黎见。

在握手感谢您的好意之前，我要为正在读的美妙的书而握您的手。遇到夏洛特、曼侬和维尔吉妮，以及我们热爱的如此众多的人物是多么美好，我们也曾为他们哭泣。构思是新奇独特的，但是读起来非常自然。没有比这更巧妙、更简洁的处理方式了。如果您能如我所愿让保罗和维尔吉妮至真至纯，我会为了这次阅读的乐趣向您表达双重谢意。您设法让歌德开口说话而没有冒犯任何人。事实上，没有比这更好的了，您赋予他恰如其分的伟大和智慧。我听到有人责难您主题的大胆，但到目前为止，我没有听到任何亵渎、贬低这些深受喜爱的人物的话语。我急切地期待故事的结尾。

8月20日，小仲马告诉乔治·桑，他已经把信函包裹交给加布里埃尔·法朗潘，同时在得知乔治·桑对《缪斯泰尔摄政》的善意言辞后没有讳言他的快乐：

夫人：

情况如下。

我拖着没有寄出这封邮件，是因为还抱着去诺昂的希望。但是不可能了，我必须进行彩排，为此我感到既悲伤又愕然。谢谢您写给我的充满善意的信。夫人，我必须告诉您，我的书能引起您的些许兴趣，这令我多么高兴和自豪，您注意到我让保罗和维尔吉妮保持纯真。不幸的是，报纸出于奇怪的谨慎删减了许多必要的细节，不应该对任何出于廉耻心的行为感到不快。等它印成招摇的八开本时，请允许我送您一本原汁原味的书。

我可怜的父亲不得不继续服苦役，他请您原谅他没能前来诺昂。我告诉他，在我看来，您看上去极好。等您回来时，我们会去看您，他和我两个人，请接受我的忠诚和热忱。

但是，中间人法朗潘没有履行他的职责，逼得小仲马在9月不得不为自己辩护。

乔治·桑一旦得到自己写给肖邦的爱情信函，便急于将这些信付之一炬。这不是说她想为这段众所周知的关系保密，而是想缓和与女儿索朗日（Solange）因肖邦而紧张的关系，她担心，如果这些信件落入恶人手中，会重新挑起矛盾。

这个插曲为小仲马和乔治·桑开创了一段非常亲密的友谊，尽管这份友谊主要靠书信来维系。在诺昂小住几次之后，小仲马又在巴黎和乔治·桑见过几次面，甚至到了认乔治·桑为母亲的地步，并在信中称她为“妈妈”。

第七章　茶花之子

重要的是去爱，是感觉到自己活着，是把生命赋予别的人，无论是假想的人还是真实的人。爱情，无论怎样的爱情，都是艺术的首要元素，这是维持生命的空气。

小仲马

《克莱芒梭事件》第四十八章

1851年，他忙于在杂耍剧院排演《茶花女》。与此同时，他撰写了与莉迪的爱情冒险经历的初稿。故事与现实相当接近，这就是小说《狄安娜·德·利兹》，讲述一个年轻贵族女子的故事。她美貌而富有，但被丈夫所忽略，由于缺乏判断力，她在世人眼中名誉不佳。后来她爱上了年轻的画家，画家把她从轻浮中拯救出来，但丈夫插了进来，绑架了女主人公并坚信自己拥有这份权利。故事以丈夫用手枪杀死情人告终。

丈夫马克西米利安问妻子为什么他应该放弃爱她，狄安娜·德·利兹回答："因为我已经过了把爱情当作消遣的阶段，现在我知道爱情是一件严肃的事，而且可以瞬间改变一个女人的一生。

我亲爱的马克西米利安，在我们的关系中，我受到的惩罚比应得的更多，我向你保证，自从你离开之后，我年轻了十岁，可是我又老了五十岁。我爱过了。”

这篇小说先是给了亚历山大·加多，小仲马请他以连载的形式发表：

吉拉尔丹让人问我是否可以给他一些不太贵的东西。我把《狄安娜·德·利兹》寄了过去，他会给我300到350法郎。您记得吧，当您从我这里买下这部小说时，您告诉过我您不在意事先在报纸上刊登过。

如果您认为在《新闻报》上发表过对您构成了损害，既然我希望与您保持良好的关系，而且因为现在对我很关键，尤其是出版这本书能够为我带来收益，您就得做出努力，我也要努力，我会给吉拉尔丹别的东西。我亲爱的加多，您也不想我蒙受损失，我也不想挡着您赚钱。

我对您重申，我由衷希望我们的良好关系能持续下去。为此，我放过了您的某些违规行为，而且我确信，有一天您会弥补这些行为。

这就是我的意见。

您是否更愿意出版未发表的《狄安娜·德·利兹》，前提是在报酬里算进全部或部分吉拉尔丹给我的报酬？我做出这样的让步，正如您知道的《茶花女》的情况，如果连载没有苛刻的前提条件，我更愿意损失一本书而在报刊上连载发表，或者您更愿意不多付钱给我，只出版重印本？

这也是一种回答，不是吗？

负责协商的吉蒙（Guimont）女士正在等待您的决定，也在等待我的决定。[1]

中间人玛德莱娜·约瑟芬（Madeleine Joséphine），也叫埃斯特·吉蒙（Esther Guimont），在路易·菲利普时期就主持过最显赫的作家和政治家经常光顾的沙龙，她是基佐（Guizot）的情妇，也是埃米尔·德·吉拉尔丹的情人，据说她利用自己的人脉为非作歹。龚古尔兄弟说她是个“可怕的女人，某种坏人，一个披着红色披巾的女看门人”。

无论吉蒙充当了什么角色，《狄安娜·德·利兹》在出版之前确实发表在《新闻报》[2]上了；1851年，不是亚历山大·加多，而是由博德里（Baudry）出版，这个集子还收入了《不为人知的格朗热特》和《卡米耶的化妆间》。

1851年发表的其他作品，首要目标是赚钱：1851年3月9日发表在《新闻报》第四版广告页的《彩票的历史》，全名为《从最早的博彩到最近的博彩历史：金条博彩》，插入了六幅装饰画[3]，后来以小册子的形式出版。

杂耍剧院准备上演《茶花女》了。

1 阿瑟纳尔图书馆，MS-14371 / 36。

2 参见《新闻报》1850年11月26、27、28和29日，12月4、5、6和7日。

3 1851年3月22日呈缴法兰西国家图书馆。

剧院一直在排练，直到8月28日审查的大刀砍向这部剧。审查员提交了一份分析报告，认为这部剧表现了“一些风流女子为了享乐、奢华和虚荣牺牲一切，甚至牺牲了她们的健康。从公众道德和廉耻心的角度来看，这部作品令人震惊［……］，它就是一幅风俗画，其中人物所做的选择和作品格调之刺目超越了戏剧容许的底线。除了不恰当的主题，使这部剧更加不宜上演的是，它只是再现了一位最近去世的风流女的生活，不过是为小说家和睿智的评论家提供了一本畅销书和传记，或者说再现了某些扑朔迷离的情境和细节”。

结论：“鉴于以上考虑以及一致的意见，我们荣幸地向部长提议坚决不要批准上演这部剧。”

内政部部长莱昂·福歇（Léon Faucher）只能接受审查委员会的结论。

应布菲的要求，委员会进行了第二次审查，报告于9月1日提交。

白费功夫！审查人一致坚持第一次报告的意见和结论，因为“第二次阅读这个剧本让我们相信，它的实质和剧情线索仍然是原来的，依旧是一幅风俗画，表现被包养的女人的私生活”。

对于沉浸在爱情悲伤中的小仲马来说，审查员的苛刻态度雪上加霜：他没有收到任何信件，哪怕是美丽的莉迪偷偷潦草写下的短笺。是为了安慰他吗？9月底，他的父亲在老朋友阿道尔夫·德·鲁汶在马尔利的家小住，许诺给他办一场豪华的婚礼。

我将在后天去巴黎。

有一件事我可以肯定，就是，如果你愿意，你会在六个月内与一个有百万嫁妆的十八岁女孩结婚。

如果你认为值得一谈，请来看我。

10月1日，对审查委员会进行的第三次努力没有取得任何成效。

我们确认第三次认真审读了《茶花女》，部长发给我们的手稿中有很多删减。但是，我们同时确信，正是这些被删减的、或多或少令人震惊的细节证明了作品的缺陷，我们已经在8月28日和9月1日的报告中指出过这些缺陷了。

确实，两幅画面合成了一幅，但这项工作以及其他删改并没有从整体上改变这部作品；剧本是被缩短而不是被重写，仍然是相同的出发点、事件、风俗和人物性格。

让作者讲述他的剧遭遇了什么吧：

布菲先生认识费尔南·德·蒙吉永[1]（Fernand de Montguyon）先生，费尔南·德·蒙吉永先生是德·莫尔尼（de Morny）先生的朋友，德·莫尔尼先生是路易-拿破仑亲王的朋友，路易亲王是共和国总统。莱昂·福歇先生是内政部部长，顺着这条路线，也许有办法解除禁令。

运作开始启动了。在法国没有什么是容易办到的。人们会

1 路易·菲利克斯·费尔南（Louis Félix Fernand，1808—1876年），蒙吉永伯爵，赛马俱乐部的拥有者，也是俱乐部成员。

奇怪，在街上遇到的所有这些徒步或者乘车的人都是去干什么呢，他们都是要去请某人帮忙。德·蒙吉永先生去找莫尔尼先生，向他陈述了我们的情况，而德·莫尔尼先生在蒙吉永先生的陪同下，抽时间观看了一次排练，以便在与亲王交谈之前亲自体会作品的价值。他认为没有人们说的那么危险。然而，他建议我请两三位同行看看我的手稿，由他们表达支持的推荐意见，这样，部长就不是向上流社会人士的影响力让步，而是因为实力作家们的说情。建议很好，很恰当。我找了于勒·雅南，[……]莱昂·格兹兰（Léon Gozlan），还有刚刚因《加布里埃尔》获得法兰西学院道德奖的埃米尔·奥吉耶（Émile Augier），这三位都看了我的剧本，全都签署了道德担保，我交给莫尔尼先生，他又把所有材料送到亲王那里，再由亲王交给莱昂·福歇先生，部长干脆而坚决地拒绝了。[1]

父亲也于10月4日亲自签署了这项担保：

我以我的荣誉和我的文学素养保证，这个被称为审查的愚蠢制度所禁止的剧本《茶花女》本质上是一部充满道德感的剧——我有权在道德方面发表意见，我曾写过700册可以收入神学院图书馆或女子修道院的书。

但为了让玛格丽特最终能登上舞台，就不得不来一场政变。在

1 《戏剧全集》，第一卷，第11页。

12月1日至2日的夜晚，波拿巴分子聚集在爱丽舍宫，发动了三次政变，都失败了。国家印刷厂的工人受命在警方监视下拼版两张海报。巴黎人一大早就在墙上看到了：宣布解散国民议会这个“阴谋者的家园”，恢复普选、紧急状态，并筹备建立新政府。

这是帝国所期待的专政。

共和党人踏上前往比利时避难的路。大仲马在博卡日写信：

> 今天六点钟，公布了逮捕或杀害雨果可得2.5万法郎的悬赏令。您知道他在哪儿——让他在任何情况下都不要出来。

雨果以朗万（Lanvin）的名字穿越边界，在布鲁塞尔住下。

大仲马很快前往那里与他会合，并不是出于政治动机，而是因为在12月10日，巴黎上诉法院第二分庭维持了1850年12月20日塞纳商业法庭的判决，宣布他破产：他现在随时都有被依法拘禁的危险。

也许是抱着在比利时找到莉迪的念头，小仲马陪他前往。12月12日，他写给他们共同的朋友艾丽莎·德·科尔西：

> 亲爱的艾丽莎，我从布鲁塞尔写信给你。我和父亲在一起，他输了一场官司，会让他背上20万法郎的债务。在搞定这件事情之前，他最好离开巴黎。[……]我刚刚写信给伯爵夫人，告诉她我在比利时。[……]请记得您的承诺，写信告诉我真相，全部真相。[……]红色封蜡的信是给您的……另一种颜色封蜡的信是给她的。

毫无疑问，通过艾丽莎或者其他渠道，他很快就知道，莉迪已经投入另一段爱情而不再想念他。她还没有与涅谢尔罗德离婚，就强迫村庄的神甫为她与德鲁斯科伊-索科尔尼科夫（Droutskoi-Sokolnikov）亲王主持婚礼。这一行为让沙皇怒火中烧。出于报复，沙皇免去了她父亲——有权有势的扎克列夫斯基的职务。

小仲马立即离开布鲁塞尔[1]，其中不乏帮助父亲处理复杂交涉的原因，以便从出版商、报纸经理或影院经理那里收回稿酬。在接下来的几个月内，父亲的信如雪片般飞来。父亲和儿子之间的角色开始颠倒过来：他曾经担忧儿子浪费生命并成为儿子的精神支柱，现在是儿子努力保护父亲免受敌人的打击。

在巴黎，政变的中流砥柱、全能的莫尔尼取代了内政部的莱昂·福歇。他不反对上演《茶花女》，于是排练重新开始了。排练是在艰苦的条件下进行的。因为经历过被禁演，演员并非信心满满：他们认为这出戏不会有结果。

第一场演出于2月2日举行。这是一次巨大的成功，“配得上他父亲的荣耀”，2月10日泰奥菲尔·戈蒂耶在《新闻报》上写道：“这一次，在没人组织的情况下，作者的名字受到热烈欢呼，鲜花如雨点般落到舞台，女士们捶胸顿足，泪如雨下。”

在我们的强烈要求下，终于有了玛丽·杜普莱西的雕像，诗人干了雕塑家的活儿。我们获得的不是她的身体，而是灵

1 他后来于12月20日至1852年1月19日在这里小住。

魂，多什（Doche）夫人贡献了她迷人的形象。[……] 诗人最成功之处在于，这五幕剧中没有任何情节、任何意外，也没有任何错综复杂的关系，然而却令人产生强烈的兴趣。至于这部戏的构思，它和爱情一样古老，也像爱情一样永远年轻。实际上，这不是一个构思，这是一种感情。熟练的戏剧建构者必然对这一成功异常惊讶，他们无法解释，这让他们所有的理论都不成立。为爱献身的妓女的不朽故事，你将永远诱惑着诗人！[……] 需要极高的技巧才能把故事搬上舞台，用今天盛行的、盎格鲁-日内瓦人的话来说，现代生活的场景就如同现实一样，不需要借某些托词来掩饰。

[……] 对话中穿插着特征明显、充满刀光剑影的进攻和回击。随处都能感受到那个思想新奇的人，他不需要拿出保留了三年的好词好句记录本，随时可以抛出金句。

领衔主演多什夫人扮演玛格丽特·戈蒂埃，在新的一天登台亮相。这个角色贯穿了整部作品，由色彩截然相反的两个部分组成。一开始，玛格丽特还没有因为爱情而改变，像塞丽曼娜[1]一般游走在围着她的崇拜者中间；她身上有着爱开玩笑的热情、蛮横的美丽和令人惊叹的决然！然而，当爱情降临，她便陷入困惑，变得谦卑、胆怯和温柔！因为她抛掉交际花的外衣重新做回普通女孩；当她与阿尔芒分手时，这个被从天堂放逐的天使是何等怀念故园！[……] 费希特（Fechter），这位优

1 莫里哀《恨世者》的女主人公塞丽曼娜（Célimène），是一位风流寡妇。——译注

秀的青年演员扮演的阿尔芒，举止端庄，行为得体，神情优雅，表现出克制和有感染力的热情，充满激情的信念和魅力，正如他扮演的其他角色。[1]

在表演结束时，小仲马消失了；他丢下为他庆祝演出成功的演员、朋友们，去和母亲一起吃晚饭：

那天晚上，举办了威尼斯狂欢节般的庆祝！令人惊叹的晚餐：一片火腿，油渍扁豆，格鲁耶尔干酪和梅子。在我的一生中，从没有吃过这么美好的晚餐！[2]

直到后来的清偿协议获批之前，大仲马都被禁止出入巴黎。小仲马发电报给父亲：

非常非常成功！太成功了，我都以为是在参加你的作品的首演！

大仲马2月5日回复：

我的朋友：

昨天，我和拉斯卡夫人整晚都在谈论你，谈论你的成功、

1　文章收入《二十五年来的法国戏剧艺术史》，1859年，第300—308页。

2　亨利·里约奈，《茶花女与小仲马》，第100—101页。

你获得的荣誉、观众的欢呼、多什夫人的才华、费希特的天赋——这一切都棒极了。[……]我从中看到积极的一面，你将获得一定数量的金钱，可以用这些钱去清洗你仅有的几件脏衣服了。

如果说许多评论家都像于勒·雅南一样赞扬这件作品，“语调如此真实、风格如此生动，场面如此逼真和恰到好处，这一切使得这部轻松的爱情剧突然变成了一个文学事件”，[1]也有人攻击，说这部剧似乎是在为一位交际花平反。说真的，在创作《茶花女》时，小仲马既没打算攻击也没想捍卫交际花们。受玛丽·杜普莱西之死的痛苦影响，他只想描写年轻女子慌乱的面孔。

他的法兰西学院继任者安德烈·特里耶在就职演讲中强调了该剧在小仲马职业生涯中绝对的重要性：

这部作品取得了辉煌的成功，这份成功无限期地延续下去。至今，玛格丽特·戈蒂埃的爱情与死亡仍令我们着迷。两位伟大的艺术家，莎拉·伯恩哈特[2]和拉·杜塞[3]接手1852年由多什夫人首演的角色，并让全世界为之鼓掌欢呼。这是因为，《茶花女》的核心部分一直是热情奔放和充满深刻人性的戏剧，洋溢

1 见1852年2月9日的《政治和文学辩论报》。

2 莎拉·伯恩哈特（Sarah Bernhardt，1844—1923年），19世纪晚期法国伟大的女演员，影响遍及欧洲和美洲，茶花女是她最心仪的角色。——译注

3 拉·杜塞（Eleonora Giulia Amalia Duse，1858—1924年），意大利人，被称为有史以来演技最出色的女演员之一。——译注

着清新、感性和青春气息；同样也是因为，这部戏是新的戏剧艺术的出发点。小仲马具有我说过的这种远见卓识，明白公众已经厌倦了夸张的抒情、浪漫戏剧的人为激情，同时，他需要一个比斯克里布[1]的舞台包含更多思想和真实的舞台。在与同时代人一起生活了很长时间并研究了他们的精神世界之后，他找到了另一种舞台艺术、另一种理想的先声。

杂耍剧院的经理们做出相信这部剧取得了无限成功的样子，戏弄戴亚杰，说她还没有准备好重新出现在剧院的舞台上演出另一场戏。

吉罗与达诺出版社的“剧场图书馆丛书”也佐证了他的成功：1853年9月8日，这个剧本即将出版第八版。一再重印的小说《茶花女》也同样获得成功，在增补的序言中，于勒·雅南以装饰华丽的小幅图画（玛丽在体育馆剧院，玛丽在歌剧院，玛丽在巴黎北站）表达了他对玛丽·杜普莱西的个人回忆，仿佛人物原型已经叠加在角色身上：玛格丽特·戈蒂埃令她赖以成名的原型玛丽·杜普莱西显得模糊。据法兰西国家图书馆1852年3月13日的记录，因为戏剧的成功，小说在1853年7月9日出了第六版。

1 斯克里布（Augustin Eugène Scribe，1791—1861年），法国剧作家和歌剧作家，以倡导佳构剧闻名。——译注

第八章 父亲的力量

每天我都会在自己情妇的身上发现一种新的魅力和一种前所未有的快感。人生的目的不过是为了满足不断产生的欲望。

小仲马

《茶花女》第十八章

莉迪·涅塞尔罗德的朋友娜迪耶达·纳里什金娜带着成功的喜悦重新出现在巴黎。她要替莉迪向小仲马转个口信：一个分手的通知。在为小仲马带来悲伤消息的同时，她还接受了嘱托来安慰这位名噪一时的年轻作者吗？无论如何，娜迪耶达·纳里什金娜在1852年的春天成为小仲马的情人。

她和莉迪一样，是位已婚的皇室女子，非常富有的斯拉夫人。和莉迪的情况一样，她的丈夫亚历山大·纳里什金（Alexandre Naryshkine）是她父亲的同龄人，她和莉迪一样得不到满足，娇纵任性，喜欢异想天开。1847年，她为丈夫生下一个女儿——奥尔加（Olga）。1851年，她为剧作家亚历山大·苏克沃-科比林（Alexandre

Soukhovo-Kobyline）生下另一个女儿——露易丝，申报姓名为露易丝·韦伯（Louise Weber），生父不详。[1]

当她成为小仲马的情妇时，已经二十六岁了，比莉迪更加坚定和钟情，当丈夫拒绝与她离婚时，她毫不犹豫地带着女儿奥尔加和珠宝不顾一切地离开，以成全自己与年轻人的激情。

小仲马向乔治·桑倾诉对她的爱意，“她从内到外、从脚趾到灵魂的最深处都极有女人味。[……]对我来说，她是一个极度迷人的物理存在，身材优雅，线条精致，蜜色的皮肤，母老虎一般的爪子，长长的、狐狸般棕红色的头发和大海般幽绿色的眼眸”，她俘获了他。

毫无疑问，他陷入了一种混乱的情感：既想向俄罗斯贵族复仇，也有对被莉迪抛弃以及在梅斯洛维采耻辱地等待的报复。在写给乔治·桑的信中，他似乎非常爱恋娜迪耶达，称她为自己的“大俄罗斯人”，称奥尔加为自己的“小俄罗斯人”。但他才是主宰，想按照他的原则塑造女性：“我很乐意重新打造这个人间尤物，她被带歪了，她的出身、教育、环境，她身上的万种风情，尤其是她太悠闲了”，他向乔治·桑坦白，有点儿自以为是。

我不要求身边的人爱我。当我告诉他们为什么要按照我爱他们的方式生活时，我对她们的要求不过是相信我，也就是说

1　露易丝的父亲在1883年承认了女儿，她于1889年嫁给了奥尔加的兄弟，伊西多尔·让·马利·德·蒂埃里·德·法莱坦（Isidore Jean Marie de Thierry de Faletans，1845—1896年）上尉。

我要求她们的是最难得的东西：信任和顺从。

他还不知道，无论信任还是顺从，他都不会得到。他与娜迪耶达的关系并不会比他以前和女性的关系更令人满意，而且她将拖累他。

1852年最初的几个月，虽然《茶花女》大获全胜，但父子之间的关系没有发生什么深刻的改变。此时大仲马暂居布鲁塞尔，无论是否情愿，儿子在巴黎充当起父亲经纪人的角色。为了弄到钱，他与出版商、报刊经理和剧院经理们打起交道来，但很少有收获：债务人认为他们已经为经常是侥幸拿到的作品支付了太多的报酬。同时，儿子也很难满足父亲的期待。他确保父亲的手稿送到出版商手上、出版商的校样送到父亲手上；他转达父亲对剧本在舞台上排演的指示。因为破产，大仲马的钱会被法院立即扣押。儿子担任中间人，以自己的名义发行演出票务或将现金转手。

对于大仲马来说，无论是推进自己的书出版或者剧本上演，还是获得儿子作品出版和演出的消息，任何赚取金钱的来路都是不容忽视的。父亲写给儿子的信如雪片般涌来，信的口吻通常是命令式的，比如1852年1月23日：

在你收到这封信的同时，我收到了《上帝与魔鬼》的第一卷，书到得正是时候。

但是，我想重看一遍校样。

尽量让米约（Millaud）立即付钱。至于《我的回忆》的校样，我还没有收到。这听起来很可笑，还能更可笑一点儿吗？如果事情进展不顺利，无论用什么办法也要给我寄来100法郎，这样我才撑得下去。

两天后：

我寄给你［……］所有我尝试写出来的东西，［……］加多付钱给你了吗？因为《地方报》还没有付酬，五天来我已经身无分文了。

我在校样里放了一张字条，指出这一个月以来我都口袋空空的可悲处境。

2月1日，他为收到的东西感谢儿子；但他仍然没有收到《地方报》的稿酬，这令他忧心忡忡，因为手稿送到巴黎已超过八天了。

五天后，他把给安泰诺尔·约利[1]写的信附在给儿子的信中，让儿子给约利送去。同时在信中对儿子的指责感到愤慨：

你在说什么每月1500法郎，你在哪里看到我每个月花1500法郎？

我来这里两个月了，没有收到过3000法郎。

我们住酒店每天花30法郎。

1　安泰诺尔·约利（Anténor Joly，1801—1852年），记者，戏剧导演。

我寄了500法郎到巴黎。

我给过你200法郎。我支付了家里的一切费用，甚至提前支付了三个月。

8日，他派儿子去找三个出版商：

如果说加多无情地对你，他让我受到的羞辱十倍于此［……］一定要立即赶到昂日延街他的情妇吉迪（Guidi）夫人家，看看我寄出的两封有关出版的信有什么消息。［……］首先去找苏夫兰，然后是波泰（Potter），最后是博德里。［……］我是否应该继续给《地方报》写东西，这些先生会付后面连载的钱吗？

必须让他们挨个答复这些问题。

2月10日，他变得不耐烦：

哦，你终于决定给我写几个字了——你见没见到《地方报》的先生们？你给没给伊莎贝尔100法郎？你能不能转交这些钱？见鬼，我也有剧本要上演——即便这样我也能够找到时间写几句话。

儿子无法帮他弄来钱，他就强迫儿子帮自己处理乱七八糟的风流韵事，这些复杂的关系不仅接二连三，甚至会同时发生。比如2月

11日他写给儿子关于《本韦努托·赛里尼》即将在圣马丁门上演的信就与他过去的情妇贝阿特丽克斯·佩尔森（Béatrix Person）和新情妇伊莎贝尔·贡斯当（Isabelle Constant）有关，这个剧本是根据他与保罗·穆里斯合写的《阿斯卡尼奥》改编的：

> 我收到了你的来信，同时也收到穆里斯的一封。
>
> 抱歉给你添麻烦了，但这确实是我希望做的事。
>
> 佩尔森夫人不会在我写的剧本里扮演角色，我想我在《阿斯卡尼奥》里写了不止一行——因为我不想把角色交给让我破产的人。[……] 高龙波似乎就是为伊莎贝尔而写的，她将扮演高龙波。如果来年我们不打算用她，现在可以临时雇用她。我更喜欢这样。每天花15法郎住马戏团旅馆不算挥霍吧。
>
> 让人马上给她分派角色，或者最好寄给她剧本。她知道自己要扮演的角色，五六天后就能赶到巴黎。
>
> 恳求你按我的要求去做，也祈祷穆里斯只署自己的名字，这样他不需要我的授权就能拿到我和他两个人的酬金，再把我那份直接交给你。

2月25日，他向儿子保证自己是对的，只有他能处理这一切。因为不清楚自己的剧会否上演，他已经连续三天没有工作了，同时也厌倦了所有这些零敲碎打。礼拜六早上人们将会看到完整的作品：

> 我会把手稿寄给你，当天你要将500法郎送到吉迪夫人手中。[……] 你懂的，（昂比古剧院的）这些先生应该当场为交

付的稿件支付500法郎，并且不需要审读。

这500法郎中，200法郎立即送给吉迪夫人；你能不能马上把剩下的300法郎寄给我——你收到后可以先留着，礼拜六寄给我就可以了。

我欠这里的酒店七八百法郎。离开前我必须还清。

信件几乎每天都有，小仲马可以留下用以支撑必要开销的钱越来越精确。

5月，大仲马的破产协议已经获得批准，他现在可以返回巴黎了，可以把儿子从父亲代理人的责任中解脱出来。

3月23日，父亲的信中传达出越来越强的压力，父亲是苦涩，儿子则是疲惫：

谢谢，我的朋友，我为此感激你。

你应该记得，当你在梅斯洛维采时，我是怎么对你的。

既然油画都付了钱，就把它们和花瓶一起送到吉迪夫人家吧。

并且把你还欠我的10法郎交给伊莎贝尔。

我很佩服你账目清晰。只是你应该留个副本。

第二天，纠纷再起：

我亲爱的朋友：

事实上这里面不关情人的事。

你知道我在等钱，你让我等你的签字等了八天，八天之后你写下我手中的这封信，这封信说了些什么？

加多让收支票的人在支票背面签字！上帝啊，你知道他是给我开的支票，我没办法在上面签字。

至于那条项链，我觉得是你不对。我想是吉迪夫人把项链从放的地方拿走，后来又还给了你——如果她是从你那里借走的，那就是想找人做个和我的一模一样的项链——如果她留了十五天，那是因为做条新项链必须要这么久。

把油画和花瓶照原样寄出，我会在这里找人润色。

看看吧。我原来的几个情妇，你全都认识——所有人，你开始都相处得不错，但最后你总是和她们不欢而散。我收到过你的一封信，你在信中告诉我，吉迪夫人是位迷人的女人，和她来往没什么不好的。

总之，我们不要再谈论这一切了，不值得。我因为加多和施拉密（Cheramy）而烦恼不已，这些人拒绝开支票，而你拒绝在支票上签字，这些都把我逼到墙角了，我要回巴黎，我想先控制事态，然后再看。

争吵一如既往地平息了。4月的一封信显示他们比以往更有默契：

现在，你是否足够富有可以买一顶夏天的草帽寄给我？找一位二十至二十五岁的褐色头发的美丽女子试一下，50到70法郎之间，也不一定，你明白的，10法郎也可以。我睡了一个非常漂亮的女孩，她只愿接受一顶夏天的草帽，要淡淡的浅黄色，或者纯白色的。

小仲马想重温与莉迪的爱情，以这段感情为主题写一部小说，他们的爱情几乎就是一部小说。小说只是与《狄安娜·德·利兹》的结局不同：小说中的公爵夫人与情人分手后郁郁而终，这让小仲马很是愉快。根据莉迪曾经发过的誓愿，小说标题为《珍珠夫人》。它将于1853年在新书店[1]出版。

这一年可以说是盛况空前。

1853年3月6日，威尼斯的凤凰剧院为歌剧《茶花女》举行首演，威尔第作曲，歌剧脚本是弗朗西斯科·马里亚·皮亚维（Francesco Maria Piave）根据小说《茶花女》改编的。因为角色分配的失误，尤其是那个可怕的维奥莱塔——范妮·萨尔维尼-多纳特利（Fanny Salvini-Donatelli）扮演，歌剧《茶花女》遭遇了威尼斯公众糟糕的评价，直到在威尼斯的圣贝尔纳多剧院再度上演才取得成功，这次是由玛丽亚·斯佩齐亚（Maria Spezia）扮演维奥莱塔。这一次，歌剧获得了与作品价值相称的评价。[2]这个故事能够恒久流传主要应归功于歌剧的作用，但在当时，这次音乐改编还没有什么反响。

“我从来不反对《茶花女》谱曲后上演。在这一点上，我不认同

1　1853年2月26日呈缴法兰西国家图书馆第一卷、第二卷，5月7日呈缴第三卷。

2　这次成功的歌剧演出是1856年12月6日上演的。

雨果的观点，他声称戏剧作品改编成歌剧就说明这部作品是低劣的。我没有发现《奥赛罗》《哈姆雷特》《浮士德》《罗密欧与朱丽叶》以及《塞维利亚的理发师》被谱曲后就完蛋了。有谁能知道《艾尔那尼》《卢克雷齐娅·波吉亚》《国王取乐》是否会因为改编为歌剧而名声大噪？这话只在我们之间说说。我不但没有反对，甚至没有要求付酬。我后来才收到报酬，是意大利剧院的作者委员会做出的决定”，他后来写信给亨利·德·拉波美拉耶。

1853年，小仲马还将《狄安娜·德·利兹》搬上舞台，改编为一部五幕剧，其中萝丝·谢利（Rose Chéri）扮演狄安娜·德·利兹，拉封丹纳（Lafontaine）和杜普伊（Dupuis）分别出演利兹伯爵和马克西米利安的角色。

体育馆剧院经理蒙蒂尼（Auguste Adolphe Lemoine-Montigny）和妻子萝丝·谢利与审查制度坚韧不拔地进行了长达八个月的斗争，作者由此和这对夫妻建立起牢固的友谊。后来小仲马把这部剧题献给了萝丝·谢利。

4月，小仲马请求父亲的朋友拿破仑亲王介入，解除审查委员会对这部剧的百般阻挠：

殿下：

这是体育馆剧院经理的来信。如果殿下劳神阅读，您会看到官方的审查报告还没有完成。直至目前，蒙蒂尼先生还没有收到任何通知。我的亲王，我必须承认，令我感到惊讶的是，这份报告如罗米约（Romieu）先生所预料的那样遭到一致反对，要知道，这一个月来，剧本一直在审查员手中。每当体育馆剧院经理派人询问结果，他们总是回答，除了一个细节需要与作者讨论，他们绝对不认为剧本有什么问题。其中两位，帕西尼（Pacini）先生和德·梅纳尔（de Meynard）先生甚至通过我们共同的朋友对我表示祝贺，并向我保证他们会帮助调停。然而，似乎发生了什么，我无法理解目前突然的变化。

殿下，如果您能过问，将会消除一个可能的、小小的误会；但如果还有其他原因，有您的保护我也能全身而退。这部作品对我而言非常重要，代表了六个月的严肃工作，我既不想哗众取宠也不想名垂青史，但是有人这样认为。

请殿下原谅我分了您的神，但是请相信——尽管毫无用处——我的感激之情是如此深厚，请接受我最崇高的敬意。

父亲和儿子极少在信中提到他的妹妹玛丽·仲马，她回到住在布鲁塞尔的父亲身边了。不过，我们可以在1853年4月7日的信中看到：

你妹妹一直在等你，只有我清楚这种等待有多么疯狂。

兄妹之间的关系如何？从童年起，亚历山大似乎对这个小他七岁的同父异母妹妹更多的不是依恋而是嫉妒。当他很不幸地住在寄宿学校时，玛丽先在蓝街、随后是利沃里街父亲的公寓长大，享受着伊达·费里耶的爱，而伊达是儿子势不两立的死敌。后来，在大仲马夫妇分居后，她被委托给伊达并跟她到了佛罗伦萨。过了很久，1847年年底，大仲马才把玛丽接回来，把她安置在基督山城堡。在那里，当哥哥满心欢喜地参加城堡短暂的节庆——当时他并没有住在城堡，玛丽却对周围放荡不羁的人群投以鄙夷的目光，拒绝和父亲的情妇们共处，经常赌气地躲进自己的房间。

小仲马也从不会善心泛滥与拉着脸的少女搭话，两个孩子谁也不理谁，也不像大仲马希望的那样相亲相爱，可以在他的信中看出他试图拉近他们的关系，并说服双方相互亲善。事实上，如果说玛丽对哥哥的文学成就印象深刻，对他表达了一定程度的钦佩，哥哥则对行为古怪的妹妹保持距离，对他认为是女人任性的行为不怎么宽容。

1853年夏天，《狄安娜·德·利兹》失去了上演的希望。小仲马带着稿纸和鹅毛笔动身前往圣阿德雷斯，同行的是一群快乐而吵闹的年轻朋友。为了能安静地写作，他住进了阿尔封斯·卡尔（Alphonse Karr）挂牌出售的房子，里面空荡荡的，没有家具。看门人借给他一把椅子，他在自己的膝头写了一篇新作。8月回到巴黎时，前三幕已经写出来了，标题赫然是《私生子》。

所幸《狄安娜·德·利兹》最终逃脱了审查制度的魔爪。

这部戏于1853年11月15日上演，泰奥菲尔·戈蒂耶热情洋溢地称赞这部剧“节奏强烈而明晰，文笔精练，言辞犀利，见解公正新颖”。“小仲马众多的品质中有一点，就是极为罕见的现代性；他写的就是自己的时代，他不屑于像别人那样模仿消失已久的约定俗成的类型。要知道，在把旧式的剧目搬上舞台时，人们并没有意识到它们已不再起任何作用。《狄安娜·德·利兹》是一位今时的女子，无聊、好奇、缺乏家庭感情，并且在不道德的爱情中寻求消遣，这是冷漠的家庭所拒绝给予她的。她既不忏悔也不争吵，她身上没有责任感。这位年轻的诗人必定使用了所有技巧大胆地塑造了这个可爱的角色，使得她可以被接受，成为一个在没有信仰的社会中如此真实和常见的形象。”

结论是：“《狄安娜·德·利兹》将接替《茶花女》在体育馆剧院掀起热潮，从今天开始，小仲马先生已经在戏剧艺术中占据显要的位置。他紧随着父亲的足迹，并且出色地回击了那句俗语：杰出的人生不出同样优秀的后代。”[1]

在这位评论界老手的评论旁，放着刚刚成立的一家报纸《火枪手报》，诺埃尔·帕尔非（Noël Parfait）这样谈及报纸创办的宗旨：“吉拉尔丹收到正式通知暂停出版《我的回忆》。大仲马怒不可遏，[……]他认为创办一家报纸就可以掌握话语权，吓退大大小小的敌人；他不知道从哪里找来一些出资人，创办了《火枪手报》！呵呵，《火枪手报》！……终于！……11月20日，这张报纸出了最后一期，它没有吓到任何人，甚至没有人表现出关注，如果继续出版的话，它将是‘自我’和个性最不可思议的纪念碑！”

11月17日，父亲对儿子说：“帮我写一篇关于玛丽·杜普莱西的

1　见1853年11月23日的《新闻报》。1853年12月3日呈缴法兰西国家图书馆。

文章，要打动人。我会署名或由我的一位朋友署名。我觉得，可以在这期里写写《珍珠夫人》，观众们没有忘记《茶花女》。”

《火枪手报》的报道出自戏剧新手阿尔弗雷德·阿斯利纳（Alfred Asseline）之笔，他是雨果夫人的堂弟：“然而，《狄安娜·德·利兹》是一部［比《茶花女》］更出色的作品，不仅在于戏剧的效果和手段，更重要的是它的文学实践。在我看来，《茶花女》作者取得了新的成就，这已确定无疑，归功于作者在戏剧方面的努力，同时得益于他的个人风格。《狄安娜·德·利兹》是一部值得一读再读的作品，如果它没有经受住考验，那么剧场里就没有持久的作品了，尤其是剧中使用了很多此情此景才能使用的机敏的对话。”

文章的结论毫不意外：“现在，我已经给所有人以公道，哪怕是在服装设计方面。让我紧握您的手，亲爱的亚历山大，并感谢您让我在进入评论界的第一天开始得如此轻松和可爱！”[1]

如果说成功指日可待——虽然还没有达到《茶花女》的程度，但评论和公众有时会对剧本的结局表示困惑。小仲马用如下观点来为自己辩护：“艺术，特别是剧院里的艺术，是否承担着净化劳动阶级道德的责任？［……］真实的激情所引发的情感，无论这种情感的层次如何，当它被动听的语言、优美的动作表达出来，这种情感比长篇大论更有价值［……］它以不同的方式对人施以教化，强迫人们审视自我，让人性深处悸动不已。”[2]

1 见1853年11月21日的《火枪手报》。

2 《半上流社会》序言。

因为父亲的邀请，儿子有时会屈尊为《火枪手报》撰稿[1]，例如写给父亲的公开信《论体力：体育老师鲁先生》，以及发表在戏剧栏目赞扬阿尼赛-布尔热瓦和乔治·桑的两篇文章[2]，两位都是家庭的朋友。

作为回报，父亲从不忘记称颂儿子的作品[3]：

> 你称之为“每日必读”的那本书是什么？
>
> 我现在就需要它。出版它的是哪个傻瓜？[……]如果你手头有，自己带一本来或者给我提供必要信息。

乔治·贝尔（Georges Bell）负责报道《珍珠夫人》，他认为这部小说是“令人钦佩的艺术家所做的研究”。

> 几乎在同时，他还出版了两本更早写成的书，用的是英式开本。我们想谈论的是《小说》和《二十岁的生活》。这些书和《珍珠夫人》一样，有着极适合搬上舞台的场景、叙述和对话。往昔故事的讲述者变得越来越少见，小仲马先生就是其中一位。

1 他为1854年2月20日第92期、2月21日第93期撰稿。除了后面会提到的戏剧评论，他还写了下述文章：《论雕塑与雕塑家：科勒桑日（Clesinger）》（1853年11月29日第10期）、《未发表的诗》（1855年10月26日第335期）、《回忆》《莱茵河的城堡》《比较》（1855年11月11日第350期）。

2 题为《一位女演员的生活》和《弗拉米尼奥》的文章，先后发表于1854年3月25日和11月4日，并收入《幕间休息》的第一部分。

3 参见1854年3月12日第111期乔治·贝尔撰写的《珍珠夫人》文学批评文章。

《故事与小说》包括最早在《世纪报》发表的《一包信函》《鸽子的价格》，还有《银盒》《被绞死的拉皮洛士》《见闻录》和《塞萨丽娜》。[1]

1 由米歇尔·雷维兄弟出版，1853年3月12日呈缴法兰西国家图书馆。《被绞死的皮洛士》和《驼子的三首歌》收入小仲马的《良知》，1852年8月14日呈缴法兰西国家图书馆。1866年12月5日，流动商贩法庭的一份判决词认为，《见闻录》没有任何教益，而《鸽子的价格》和《被绞死的皮洛士》如果从《见闻录》中抽出来是可以售卖的。

第九章 恐鸟[1]之子

当你如此钟情，结婚是无益的，你可以有其他做法。

小仲马

《半上流社会》第四幕第六场

转过年来，他借《火枪手报》参与了戏剧评论，可能是应父亲的要求，因为大仲马想支持老朋友阿尼赛-布尔热瓦。这篇评论与圣马丁门剧院上演的五幕八场话剧《一位女演员的人生》相关。[2]

但六个月后，他自作主张盛赞“妈妈”乔治·桑的喜剧《弗拉米尼奥》。这出剧于1854年10月31日在他的朋友蒙蒂尼的体育馆剧院上演，女主角由萝丝·谢利主演，她是乔治·桑的“狄安

1 恐鸟，意为“令人恐惧的大鸟”，又叫摩亚鸟，草食性动物，食量巨大，体型高大但不能飞行，曾经生活在新西兰，于18世纪末灭绝。据说恐鸟一次只产一枚蛋。——译注

2 参见1854年3月25日第124期《火枪手报》。

娜·德·利兹”。[1]他认为这“应该是乔治·桑女士最成功的一部戏”：“没什么可保留的，她已经明确地创建了一种戏剧，与她本人独特的个性相关，具有双重优点：既可以兴致勃勃地观看，也可以静心地阅读，而且这一点现在已经毫无争议。”

乔治·桑答谢她的“儿子”：

我刚刚读了您迷人的文章，非常好，这是“一个乖儿子”写的，我衷心感谢您。只有艺术家才能写出深刻和慷慨的批评。我发誓，我很高兴您喜欢我的人物，而且您让我爱上了他们。还有，您对我的戏剧的赞颂让我的灵魂深处受到触动，对我来说，这比来自职业评论家的称赞对我的支持更大。我非常爱那些喜爱我作品的人！[……]我也很高兴听到您对勇敢的蒙蒂尼和我们优秀的艺术家们的评价。为他们工作吧！永远不可能有更健康的环境了。

请向您的父亲转达我的友情，我明天会去为他鼓掌欢呼，并请记得“我已经收您为恐鸟之子”。

在结束他关于《弗拉米尼奥》的文章时，小仲马透露了父亲和自己的消息：“这一个礼拜都很好。礼拜二去体育馆剧场看了《弗拉米尼奥》；礼拜六将去奥德翁剧院看《良知》，今天晚上去杂耍剧院看《艾娃》，好几家报纸说我是《艾娃》的父亲，她既不是我的婚生

1 参见1854年11月4日第343期《火枪手报》。

女儿，也不是我的私生女。她已经有两位著名的父亲，这对一个人来说已经非常好了。”

《艾娃》是一部三幕剧，中间安排了埃米尔·蒙若瓦（Émile Montjoie）和雷蒙·戴兰德（Raymond Deslandes）的演唱，由蒙托布利（Montaubry）新近谱曲。小仲马似乎助了作者一臂之力。五幕六场剧《良知》由大仲马根据奥古斯特·威廉·伊夫兰（August Wilhelm Iffland）的戏剧改编。那个时期，父亲离开了“几乎是修士小屋般的办公室”，即《火枪手报》办公室附近的拉菲特街1号的“金房子”。

他和女儿一起搬到了阿姆斯特丹街，女儿很高兴地告别了布鲁塞尔。他以女儿的名义买下一小块土地，是距离的接近让他想到孩子们的未来吗？他要求儿子去意大利人广场27号的公证人奥布里（Aubry）先生家，因为如果父亲一年内去世，他就必须参与到契约中来。

“别担心，我没有病到要死的地步。”他补充道。

在遥远的莱蒙湖岸边，在锡耶，亚历山大·格里高利耶维奇·纳里什金（Alexandre Grigorievitch Naryshkine）亲王于1854年5月26日去世。从这时开始，小仲马和娜迪耶达之间的婚姻成为可能……但这还需要十年的时间，在一个新生命诞生之后才终于达成。

小仲马出版了一本小说《苏菲·潘当》，首先在《法兰西公报》上发表，然后由博德里出版社出版，[1]另一本小说《一次绝交事件》由

1　1853年6月18日呈缴法兰西国家图书馆。

新书店编辑但未出版。[1]他转而开始创作新的剧本《半上流社会》。

此前，他只是根据自传性小说改写剧本。从此，他成为一个直接进行戏剧创作的真正的剧作家。他选择描写他极为熟悉的环境，为此曾长期仔细观察。他在剧本的前言中讲述了《半上流社会》的创作背景：

我见识过半上流社会，这是个巴黎地图中不存在的新区域！［……］我很自豪地将这个新词引入法语，但是，就像哥伦布发现的大陆被以他之后到达的航海家的名字命名一样，“半上流社会”这个词应该被赋予另一个含义。这个词在19世纪含义非常丰富，因为错误或粗心，使用者用来指称我想区别开的这个女性阶层，或者至少把截然不同甚至极为对立的两类人混淆为同一类了。

因此，让我们为未来的词典定义。和想象的不一样，半上流社会的女子与刻板印象中那些吵吵嚷嚷的交际花不一样，她们代表的是失去地位的阶级。［……］实际上，这个阶层有年轻女孩、妻子、母亲，她们的出身都很值得尊敬，完全可以被最好的家庭接纳和宠爱，但是她们却从家庭出走了。她们被真实世界中的男人、女人、孩子们所驱逐，虽然她们还姓着这些人的姓氏。你和我依旧表现出对她们家人最崇高的敬意，心照不宣地从不谈论他们的妻子、女儿或母亲。然而，既然不应

1　1853年10月8日呈缴法兰西国家图书馆。

该太严肃，尤其是我们总想寻开心，这个世界也能被接纳：初次踏入社会迈出错误一步的年轻女孩，与男人同居并改为他的姓氏的女人，家庭的朋友介绍和担保的优雅美丽的外国女人[……]。这个半上流社会存在于合法妻子与卖淫女子之间的地带，这个社会阶层因为公开的丑闻而与正派的妇女分隔开，又因为金钱的缘故与交际花相区别。[……]最后因卖身而被赶走，就如同因为被赠送给他人而遭放逐。[……]对于这些变得自由的妇女，我们没有必要说出她们的姓名，但随时都可以为她们提供帮助。她们属于她们喜欢的人，而不属于她们取悦的人。

当热（d'Ange）男爵夫人是他受自己情妇的启发创造的人物，大仲马在《闲谈》中讲到儿子如何将这位富有的交际花介绍给他：

哈，夫人，您该高兴了！我很荣幸地向您介绍我的父亲，这是我很小的时候遇到的一个大孩子。父亲，我为你介绍安德里亚尼夫人，她出生在那不勒斯海湾的伊斯基亚，目前孀居，有1.2万法郎年金。正如你所见，她的双眸正是角色需要的。

事实上，美貌惊人的安德里亚尼夫人身上特别引人注目的是那双明眸，透过眼睑上精心描画的细眼线，她的眼波更加明亮。

即使从古典意义上讲，这个女人也着实美丽。

脸部的线条是希腊式的，同时洋溢着罗马式的勃勃生机。简直可以说是被拉齐奥的阳光照耀的帕罗斯大理石。[……] 亚历山大把我拉到走廊上问我。

——喏，你觉得怎么样？

——她棒极了！

——举止风度如何？

——在我看来，她像是一位上流社会的夫人。

——如果她是个寡妇呢？

——一个登台演出的二十五岁的女人，怎么说呢，肯定得是个寡妇。

——我觉得她是马赛人。[……] 她的意大利语太好了，好到不像意大利人……

——你一点儿都不喜欢安德里亚尼夫人吗？

——该死，我会当心的！

——那你准备怎么安排她？

——还需要考虑。

——上流社会？

——不，半上流社会，亚历山大答道。

在这部作品中，第一次出现了一个喜欢打抱不平的人物，这个人物滥用引领良知的权力，是无往不胜的英雄。他是作者的化身，捍卫相当传统的道德观：必须阻止一位正人君子和一个女冒险家结婚。为了拦住朋友雷蒙·德·南雅克（Raymond de Nanjac），把这个轻信而天真的情种从当热男爵夫人的情网中解救出来，奥利维耶·德·雅兰（Olivier de Jalin）对男爵夫人步步为营，即使将自己的生命置于危险之中也在所不惜。1855年3月20日，戏剧出乎意料的结局抓住了体育馆剧场的观众，这部戏取得了辉煌的成功。

3月22日，大仲马在《火枪手报》中谈到《半上流社会》获得的巨大成功。“从第一幕开始，先声夺人的开场和一段充满智慧的对话就奠定了戏剧的成功，这成功还在不断扩大，直到雷鸣般的掌声中有人喊出亚历山大·仲马先生的名字。但是，观众为作者喝彩还不够，他们希望看到作者本人，尽管作者进行了顽强的抵抗，他还是被演员们拉到了台前。”

第二天，父亲确认了儿子的成功。他补充说，第二场演出的观众，他们不再需要做判断，而是专心观剧，或许比第一场的观众表现得更加热烈。这次成功轰动一时，迅速传开来，尽人皆知，以至于皇帝和皇后立刻通知剧院，他们要观看今晚的演出。

泰奥菲尔·戈蒂耶在报纸的戏剧专栏表达了近乎慷慨的热情：

> 没有人比小仲马更具有明确的现代意识了，他亲身观察，不愿创作长久以来就已不复存在的人物类型。他大胆、敏感、尖锐，拥有毫不留情的常识，有时却极尽温柔，但他不会让自己被抒情带偏。他的长处在于拥有对生活的实用态度、对人类心灵的深刻理解，他风趣的精神、真实的对话充满来自内心的语言和特质，在这一切之上，则是不可思议的舞台感，早熟的，甚至可以说是狡黠的技巧，以及冒一切风险并赢得一切的才情。[1]

1　参见1855年3月27日的《新闻报》。

看完演出后，乔治·桑回到她在贝里的住所，向“儿子”表示祝贺：

> 这是一部充满技巧、幽默风趣和不乏见解的杰作。这是一次有关戏剧学和生活学的进步，但我更喜欢狄安娜和玛格丽特，因为我喜欢让我流泪的作品。我喜欢悲剧多过喜剧，作为一个女人，我愿意为其中的角色而狂。令我感到遗憾的是，《半上流社会》中的那个女孩最初的设定很好，但她并没有被深入挖掘，而且那个如此真实的忘恩负义之人也是这部剧极吸引人的人物。我知道，在引人注目的茶花女之后，你必须展示“银币的另一面”。艺术需要矛盾冲突，需要对生活进行不偏不倚的研究，所以我这不是批评。我一直认为您是新型剧作家的第一人，用今天的方式创作，就像您的父亲是昨日流派的第一人。

小仲马刚过三十岁。由于《茶花女》的成功，他偿清了所有债务，又因为《半上流社会》的成功过着资产阶级的生活。

“我喜欢金钱，因为它可以给人力量，可以带来便利。我鄙视挥霍浪费的人，憎恨吝啬鬼，无论前者还是后者都不清楚应该如何花钱。我喜欢慷慨和慈悲之人。我认为没有什么比给予获得的享受更多的了。正是出于这个自私的原因，我希望跟罗斯柴尔德整个家族加起来那般富有。我会继续享受生活，并且去改变这个国家许多事情的面貌。”这就是他的信条。

“小仲马的个人生活完全是仲马式的。”[1]

他最初信奉的严格的道德主义态度，似乎与他童年作为私生子所看到的父亲的无序生活场景正好相反，也与他的私生活不符。

他的情妇娜迪耶达是位已婚并有了孩子的家庭主妇。他因为这种不正常的状况而痛苦，他们尽量谨慎行事，甚至躲躲藏藏。他们都有自己的生活，只有夏天能在一起生活，有时在朋友家，最经常的是坐落在圣玛丽亚的“格鲁吉亚式英格兰风格”的吕雄别墅，这栋房子为娜迪耶达·纳里什金娜的母亲所有，到今天仍然被称为纳里什金别墅。

在巴黎，这位严格的道德主义者并不排斥以文学圈中人的姿态出入上流社会。他在巴黎逗留期间，乔治·桑从未忘记邀请他来家中做客或者邀请他参加她会出席的所有晚宴，例如1856年1月8日，她请他不要忘记在11日礼拜五晚六点钟和她一起去拉辛街3号赴晚宴：“您看，我想要去，就这么简单”；1月27日，她写信给埃米尔·德·吉拉尔丹：“您没有告诉我小仲马的消息。我把给他的信寄给您。如果您不希望**他也去**，就把信扔进火里。如果不介意，请投到邮局。”信中说的是一封邀请函，乔治·桑30日将在吉拉尔丹家中举办的《因为您会喜欢》朗诵会上亲自朗诵。

夏天到来，他和往常一样租了一栋度假别墅，那年是在圣阿西兹：

> 4月初，当我产生了去往乡村的念头，我买了一期《启事

1　安德烈·莫洛亚，《三仲马》，第296页。

报》，看了租房专栏，一下子就找到了。我看到这样的信息："位于圣阿西兹、在塞纳河与森林之间的迷人小屋可供出租，距离塞松车站三公里，中午有火车经过。"

他在这里创作了剧本《金钱问题》，题献给他的朋友、画家夏尔·马夏尔（Charles Marchal）。他在序言中留恋地提到在这里度过的夏天：

"我们在那里度过了多么美妙的夏天［……］！你肯定记得，就在那里，你跳到干草垛上，我正在草垛下毫无防备地看书，你砸到了我的头，差点儿把我送到坟墓里……"他继续回忆，"还有那条出现在水花中的鱼，我一枪杀死了它，这条呆头呆脑的鱼总是让我感到惊讶。［……］。我像杀死百灵鸟一样杀死了这条鱼，它直接沉入了水底。我们在两块石头之间看到那条鱼，银色的鱼腹闪闪发光，似乎伸手就能抓住它。清澈的水欺骗了我们，你要抓到死鱼就必然会弄湿衬衣。你把衬衣脱了，这是最起码的，你趴在陡峭的河岸上，让我抓住你的脚，向河水弯下腰去。不可能再有更好的机会回报干草垛的玩笑了；当我看到你大头朝下的时候，我没有抓住你，而是把你推进水里，这可绝对没有脖子上砸下个125磅的朋友那么危险。"

如果说美好的季节里乡村的气氛让人轻狂和无约无束，那么对工作而言就不那么有帮助了。儿子渴望新的成功并为此而努力写作，梦想获得荣耀并寻求"把精神放到创作新作品上来"。他写道。

而父亲正在写一部新的小说：

我儿子在梅伦附近的圣阿西兹乡下。那里有我的一个房间，我决定去那儿写我的小说。我从没见过比亚历山大和我更截然相反的两个人，然而，我们在一起会相处得很好。当然，我们之间曾有段时间离得很远，但我认为没有比在彼此身边更美好的时光了。

他还讲到，当他为一部小说绞尽脑汁时，儿子给他提供了两个角色使他有了另写一本小说的想法：一个神秘的法国上校罗朗·德·蒙特雷兹（Roland de Montrerez）和一位英国绅士约翰（John）爵士。小说标题为《耶户的同伴们》。夏天结束时，父亲的小说和儿子的剧本都将杀青。

儿子的剧本名为《金钱问题》。尽管剧本是在乡村田园中所写，但却是一部城市喜剧，它揭露了发财总是伴随着欺诈行为，并且发财者通常都没有受过良好的教育。剧中还存在一条爱情的主线，这是为了调和矛盾的尖锐性。小仲马的全部艺术就在于这种能够扭转局势的巧妙能力。这部作品再次大获成功。乔治·桑并没有说错，她在1月13日给夏尔–埃德蒙（Charles-Edmond）的信中说她预计小仲马会再度取得巨大的成功："我很开心，我全心全意地爱他。"

几周后，她在一封信中询问出版商阿尔贝·拉克鲁瓦（Albert Lacroix）的感受，并发表了自己对小仲马的评价：

在我看来，这是一位才华横溢的作家，他在剧场里开启了真实地描写社会风俗的全新时代，而且目前来看，这正是他在戏剧上获得的成就。他的戏剧中有一种力量、一种倾向、一种直白、一种坦率迫使公众毫不虚伪和不加掩饰地接受这幅画卷。他还没有完全做到，并且在彻底做到之前还有可能变糟糕。然而，我不希望这样，因为剧本的组织很清晰，而且主旨非常健康。我还没有读完您的书，[1]但我觉得您可能不会提名他。我请您注意他。

《金钱问题》于1857年1月31日首次在体育馆剧院上演。这是他的第一部真正的喜剧。

父亲的老对手古斯塔夫·普朗什（Gustave Planche）对小仲马表示祝贺，称赞他关注了被前辈们忽略的荒诞之事："此前小仲马的欢快气质尚未爆发出来，今天他似乎决定把教益和玩笑结合在一起。"但是，一如既往，毒液潜藏在他长篇文章的最后。他提醒作者，他受欢迎的程度使他冒很大的危险："他的语言不断被重复，好像他是里瓦罗尔[2]一样，而且人们经常把虽然糟糕但被夸张地说成是奇迹的言语归给他。为了抵御溜须拍马，需要相当清醒的意识。小仲马先生是否能抵挡得住这种每天都会出现的危险？他会不会对那些收集他每一句话的人说：如果您对我怀有真诚的友谊，不要在任何时候都鼓掌欢呼，不要对我付出如此多的精力，否则我会以为您是在嘲笑我。[……]《金钱问题》的作者［……］习惯于在公众的关注中

1 《莎士比亚对法国喜剧至今的影响史》，1856年。

2 里瓦罗尔（Rivarol，1753—1801年），法国政论家、新闻记者及讽刺诗人。他在《大人物小年鉴》中以诗文讽刺了所有当代作家。——译注

生活，他需要退隐来进行创作，这将迫使他拒绝欢呼声和殷勤的笑容。他生活的环境里充满了噪音。他艰难地分清自己说过的话和他听到的话。如果他想配得上搞笑诗人的名头，那就要过着双重生活：他要参与到世俗生活中去观察，还要通过沉思来转化自己的回忆。”[1]

1 参见1857年2月15日《两个世界》杂志，第947页。

第十章　《私生子》与《放荡的父亲》

您保留了上帝造您时的模样，真是太好、太可心了！大自然给了您一颗心，那就爱吧！给了您泪水，那就哭泣吧！

小仲马

《放荡的父亲》第二幕第三场

拮据的作家不得不重新开始为生计奔波。冬天结束的时候，父亲希望恢复他们往年一起去打猎的习惯。以前是到莫利昂瓦尔[1]市布拉索瓦农庄的纪尧姆·莫盖（Guillaume Moquet）家，现在则是到勃艮第圣布里的公证人夏尔皮翁（Charpillon）家去猎野猪。

“我们礼拜二刚刚进行了一场大规模的野猪围猎。来吧，你可以在礼拜一下午两点钟动身去欧塞尔。在欧塞尔，会有车来接你，然后我们礼拜三一起回来。”他在2月13日写道。

见面了还是往后拖了？我们不知道。春天，小仲马秘密地与

1　参见《我的野兽的故事》，第三十二章，巴黎，菲布斯出版社，2000年。

夏尔·帕日希斯（Charles Pagesis）和路易·德·尚布莱（Louis de Chambrait）合作了一出杂耍喜剧《你觉得她怎么样?》，这部戏于1857年4月27日在杂耍剧院首演。他只负责审读剧本，相对于他拿到的三分之一的版税来说，还是挺辛苦的。他不承认有过合作，因为他太了解父亲经历的事，非常清楚后果。

5月，大仲马要儿子写一篇悼念缪塞的文章，缪塞于5月2日去世了。这次不是为《火枪手报》而写，这份报纸被他的主办人搁置了很长一段时间，在1856年年初便偃旗息鼓了。长篇文章《阿尔弗雷德·德·缪塞研究》于7月23日至8月26日发表在《基督山报》上。但是署名不是小仲马，而是亚历山大·仲马，也就是父亲。

夏天，小仲马到纳里什金娜的别墅小住，他重拾剧本《私生子》，其中前三幕是四年前在圣阿德莱斯所写。如果看到他在7月17日写给父亲的信，无疑可以感觉到他的心情是喜悦的："我收到了你非常可爱的信，我和朋友费多（Feydeau）都非常愉快，再加上诗集《相见在黄昏》[1]非常成功，这让此时吕雄别墅的一切都非常美好。［……］这里简直无法工作——海水浴、淋浴、山间散步、好胃口和酣眠——就是这样。"

而费多7月31日写信给泰奥菲尔·戈蒂耶："我病了，卧床不起，发烧，有霍乱的症状。是仲马在照顾我。现在我开始勃起了，而仲马惊叹于我每天都能勃起，对我打包票说我已经好了。很有可能。"

1　约瑟夫·克里斯蒂安·弗雷赫尔·冯·泽德利茨（Joseph Christian Freiherr von Zedlitz）的诗《夜巡》，小仲马编译，发表在1857年7月16日的《基督山报》。

8月14日，小仲马被授予荣誉军团骑士勋章，毫无疑问是得益于玛蒂尔德公主的推荐，父亲在暂居佛罗伦萨时与公主成为朋友，于是儿子也成为公主的亲密朋友。他经常造访公主在库尔塞勒街的寓所，公主希望成为艺术的保护者，在礼拜二设晚宴招待圣伯夫（Sainte-Beuve），埃米尔·德·吉拉尔丹，泰奥菲尔·戈蒂耶，埃米尔·奥吉耶，欧仁·吉罗（Eugène Giraud），蓬松·杜泰拉耶（Ponson du Terrail），福楼拜（Flaubert），龚古尔兄弟。大仲马获准为他佩戴十字勋章："如果可能的话，在仪式举行之后，你回来的时候，我会比平常更温柔地拥抱你。"

与父亲不同的是，儿子不会在意勋章的等级；1867年他将被授予帝国军官勋章，1888年获司令官勋章，1894年获第三共和国高级军官勋章。

1858年1月16日《私生子》在体育馆剧院上演。与标题所暗示的相反，除了私生子的性质之外，这部戏并不是自传性质。

在《戏剧全集》的序言中，小仲马声明：

> 我承认这是一部我很偏爱的喜剧，这可能是因为我为它付出不少辛劳。确实，这是我第一次试图探讨一个社会问题并通过舞台来表达，如同一幅充满人性、荒谬和激情的风俗画卷。我希望观众可以通过这部剧稍加思考，我觉得没有比向观众提出私生子问题更有趣、更具戏剧性的了，很久以来这个问题一直萦绕在我的心头。

剧本的情节受到埃米尔·德·吉拉尔丹传记的启发，讲的是一个私生子，他集所有的优点于一身，无论是精神的、肉体的还是智力的，他的母亲虽然贫穷但令人敬佩，他的父亲虽富有却可鄙，后来形势反转，儿子靠着聪明才智变得强大，父亲破产后几乎失去社会地位，靠儿子的帮助才保住了令人称羡的一切。这部剧探讨了涉及私生子的社会偏见以及通过自身的才能在社会中占据一席之地的可能性。

在《基督山报》中，父亲在将他们两人的写作方式进行对比之后（“亚历山大脱离了《茶花女》，而《茶花女》的剧情属于《安洁儿》[1]一脉。他从隶属《梅尔加代》[2]体系的《金钱问题》出发，走到了《私生子》。他在二十七岁时写的东西与《安东尼》相反，但在现实主义剧作中却获得与理想主义的《安东尼》同样的成功。”），对儿子的最新一部作品抱持这样的看法：

> 现在，抛开我做父亲的全部柔情，我敢说《私生子》是非常好的作品，它标志着巨大的进步，不仅反映在一般的艺术中，而且体现了作者的才华。作为戏剧作品，它的逻辑和推理全部无懈可击。
>
> 但让我最开心的是喜剧的部分，幽默不仅存在于话语和细节中，而且存在于情境之中。
>
> 这部剧是亚历山大所作，我说这是二十年来最好的喜剧

1 《安洁儿》，大仲马创作的五幕剧，于1833年12月28日在圣马丁门剧院首演。——译注

2 《梅尔加代》是奥诺雷·德·巴尔扎克（Honoré de Balzac）的一部喜剧，讲述一位名叫梅尔加代的金融家试图从投资者手中骗钱，但却使自己陷入困境。——译注

之一。

并非因为是亚历山大所写，我才说这是最好的。[1]

1月21日，乔治·桑写信给儿子莫里斯：

我感谢你关于体育馆剧院演出情况的介绍。后来，亚历山大也给我写了封短信，告诉我他的巨大成功。我既为善良正直的亚历山大高兴，也为需要营造冬季演出氛围的体育馆剧院感到高兴。

从乔治·桑写给体育馆剧院经理蒙蒂尼的信来看，评论界并非一致：

您告诉我关于我儿子亚历山大最近的成功，我也很高兴。我不知道这是有争议的，我尽可能少阅读评论而使自己开心，但感谢上帝，这一切并没能阻止他和您名利双收。

在这些质疑者中，《世纪报》的夏尔·马塔莱尔·德·费耶讷（Charles Matharel de Fiennes）负责“泼点儿凉水”，因为巨大的成功赋予作者以很大的影响力。“这还远不是一部完美的作品”，他写道，不过他承认“这是一部包含优秀教益和思想的作品，既正确又具有道德感，而且几乎从始至终都洋溢着才华和创意”。

1　参见1858年1月21日的《基督山报》。

6月，父亲突然出发前往俄罗斯，到远方去重振摇摇欲坠的财务状况并满足他对旅行的热爱，他拟定各种计划。其中就有与儿子的合作：

> 旅行的不幸之处在于它刺激了旅行的欲望。那么，构思一部三幕剧吧，我回去之后我们就要交给体育馆剧院——我用我的名义接下来的，我会拿走收入的一半，或者你以你的名义接下来，我会用这笔收入到希腊去旅行。

父亲不是唯一想要跟他合作的人。1859年2月3日将在体育馆剧院首次上演独幕滑稽剧《帽子婚礼》。作品署名为欧仁·维维耶（Eugène Vivier），他是著名的号手，阿尔封斯·卡尔称他为“可笑的吹号手”。主要人物由努玛（Numa）扮演，他擅长扮演愚蠢和呆笨的资产者。剧中的伯努瓦（Benoit）先生以欺诈致富，随时可能被抓进去；一顶被故意落下的帽子揭开了阴谋，贫穷而善良的律师将迎娶伯努瓦先生的女儿阿格莱（Aglaé）。剧终时，伯努瓦以玩世不恭的态度说：“他太诚实了，我女儿不会幸福的。现在我们去休息吧。让，灭掉蜡烛。”隐姓埋名的合作者小仲马将这部滑稽剧归入“别人的剧”。

1859年的艺术沙龙在4月19日开幕，我们可以在路易·布朗热的作品中看到打扮成希卡迪安（Circadien）的大仲马的肖像，大仲马刚从高加索归来，同时，在《1859年沙龙，艺术和当代艺术家》画册中还可以发现小仲马的肖像，[1]父亲持这样的观点：

> 亚历山大的肖像，首先是酷似，因为这个表面极其欢快的人也有梦想或者悲伤的时刻，艺术家捕捉到人物的这个瞬间；所以路易·布朗热用完全不同的手法处理亚历山大的肖像和我的肖像：他不仅理解亚历山大忧郁的性情，而且还了解他严肃的才华和些许的厌世倾向。他让他坐在书房里沉思，眼神迷离，不是迷失在空间里，而是沉浸在思想中。表现手法更平静、更独特、更细腻；这个人物远没有我外露，并没有直白地表现出内心来。[2]

那一年，娜迪耶达卖掉了吕雄的别墅，并在塞纳-马恩省租了巨大的维勒鲁瓦城堡，她和女儿在城堡的两三个房间里过起了隐居生活。与情人的生活绝不是一种平和的幸福。娜迪耶达或者叫娜迪娜患有神经性疾病，而且越来越严重，越来越喜怒无常。小仲马既痴迷又疲惫，在《私生子》[3]的笔记中写道："这些古怪的造物，讲着各种语言，[……] 猎熊，靠糖果维持生命，当面嘲笑所有不能掌控她的男人，[……] 在这种沙哑又悦耳、迷信又怀疑、可爱又凶残的女性气质中，故土的特质不可磨灭，任何分析都不适用。"

1　小仲马的肖像被塞尔日·李普曼（Serge Lippmann）送给维耶科特莱博物馆，最近刚刚修复，父亲的肖像却下落不明。这所博物馆收藏了父亲这幅肖像画的版画复制品。

2　亚历山大·仲马，《1859年沙龙，当代艺术和艺术家》，布尔迪亚有限公司，1859年。

3　"喜剧演员版"，印制了99本。

她后来只离开过一次，为了收取庄园的收入而回了一趟俄罗斯。她死后也被埋葬在这座阴森的城堡。

那年夏天，小仲马在圣瓦雷里昂科租了一栋房子。他发现了这个白垩岩地区，大海不断冲击着白色的悬崖。他极喜欢这里，从此以后，定期来此处度过全部或部分夏季。

在那里，他创作了一部新喜剧《放荡的父亲》，为此他再度借用了自己身世的脉络，但没有用在剧情发展中，而是依据大仲马创作出了一个主要人物。他住的地方，“破败的房子、差劲儿的饭食、乱七八糟的交际圈”，每处住宅都是这个样子；他挥霍无度，养着大群食客，送给交际花们鲜花和珠宝，组织豪华的节日宴会，这正是大仲马式的挥霍。比如与其他饮料相比，主人公更偏爱喝水的特点就来自大仲马。父与子像朋友一样和睦生活的方式也有所体现：

> 我随性而为，将自己的品质和缺陷悉数赠予你。我希望得到你的爱更超过顺从和尊重；我没有教会你节俭，这点没错，但我自己也不会。此外，我没有什么商号和招牌留给你。让我们的心在一起，就像把我们的钱放在一处，献出我们的一切、说出我们的一切，这就是我们的座右铭。[1]

他们为成全彼此而牺牲自我的性情在剧本中得到表现：一个为了另一个而放弃了未婚妻；一个为了拯救另一个而代替他去决斗。正如父子之间转瞬即逝的争吵，或者深刻而稳如磐石的感情，曲折

1 小仲马,《放荡的父亲》，第一幕，第十二场。

的剧情和情节在舞台上再现了他们的生活。

剧中的一个角色戈德弗鲁瓦（Godefroy）夫人总结了父子之间逐渐确立的关系："从他冒险和挥霍的种种疯狂之举来看，您过去是、现在也一直都是他唯一的爱。另外，他也意识到您比他更有理性。他对您有着无限的信任；他甚至有点儿害怕您。"[1]

《放荡的父亲》于1859年11月30日在体育馆剧院首次上演。大仲马在他的包厢里非常显眼，就像他是作者一样，起立鼓掌，四处鞠躬致意。他在当天晚上写道：

> 《放荡的父亲》是亚历山大迄今为止获得的最大成功。
>
> 他的思维从没有闪耀出如此明亮的火花，他的心从未如此宽广。
>
> 从第一个场景到最后一个场景，整个大厅掌声雷动。加上幕间休息很短，当幕布降下时，观众还在为作者鼓掌或呼唤演员的名字，以至于整个晚上掌声从未停止。[……]对亚历山大而言，这是一个美好的夜晚，对我来说只能更加美好。[……]这部作品是，我们不会说是十年以来，而是五十年以来戏剧舞台上出现的最杰出的作品之一。也许不应该由我来说出这个事实。好吧，我不说，我要大声喊出来。[2]

乔治·桑虽然人在诺昂，但她同样欢欣鼓舞：

1 小仲马，《放荡的父亲》，第一幕，第三场。

2 参见1859年12月8日的《基督山报》。

好吧，我有一个好儿子，他刚刚再次取得辉煌的成功，不过他还没有和以前一样写封短信告诉我！这位受荣耀偏爱的年轻人深知，一涉及他，上演就意味着成功。不是出于担心，而是我忍不住想述说我的回忆罢了。我等他对我说，“此时此刻，正是时候！”但是这位先生已经忘记了他的老朋友。罢了！坏孩子！我不会忘记对他说，无论如何，我很开心，我亲吻他，至少我期待书店的第一本样书。[1]

接替泰奥菲尔·戈蒂耶掌管《新闻报》的保罗·德·圣维克多赞叹不已：“剧情的发展具有现实生活般飞快的节奏。它以令人钦佩的坚定和大胆，时而迂回时而转向，在崎岖的道路上驾驭着满载的马车飞越障碍。虽然有时缺乏整体性，但作者的观察散落在闪光的细节中。对话有时像聊天一样简单，有时又像一场激烈的击剑比赛一样紧凑。”[2]

《放荡的父亲》标志着儿子终于和父亲同样鼎鼎大名了。公众开始热衷于比较他们父子，最常见的是更偏向父亲。

达什伯爵夫人讲述了父亲的善良：

我们只能远远地责备大仲马。如果有人带着仇视的情绪和激烈的怨恨来到他身边，一旦面对他善良而风趣的笑容、闪闪发光的眼睛、向您坦诚伸出的手，那么这个人马上就会忘掉不

1 参见1859年12月6日的通信。

2 保罗·德·圣维克多（Paul de Saint-Victor），见1859年12月4日的《新闻报》。

满；过了一会儿，他想起来还要抱怨一二，他不想屈服于这种趋势，甚至为此感到羞耻，这多么像是受到了控制。人们自己就缴械投降了，而且还会在承认之后再抱怨一下。[1]

她对儿子则颇为嘲讽：

小仲马首先是**负责任的人**。他会完成所有责任［……］；在他身上您感受不到大仲马如此热烈的冲动；他表面上看是冷淡的，也许是在第一次激情之火熄灭后，他真的变冷了。他的青春，我会说几乎是他的少年时期，是暴风骤雨式的［……］；他开始成名的那天便开始循规蹈矩了。沐浴着灿烂的阳光，享受着热烈的掌声，他在二十四小时之内就成熟了。现在他是一个通情达理的理性之人，为自己的生活精打细算，从不轻易做任何事情，习惯于分析人和事，保护自己免受诸如鼠疫之类的意外和冲动的侵扰，并让自己戒除哪怕是温柔而令人愉快的各种习惯。

当小仲马在1862年3月抱怨父亲的荒唐时，乔治·桑安慰他："您的父亲因为花掉大量的钱才能拥有大量的财富。［……］他需要没有节制的生活才能不断更新生命的巨大内核。事实上，您无法改变他，您将承担这双重荣耀的重担，您和他两个人的荣耀。您的荣耀之上结满果实，他的荣耀之上挂满荆棘。您还要怎样？他成就了

1　达什伯爵夫人（笔名雅克·雷诺），《当代肖像》，第一卷，巴黎，阿米约出版社，1859年，第17页。

您的伟大才华，他认为不欠您什么了。您想他把才华用在更合乎逻辑的地方，就像您自己在戏剧舞台上频频发声，您把他带到了一条他无法走的道路上。有时候要被迫成为自己父亲的父亲，这确实有点儿艰苦和困难。这需要勇气、理智和一颗宽宏的心。”

父亲和儿子是沙龙里人们竞相争夺的聊天对象。他们炫耀自己的风趣，两人都有才华，但以不同的方式表现出来：大仲马喜欢以第一人称讲述英勇或者滑稽的逸事；小仲马则用风趣的话语抓住听众。龚古尔兄弟在1868年5月20日的《日记》中描述了儿子是多么诙谐：“今晚，在［玛蒂尔德］公主家，我们第一次见识了小仲马的风趣。他极有才情，不顾礼貌地讽刺和批评，一种近似傲慢的坚定，这为他的话语带来好运，这是一种残酷的苦涩……但绝对是有个性的人，敏锐而果断，有穿透力。这位剧作家身上棱角分明的简洁和刻意雕琢，我觉得比他在作品中展现的还要充分。”

“我曾渴望荣耀，这是身边有个名人父亲的结果。他的名望之大让我觉得，如果没有设法活成个人物的话，我会悲伤而死”，他借莫里斯·斯普龙克之口这样说。[1]

在1859年年底，他完满地达到了目标。然而，一趟意大利之旅让他与父亲分离了。

“我下礼拜二要去罗马。我因为写作而头疼欲裂。您有教皇的许可吗？只有如此我才愿意赞美他。”这是他在1859年12月写给乔治·桑的信。

1 《亚历山大·仲马》，《两个世界》杂志，第146卷，1898年。

第十一章　子行父职

那么，尽管自古至今从不乏爱情，还是鲜少幸福的婚姻。究其原因，从科学的角度讲，爱情和婚姻没有任何关联。它们属于两个完全不同的序列。

小仲马

《异乡女人》第二幕第一场

1860年，纳里什金娜怀孕了，到外省暂避。但她还是回到巴黎分娩，在一位著名的医学教授的帮助下生了一个女孩，女孩母亲的身份是编造的，生父不详。

出生证明由第九区区长签发：

公元一八六〇年十一月二十二日，礼拜四，上午十一点钟，签发玛丽·亚历山德丽娜·亨丽埃特（Marie Alexandrine Henriette）的出生证明。我们见到了这个婴儿，确认她的性别为女，本月二十日上午八点钟出生于纽夫德马图兰街72号她的母亲家；她的母亲娜塔莉·勒非布尔（Nathalie Lefébure）依靠年金生活，三十二岁，出生于巴黎，生父未申报。本证明根据夏尔·德维利耶（Charles Devilliers）先生的声明起草，他是医学博士，参与了孩子的分娩，现年四十八岁，居住在巴黎弗布尔普瓦索尼耶大街23号，同时在场的还有让·路易·埃米尔·高利佑（Jean Louis Émile Colliot），商人，现年三十七岁，居住在布朗什街75号，以及亨利·米罗（Henri Mirault），皇家法庭律师，现年四十四岁，居住在弗布尔普瓦索尼耶大街23号，证人签字。

在出生证上，勒非布尔的名字被划去，改成仲马的姓氏。[1]在姓氏的前面，她有三个名字，法律对私生子是这样要求的。

她常用的名字是珂莱特（Colette）。

小仲马因无法承认自己的女儿而感到痛苦，这使他与他所宣扬的原则发生了深刻的矛盾。

在《放荡的父亲》成功之后，自己如在云中的状况和一定程度对写作的抵触使他陷入了抑郁，这种抑郁表现为精神与身体的疾病。如果说他没有完全放弃写作，但他在四年内没有发表任何东西。

根据莫里斯·德雷福斯[2]的说法，他经历了一生中最可怕的危

1 在空白处写道："亚历山大·仲马·达维·德·拉帕耶特里与娜佳·克诺金于公元一八六四年十二月三十一日在讷伊区政府登记结婚，承认此页登记的玛丽·亚历山德丽娜·亨丽埃特为其女儿。本按语由巴黎第九区政府于公元一八六五年一月十七日所写。公元一八六五年一月二十一日，巴黎第八区，f°46 V. 6，收取12法郎30生丁，签名：无法辨识。"其他按语："玛丽·亚历山德丽娜·亨丽埃特·达维·德·拉帕耶特里于公元一八八七年十月十二日与德米特里·阿希尔·马萨（Démétrius Achille Matza）缔结婚姻。按语写于同月二十三日（塞纳瓦兹省马尔利勒鲁瓦区政府）。"

2 莫里斯·德雷福斯（Maurice Dreyfous），《我坚持要说：半个世纪的所见所闻（1862—1872年）》，巴黎，P.奥朗多夫出版社，1912年。

机。因为过度工作，他得了这种奇怪的、人们称之为“忧郁症”的病。他在讷伊大道副168号的一栋别墅里强迫自己独处，他还在附近为母亲租了一套公寓。他放弃了世俗生活，甚至有谣言说他要不已经疯了，要不就是**江郎才尽**了。

他唯一愿意见的是泰奥菲尔·戈蒂耶。他几乎每天都穿着家居服，甚至穿着拖鞋沿着讷伊大道来到隆尚街32号戈蒂耶的家。在客厅里，小仲马掀开钢琴的盖子，用单指弹奏《月光》，等于是宣布：“小仲马来了。”戈蒂耶家的猫咪琪琪特别欢迎他。

好心的泰奥和小仲马之间唯一的分歧就是雨果，戈蒂耶是雨果的拥护者，在客人冒犯雨果时会为雨果辩护，而小仲马更喜欢缪塞。

1860年11月，他写信给乔治·桑：

亲爱的老师，我偶然知道您生病了，现在已康复。我比您病得还要厉害，但我找到了足够的力量来告诉您我对最近的消息感到多么高兴。虽然我生病时您也在病中，我没有权利不告诉您我有多爱您，我是您的学生、您最小的孩子、您的儿子，并且因为您的允许，我还是您的朋友，当然这封信是不需要您回复的。照顾好自己，您的康复将会治愈我和其他许多人，我是个精神出了问题的人，需要来自您的力量。

乔治·桑的女儿对小仲马没有什么好感。12月11日，她写信给母亲：

我替你打听了小仲马先生的健康状况。知情人告诉我他有躁狂症。吕雄的一名医生负责医治他，告诉他脑部有问题，不应该工作也不要见朋友。于是小仲马隐居起来，不见任何人，甚至也不见他的情妇纳里什金娜夫人。有人觉得这种生活方式令人担忧。

大仲马乘坐他的帆船“艾玛号”环绕地中海航行，他在途中遇到了传奇般的加里波第和千人军[1]；在征服了两西西里王国[2]后，加里波第留在了那不勒斯。他把自己的奇亚塔莫纳宫交给大仲马使用。大仲马在那里创办了一份《独立报》，立意根除波旁王朝的杂草。

由于担心儿子的健康，他催促儿子于12月22日到那不勒斯来与他会合，此时小仲马似乎已经恢复了平静：

> 如果你春天来，我们就在索伦托或者卡斯泰拉马雷找一个小别墅——我们可以用每天10法郎的价格租一辆两匹马拉的车，或者每天6法郎租一辆一匹马拉的马车。
>
> 如果有了这些女士的陪伴，你知道我是多么希望如此，那

---

1 朱塞佩·加里波第（Giuseppe Garibaldi，1807—1882年），意大利人，致力于意大利统一运动，是意大利建国三杰之一。1860年4月，巴勒莫起义遭到西西里王国军队的残酷镇压。加里波第决定远征西西里去帮助起义者，在撒丁国王不给他一兵一卒的情况下，招募了1000多名志愿军远征，史称“千人军”。——译注

2 两西西里王国（Regno delle Due Sicilie）是意大利统一之前境内最大的国家，占据整个意大利南部，由历史上的那不勒斯王国和西西里王国组成。王国的首都是那不勒斯。——译注

么你将和在巴黎附近一样，但是有家人，有更多的阳光、纯净的空气，还有大海。

我亲爱的孩子，爱我们并照顾我们的女人一直都是我们最好的医生。

1861年1月，他似乎被父亲的言语打动了——他刚刚给他生了一个妹妹米卡埃拉（Micaëlla），孩子的母亲是“艾玛号”帆船上绰号“海军上将”的艾米莉·科尔蒂耶（Émélie Cordier）。只有乔治·桑试图劝阻他不要去那不勒斯。如果他喜欢阳光，那么到耶尔来找她更明智：

如果我们来照看您，我们会让您康复的，我敢担保；我们会让您为愚蠢的行为大笑，您会感到被爱意包围，您最终会认为我们很可爱。如果您坚持去那不勒斯，请在到达后给我您的消息。

他没有考虑“妈妈”的建议，于12月27日离开巴黎。然后我们在都灵找到他，他住在费德旅馆，随后去了热那亚。1861年2月他给母亲写信描述了他的近况：

我身心俱疲，我的精神和灵魂也是如此，每天都更加晕头涨脑，到了不再说话的地步。有时我甚至相信，即使有一天我想说话也说不出来了，肯定会这样。［……］您想象一下，舞会上有个人竭尽全力，手脚并用，想跟上华尔兹的节奏，他踏错了一步，于是再也找不回节奏。他仍然试图合着音乐踏出每一步，虽然音乐就像刚才一样还在他耳畔回响，可他永远踩不到点上。其他的舞者推他、撞他，把他挤出圈外，他最终找些借口请舞伴原谅，然后独自离开走到角落。这就是我的状况……除此之外，从早到晚我脑子里都在悔恨日子过得如此糟糕。当我读了埃弗拉尔或者马尔加什的信，[1]我看到健康、正直和可信的友情是多么有帮助，我绝望地回想起自己曾经把青春耗费在多么愚蠢、无益、危险的友谊上，把青春、智慧和力量用在多么愚蠢的爱情上……

父亲专程回巴黎带他去那不勒斯，在父亲前往巴黎的途中，小仲马匆匆赶到热那亚，徒劳地希望在这里和他会合。

在那里，我会重新找回感觉，但会是什么感觉［……］，父亲看到自己的儿子患上一种病，这种病他闻所未闻或者即使偶然感染但以他强壮的体魄必会痊愈。姑且不论我将引起的巨大的惊讶和恐慌，我在这艘苦役船上能做些什么？

因为创作上的挫折，父亲于2月9日礼拜四才抵达热那亚，父子

1　在《一个旅行者的信札》中，乔治·桑将朋友米歇尔·德·布尔日（Michel de Bourges）化身为埃弗拉尔（Éverard），将于勒·内罗（Jules Néraud）化身为马尔加什（Malgache），他们都是作家的忠实朋友。

俩将从这里启程前往那不勒斯，儿子会在那里过上几个月。在回那不勒斯的路上，他前往罗马附近的斯蒂利亚诺，这里有可怕的洞穴温泉。“别想着见到一个苍白瘦弱、没有食欲也无法睡眠的病态男人，”他写信给乔治·桑，“唉！我没有那么诗意。我按时吃饭、睡觉，甚至长胖了。我能举起40磅重的东西，我用手腕的力量可以从梯子的背面攀上去。但这具身体越是恢复、越是健康，反而让我更加烦恼。我不知道把它安放在何处。它想去往兽性的那一边，我的理性却想去另一边，而我，这个我——既不是我的身体也不是我的理性，是一种我再不能搞懂的东西，在两种存在之间狂躁不安、东奔西跑，就像夹在争吵的父母之间的孩子一样。需要重新聚合一切，将差异极大的部分联结在一起，让这些不幸分崩离析的官能之间恢复和谐。”

在佛罗伦萨，他向她承认对意大利很失望：

> 我只怨您一件事，那就是赞美意大利并且让我深陷其中，我本来知道作家是些不清楚自己说些什么的人……这是一个下流的国家，只对在昂比谷剧院或圣马丁门剧院的装饰风格有好处……威尼斯是个例外，但是其他地方，西罗科风、发烧、风湿、跳蚤、肮脏，那里的女人丑陋而愚蠢，男人都是懦夫和小偷……

6月底，乔治·桑告诉儿子莫里斯她正在等待两周后小仲马从佛罗伦萨归来；他已经痊愈了，或者几乎已经痊愈了。

7月12日，他到达诺昂，在那里休息了一个月，享受与乔治·桑和她的家人一起的美好生活。他写了一出短剧，给每个人分配一个角色。他建议诺昂的女主人把他的小说《德·维耶梅尔侯爵》改编成剧本。乔治·桑开始跟蒙蒂尼透风："关于《德·梅耶维尔侯爵》，我和亚历山大聊过很多。他觉得这部小说就是一个现成的剧本，而且，既然有他在安排布局方面指点我，我不会拒绝。但您觉得有可能在体育馆剧院上演吗？"

过了几天，她明确地说："亚历山大今天早上给您写了信，清晰地解释了我们对这出戏的看法是多么一致，还有些其他内容。他起草了极为明晰的提纲。我会看着他做，一俟完成，如果有必要，我们将进行润色和讨论。我们相处得极融洽，并且请求您为我们保守秘密。"

小仲马呢，他正开始写一部喜剧和一部小说，他与经常造访诺昂的常客们，当然主要是乔治·桑进行私密的长谈。她让他意识到一个由浪漫情怀滋养长大的女孩在婚礼当晚的噩梦。

他于8月10日离开诺昂前往维耶鲁瓦。轻松愉快的旅行值得提上一笔：

> 昨天七点钟出发，控制情绪，但没有成功。旅途中没有任何插曲，跟车夫聊天。
>
> 在维埃尔宗遇见了德·福德拉（de Foudras）侯爵[1]，这是一个隐居的罗马人。

1 小说家路易·奥古斯特·戴奥多尔（Louis Auguste Théodore，1800—1872年），福德拉侯爵，他开创了新的小说类型：狩猎小说。

在埃唐普，眼里进了沙。

在舒瓦奇，因为一辆拉沙的火车出轨，晚点一小时。

六点半在巴黎一家小餐馆吃了一顿糟糕的晚餐，就像索朗日夫人所说的那样，不知为什么只会和亲密的朋友这样说。

重新上了火车，不过是在斯特拉斯堡火车站。

早上八点四十分到达莫城，找马车。

行李箱放在车厢内，我坐在车夫旁，这样一直到塞纳马恩省，与车夫聊天，和早晨聊的一样。不同的省份，一样的车夫。

抵达城堡。

按门铃和敲门一个小时没人答应。眼里的沙始终没有弄出来。午夜被介绍给陌生人，上了他的马车坐在他的行李中间，到了一个地方，那里有四十四个编号的房间。

在睡了糟糕的一夜之后，我从窗户看到了巨大的花园。

［……］

眼睛里还是有沙，这开始让我不舒服，眼睛红得厉害。

他严格遵守诺昂的韦尔涅（Vergne）医生的疗法。

"我时不时狼狈地重新陷入悲伤中，"他于8月22日写信给乔治·桑，"我希望能够将所有的黑蝴蝶寄给芒素（Manceau），好让他能告诉我这是哪种毛毛虫蜕变而来。［……］除此以外，我收到了父亲的一封信，他也感到气馁。"

8月26日，乔治·桑试图让他振作起来："继续清理吧，这对疗法极有帮助的！淋浴也很好，工作也是，田野也是。如果判断力正常而且内心诚实，那么一切都好。这样，再加上年轻和真正的才华，我们可以克服一切。我很好奇《德·维耶梅尔侯爵》会改成什么样子。一想到不需要我受累挥笔，精髓就会显现出来，或者当有一天我醒来就会看到一块我没有吃过的糖果，我就非常开心。”

9月21日，小仲马回到诺昂，这次是与娜迪耶达和十四岁的奥尔加一起，还有“一个看起来很像纽芬兰犬的大个头马夏尔，他有182磅重，精力极旺盛；可以睡在鸡舍、树上或喷泉上，甚至任何地方”。乔治·桑的通信没有提到住在乡下别墅的傲慢懒散的娜迪耶达，那里的人们生活非常随意。这对伴侣于10月9日离开。

1862年1月，如果我们相信乔治·桑写给蒙蒂尼的这封信，小仲马仍然没有完全摆脱抑郁的状态：

> 亲爱的朋友，关于我们的朋友和他的《德·维耶梅尔侯爵》，我知道的并不比您多。我没有您那么敢于催促和追问他。当他恢复平静时，他会写信给我，当他不再跟我说话时，那是因为他还没有恢复。不时还有悲伤和忧心忡忡的信件。但我认为总体情况已经得到很好的改善，几个月以后，他就会完全康复的。

2月，他想离开他在维耶鲁瓦“休眠”的地方重新搬回巴黎，乔治·桑提醒他：“您的隐居生活才开了个头，很艰难，还没有获得应有的成果，这成果虽然会晚到但肯定会有。然而，如果您感受到回巴黎的欲望，对于精神状况和身体健康来说，这倒不是个坏信号。”

他总是抱怨生活，也怀疑自己：

刚过去的一个礼拜令我非常绝望，因为我无法工作。无论小说还是剧本，一个字都写不出来，所以我答应自己，如果能随心所欲，就扔掉笔墨，让它们统统去见鬼！自从出生以来，我就一直在写作里扑腾，我已经受够了［……］。再说了，无论从形式上还是实质上，我都不是个艺术家，我看得很明白。我善于观察，我表达得也很清楚，仅此而已，但是这中间既没有热情，也没有诗意，更没有狂热。这既讽刺又无情，这些作品最初会令人感觉新鲜、惊讶，然后就会令人厌倦，同时会毁了作者。遭受这些打击之后，我将尝试为自己而活，如果从这第二次生命中能出现一些新东西，一种未知的感觉，一种信仰甚至是幻觉，我都会说出来，否则就什么都不说了。

虽然纳里什金亲王去世了，娜迪耶达可以自由地再婚，但问题不在于此。小仲马对乔治·桑表达了自己的犹豫：

在这第二次生命中，我们经常谈论的那个人会在**名义上**还是**事实上**跟我结合在一起？无所谓。我对她生活的世界还没有认真到挑剔字眼儿的程度。我只希望简单的幸福，不要求更多。

奥尔加现在已经到了结婚年龄，在何去何从的问题上似乎需要考虑她的未来：

还有这个小姑娘，在这一点上，您是绝对有道理的。我们将等到她结婚或者她成熟到可以真诚地决定不结婚的时候[……]。与此同时，妈妈和女儿将定居在布洛涅森林一栋迷人的房子里，有一个美丽的花园，与您儿子的住所相通，但是不显眼。我们会尽可能多见面；但是，我们会在各自的家里，也保住了面子。这件事一旦说定，让上帝和沙皇负责其余的，轮到他们了。

乔治·桑担心他还没有康复："我不知道您是否有亲爱的亚历山大的消息。我没有，所以非常担心"，1862年6月15日，她在写给爱德华·罗德里格斯（Édouard Rodrigues）的信后附上了这句。

另一方面，按照他父亲1862年12月在一封信中的说法，小仲马似乎又开始写作了：

我从你妹妹那里听说你已经完成了一个剧本或者说是一部喜剧——你能不能给我寄一份抄本，以便我在演出前看看。

从7月12日至8月8日，他再度到乔治·桑在诺昂的家附近住了三周，这次小住期间他们曾前往拉沙特尔剧院观看《茶花寡妇》的演出，这部剧是对《茶花女》的戏仿。虽然天气很热，乔治·桑对他保证会很开心。诺昂的所有熟人都冲到加尔吉莱斯，在拉克勒兹的海滨游泳、玩滚木球作乐——这是"小仲马教给乔治·桑的新游戏"。他还写作，会在晚上朗读几页喜剧和他正在创作的小说。这次小住对他颇有好处。为此大仲马对乔治·桑表示感谢："我高兴地看到您对亚历山大的影响。每次从您那离开，他都变得平静而从容，也带上了您的那份宁静。您怎么看待他的状况？您觉得他康复了吗？”

在8月底，乔治·桑的一封信告诉我们他在海边，可能是在科镇，他的一些朋友，有画家、作家、评论家，租用了邻近的房子，他正在写一个剧本（也就是《女性之友》），女主人公是希姆萝丝（Simerose）夫人。与此同时，他艰难地创作小说《克莱芒梭事件》。在10月末的最后几天，乔治·桑问他“工作和所有正在进行的事情”怎么样了。

“我开始像您一样工作：我有一本小说和两个剧本在同时进行。”她补充道。

12月，她写信给布罗（Buloz）：“我相信仲马的小说还没有完成。他总是同时做两三件事，所以进展缓慢。今年夏天他给我读的东西非常严肃、非常棒。如果完成了，他会写信告诉我。我会提醒他曾答应您给您看过之后再给别人。”

大仲马还是待在那不勒斯。1863年1月，儿子建议重新担起父亲经纪人的角色，帮父亲照管业务，特别是他的戏剧事业，就像父亲在布鲁塞尔时自己曾经做过的那样：

“谢谢你珍贵的来信——当然愿意，我真心真意授权你处理我的事务并尽力寻找机会。”随后是一份他所信赖的人的详细名单，包括可以咨询意见的人和可以拜望的合作者，也没有忘记让小仲马帮助他的妹妹，她现在与丈夫分居，隐居在奥特伊的圣母升天修道院。

整整一年，一个个指令接踵而来，都是与2月要合作的编辑或报纸经理有关：

你觉得《巴尔萨莫》能改编成剧本吗？我们一起来吧。你没看过吗？以我的名义接受所有条件［……］。但是有一部剧我们可以一起写，不是《巴尔萨莫》，而是《奥兰普·德·克莱芙》或《天真女》，特别是《奥兰普·德·克莱芙》。

4月，父亲的《马拉纳的唐璜》在圣马丁门剧院重排，由儿子导演。这次成功令父亲欣喜不已：

你告诉我那晚非常美妙，这让我狂喜。我的巴黎现在对你比对我更有意义。

但大多数通信都是在讨论财务状况，比如，6月13日，他要求儿子到《新闻报》的主编亨利·鲁伊（Henri Rouy）家去要他欠的400法郎，其中100法郎交给某个马里诺（Marino）并将其余部分给他的妹妹。

父亲交办的事情太多，也因为没有灵感，小仲马没有改编乔治·桑的小说《德·维耶梅尔侯爵》。

“你问我《德·维耶梅尔侯爵》，应该是仲马来做，而且他已经开始了。他写的第一幕非常精彩，我很遗憾他拒绝继续写下去。他需要时间，因为对他来说，工作中断一段时间之后，以自己的独立作品出现在公众面前比改写其他人的作品更好。这完全正确，所以对他我有全部的耐心，绝不想用这部作品来折磨他。”4月，她这样对奥德翁剧院经理拉鲁纳（La Rounat）解释。

5月，当小仲马向她承认他没有时间进行改编并建议她自己动手时，乔治·桑回答他：

> 您是否认为，有了您的开篇和建议，我就能完成剧本的剩余部分？芒索说我太笨，我很容易就相信他了。[……]我可能不会有你的风趣，但我会把其他东西（情感部分）放置其中，虽然我不太会写剧本，有了您对情节的建议，我就可以写得更好。

乔治·桑邀请小仲马来诺昂躲避“热浪”，小仲马却推迟了前往诺昂。去之前，他先去了德·弗拉奥（de Flahaut）伯爵夫人家的橡树坡城堡，他和埃德蒙·泰克希耶（Edmond Texier）、穆尔热（Murger）、当唐（Dantan）、柯罗（Corot）都是她家晚宴上的常客。

毫无疑问，在橡树坡，小仲马悠闲自在，也忘记了父亲的托付。大仲马在那不勒斯等得不耐烦了：“在你来信说你把我的手稿[《圣菲利斯》的第一卷]带到橡树坡之后，我再没有收到你一个字，杳无音信，踪迹全无。你能理解我有多么绝望吗？”

他9月3日到达诺昂，12日就离开了。泰奥菲尔·戈蒂耶和他一同来的诺昂，不无讽刺地描写诺昂的生活方式：这里就像“摩拉维亚修道院一样好玩！我晚上到的，那里离火车站很远。他们把我的行李箱放在灌木丛里。我走进了一个农场，那里的狗吓得我要命。他们招待我吃晚餐，食物很美味，但菜肴里有太多的野味和鸡。[……]我们十点钟吃早饭。当钟声响起，指针指在十点钟时，所有人都同时坐在桌旁。乔治·桑夫人梦游一样走进来，整个早餐都昏昏欲睡。早餐后，我们去花园散步，玩滚木球，这让她活了过来，她坐下来开始聊天。这个时候，大家通常会聊发音的那些事；比如关于d'ailleurs和meilleur的发音。但是，上流社会聊天的巨大乐趣就是关于屎尿屁的笑话。[……]是的，屎尿屁，这是欢乐的源泉。马夏尔风头最健。不过没有任何与性有关的字眼！如果您敢于暗示的话，我想您会被扔出门外。[……]三点钟，乔治·桑夫人上楼去抄写直到六点钟，接着我们开始吃晚饭”。[1]

10月，即使没能完成这个剧本，乔治·桑还是感谢他对《德·维耶梅尔侯爵》的贡献：

> 您对这出戏所做的努力令主题焕然一新，让人物们在我的头脑里活灵活现。我从您的工作中学到的依旧是最好的，我只是努力插入和突出一些内容。所以如果我能成功，应该归功于您。否则，就是我的错，当然我不会自杀的，我会去写小说。

12月，应乔治·桑的要求，他参加了这个剧本的朗诵会：

> 我可爱的孩子，谢谢，您能听完这个长篇并提出意见真是

1　龚古尔的《日记》中有记载。

太好了。我完全接受您对结尾的批评，至于您最早的反对意见，我会想想，但最后一个意见是非常明确的，这个缺陷也让我感到震惊，现在您告诉了我，那就还有救。

他仍然状态不佳，并且对完成自己的喜剧感到绝望。

“但是这种不适，也就是芒索为您找出的这个神经的毛病是什么？他告诉我您很低落。是《希姆萝丝夫人》让您不愉快吗？”“妈妈”这样问他。“如果我拥有您在剧院舞台上的力量，我嘛，我会欣喜若狂。您是上帝的宠儿，您以一副无聊和鄙视的神情看着您的才华畅行无阻，好像它不是您最好的朋友。”

1864年1月，他完成了剧本，但继续生活在萎靡不振的状态中。

“玛丽告诉我你又病又累，我的好朋友——你累了我不惊讶，分娩是辛苦的，但是你的孩子活下来了。”父亲写信鼓励他。

《德·维耶梅尔侯爵》在奥德翁剧院排演，乔治·桑也专程前来，出现在排练现场。

“仲马每天都会从讷伊大街来看我，十分钟后去体育馆剧院，那里在排练他的剧。”她写信给儿子莫里斯·桑（Maurice Sand）。

2月29日，《德·维耶梅尔侯爵》取得了巨大的成功，几天后，3月5日，《女性之友》反应平平。

“我今晚去看了亚历山大的《女性之友》的首演，伤心地回来了。演出失败了。这部作品很有魅力，充满机智、技巧、原创性，但缺乏一点儿勇气，至少是缺乏厚道。公众误解了某些笑点，可能有些意外被安排得太巧妙了。没有人吹口哨，而是低声议论。尽管如此，演出依旧充满了小仲马式的智慧，大厅坐满了对他抱有热情的观众。但第四幕之后已经出现不满情绪，第五幕虽然被接受，却没有掀起热潮。呼唤演员谢幕的声音稀稀拉拉，掌声也非常短促。朋友们没有热烈地议论。我的手拍肿了也没起多大作用。”乔治·桑告诉自己的孩子们。

一些批评文章横加指责，比如《当代》杂志的阿纳托尔·克拉沃（Anatole Claveau）谴责这部剧是“一个才子犯下的错误。喜剧，一点儿没有；风格，不多；快乐，只是不阴暗罢了；装腔作势，很多；不可能的世界，不可能的角色，特别是成问题的讲究与造作，还有一种不健康的生理躁狂，奇异的想法混合着荒谬的笑话，简而言之，没什么才华，显然作者已经用光了所有存货；在这些长期积存的零钱中，有很多10生丁，甚至是假币。是的，才思枯竭，疯狂地抖机灵，巨大的空虚，可怕的无聊，这就是《女性之友》”。

首演后的第二天，好心的乔治·桑试图抚慰他血淋淋的伤口：

> 您的剧本很好。它所引发的争论都不是冲着您的才华去的，不过是每个人都想发表自己的观点。可能只是因为您没有过多强调您的观点，这是一个细节问题，然而首要的是必须摆脱修改作品的疲劳和无聊。

几天之后，《国民报》的一位评论家将《德·维耶梅尔侯爵》与《女性之友》相提并论，以便更好地吹捧前者而贬低后者。乔治·桑不能放过针对“儿子”的恶意争吵：

我相信，就像所有艺术一样，戏剧必须致力于提高思想和情感的水平，但它也有责任纠正社会风俗。[……]所以有两种途径，一种是呈现恶，这是为了抨击和丑化，另一种是彰显应有的善。我们每个人都本能地具有现实的或理想主义的倾向，但我们所有人在内心深处都在为同样的事业服务。[……]

当您指责《半上流社会》的作者满足于呈现恶，您对这位作家的判断是错误的，因为他在表面上有多么玩世不恭，他的内心深处就有多么严肃。

这部剧在体育馆剧院的上座率不理想。演出四十场之后，它的海报被撤了下来。

在《戏剧全集》的序言中，小仲马分析了失败的原因：

这部喜剧的首场演出并不成功，随后的四十天，它在一片惊诧、沉默、尴尬和有时是观众的抗议声中挣扎。甚至有一天晚上，乐池里的一位观众，比别人更易怒或者烦躁，总之更震惊，在第四幕雅娜的独白之后站起来大喊："这太恶心了！"[……]对于大多数人而言……我已经陷入了错误的深渊。写完伤风败俗的剧作之后，我竟到了写下流作品的地步。[……]没有伤风败俗的剧本，没有下流的剧本，没有让人恶心的剧本，只有写得不好的剧本，而《女性之友》在某种程度上是个糟糕的作品。它缺乏匀称、平衡，尤其是不够清晰。作者不懂得如何在受到攻击后立即下决断。他想说的话没有说出来。情节其内，理论其外，这是剧本的首要缺陷。已经有一段时间了，我的精神专注于生理学研究，我很高兴地揭示事件的诸种原因，如同通过表盘标记时间的机械装置。我作为戏剧作家的错误就在于此，但在实现过程中存在更多的错误。如果观众接受剧本的内容，他们就会原谅我以及其他许多人的错误。[……] 在今天为读者提供的新的版本中，我已经尽力改正了错误。

因为《圣菲利斯》的成功，父亲彻底离开了那不勒斯，重返巴黎。父亲会给他带来安慰吗？他重返舞台获得的是雷鸣般的欢呼。他一下船就带着儿子来到戈蒂耶家，因为他实在等不及第二天才能见到老朋友。已经是晚上十一点钟了，门铃声响起时，透过窗户可以看见穿着睡衣的一家人。

“我们都上床了！”一个声音喊道。

“好吧，那你们都必须起床！”大仲马扯着大嗓门命令道，“真是懒人！如你们所见，我从那不勒斯回来了，我睡觉了吗？来吧，起床！”

“你从那不勒斯回来开始发号施令的那一刻起，就没有什么好反驳的了。”

每个人都匆匆穿好衣服。在临时点起蜡烛的客厅里，戈蒂耶和大仲马听任感情奔放四溢，很快这种欢乐感染了儿子，以至于早上四点钟，戈蒂耶不得不把两位仲马赶出家门。

父亲来到儿子家，问他：

“亚历克斯，你能告诉我哪儿有盏灯吗？”

“为什么要一盏灯?”

“点灯我好开始工作。”[1]

4月，儿子穿越地中海，十八年后再度来到阿尔及尔。

“您这个月去阿尔及尔正合适。莫里斯说现在正是好天气，乡村也是最美的季节，我想知道您的旅程是否顺利，希望不是太无聊。您在阿尔及尔必须离开舞台休息，再把那里的阳光带回剧院来。”乔治·桑向他推荐。

在《1864年画展》这幅画中，画家埃德蒙·阿布（Edmond About）站在《圣母和耶稣基督的连祷》前，在这幅画中，父亲被画成圣托马斯·阿奎那（Thomas d’Aquin），儿子则被画成圣科伦班（Colomban）。埃德蒙·阿布虚拟了与小仲马的对话：

> 您从阿尔及尔回来了！您对旅行满意吗？如果我的读者想知道为什么大仲马和小仲马出现在这幅表现教会圣徒的非凡画作中，我会回答说有点儿神秘的艺术家叫作玛丽-亚历山大·仲马。
>
> 在父亲创作《圣菲利斯》、哥哥负责《女性之友》的排练时，她画了这些连祷画。

当小说《克莱芒梭事件》遇到困难时，这位被封圣的哥哥却真的需要神灵的帮助。

---

1 参见莫里斯·德雷福斯，《我坚持要说：半个世纪的所见所闻（1862—1872年）》。

7月，他还待在科镇，在芒什海峡清凉的海水中畅游。他是一个游泳健将，他游泳的传奇故事已经在朋友之间流传开来。

秋天回到巴黎以后，他去拜访住在帕莱索的乔治·桑，乔治·桑为他准备了一个房间，“如果您哪天晚上错过了火车，那么您就不用住在本地的旅店了”。

11月的某个礼拜三，14日或者21日，在埃米尔·德·吉拉尔丹家，一个小小的委员会受邀参加晚宴，小仲马是成员之一。在晚宴之后，受《新闻报》能干的经理委托，委员会成员朗读了一部三幕剧，作品题为《妻子的痛苦》，“标题也许应该改成《宾客们的痛苦》”，邀请函中这样说。第一幕，“从应该结束的地方开始而且结束得很糟糕”，一片静默；第二幕之后，吉拉尔丹问小仲马，他回答：“我等等。”第三幕之后，委员会放弃了，没有给出结论，吉拉尔丹对小仲马说指望他来“找出一个解决办法”。

第二天早上，小仲马在吉拉尔丹家向他保证，他绝对会为《妻子的痛苦》做些什么。应吉拉尔丹的要求，他说他已准备好担负起这项使命。第二天，他收到了打印的手稿，他徒劳地删减、注释。剧本“过于混乱、太紧凑、太密集”了：还不如写一个新的。

两天后，他把第一幕的开始部分读给吉拉尔丹，吉拉尔丹认为很好，要求他的合作者继续工作，答应给他一半版税。由于小仲马与体育馆剧院签订了独家合同，而吉拉尔丹已经答应把剧本交给法兰西喜剧院，所以双方同意后者将单独署名。小仲马情绪高昂，实际上他完全重写了这个剧本，只保留了剧情的线索。

我刚从《女性之友》获得的教训中走出来，人们指责我过多关注生理问题。我告诉自己，戏剧必然要靠兴趣、事实、剧情、运动和变化来维持。[……]我答应自己要改变自己的方式。

八天后，12月2日或3日，小仲马把自己改写的剧本手稿寄给吉拉尔丹，说“观众肯定要上头了”。

“这已经不是我的剧本了。”吉拉尔丹对他说。

“我不知道它是什么，”小仲马回答，“但这就是它应该有的样子。您可以在空白处写下意见。”

在吉拉尔丹初稿的基础上，他徒劳地尝试融合“您与我”，他只能保留其中一些琐碎之处。吉拉尔丹的86页减少到48页，这正是成功的关键。手稿被送到法兰西喜剧院的经理埃德瓦尔·提耶里（Édouard Thierry），他认为这次能够取得成功。

朗读时间定于12月14日，但是吉拉尔丹把他认为旧文本中能用的内容都放回到剧本中，特别是大段的心理分析：剧本只是因为多数意见才获得通过。

小仲马的第一次合作让父亲恼火地回想起自己某些合作导致的论战，父亲断言：“合作者不会向前推进，他们只会向后拽。”[1]

12月末，剧本上演准备就绪，剧的标题变为《丈夫的痛苦》。

事实上，小仲马已经决定与娜迪耶达结婚，他对亚历山大·毕

1 《情谊，合作者与誊抄人》，见1837年1月22日的《新闻报》。

克肖（Alexandre Bixio）说："我月底要结婚了。[……] 她是位孀居的贵妇，被称为纳里什金娜夫人。[……] 婚事早已谈妥，但对戏剧作家而言，生活似乎就像戏剧一样，充满障碍和迂回 [……]。我会公开举行婚礼，我会宣读道德誓言。"

他还通知了乔治·桑：

亲爱的妈妈，我几天后就要结婚了。一个小时之前刚刚做出最后的决定，我立即就告诉了您。我不征求您的同意，我知道您会接受的。但作为顺从和尊敬您的儿子，我在告诉其他人之前先告诉您这个消息……

她马上回应：

当孩子们结婚时，家长至少送给他们一口锅。我觉得您的炉灶上已经有锅了，所以我送去一只花盆。做花盆的是位活泼的艺术家，具有卓越的才华和品味，而且从不做两件一模一样的作品。所以它是一件独一无二的作品，这就是它最大的价值……

婚礼于1864年12月31日在讷伊市政厅举行。

公元一八六四年十二月三十一日晚五点钟。

由市长、塞纳河畔讷伊市的公民户籍官纳尔西斯·德兹雷·昂塞尔（Narcisse Désiré Ancelle）主持。

亚历山大·仲马·达维·德·拉帕耶特里，作家，住在讷伊市讷伊大街副168号，公元一八二四年七月二十七日出生于巴黎第二区，其父为亚历山大·仲马·达维·德·拉帕耶特里，作家，现住在塞纳瓦兹省的圣格拉丹，出席并同意这桩婚姻，其母为玛丽·卡特琳娜·拉贝，靠年金生活，现住在巴黎必佳乐大街，出席并同意这桩婚姻。

娜佳[1]·克诺金（Nadja Knorring），靠年金生活，居住在讷伊市讷伊大街36号，寡妇，其夫亚历山大·德·纳里什金，曾任萨瓦公国托农地区的法官，于公元一八五四年五月二十六日在锡耶镇辞世；本人成年，公元一八二六年十一月十九日出生于莫斯科（俄罗斯），父母为让·克诺金（Jean Knorring）和奥尔加·贝克莱科夫（Olga Beklechoff），均已在莫斯科去世，父亲去世于公元一八五四年十二月八日，母亲去世于公元一八六一年一月八日。

本人当场宣誓长辈均已死亡，但不清楚长辈死亡的地点和最后的居所，后面提到的四名证人宣誓证实这一点。

证人要求我们为他们举行仪式，结婚公告已印好，于十二月十八日礼拜日至二十五日在市政府公示，完全遵守法律，无人表示异议。当场宣读了新婚夫妻的出生证书、纳里什金先生的死亡证书和新娘父母的死亡证书，所有这些证书的合法性都

1 娜迪耶达的昵称。

得到确认，对于那些有疑问的文件——新娘的出生证明和其父母的死亡证书都是用俄语写成，由宣过誓的梅耶（Meyer）先生翻译为法文，与俄文原件一起画押附在本证书后。当时我们还宣读了结婚公告以及《拿破仑法典》第六章有关婚姻的条款，随后宣布此次婚姻适用公元一八五〇年七月十日颁布的法律，新婚夫妇宣布，本月二十六日他们由巴黎的马雄（Massion）夫人公证缔结了婚姻合约，故呈上合约证书，随后新婚夫妇对我们宣布承认公元一八六〇年十一月二十二日所生的孩子，这个孩子在巴黎第九区政府做了出生登记，名为玛丽·亚历山德丽娜·亨丽埃特，当时声称是娜塔莉·勒非布尔于当月二十日所生，母亲的名字只是个假名。我们询问新婚夫妇，他们是否愿意结为夫妻，他们双方分别做出肯定的答复，我们以法律的名义宣布亚历山大·达维·德·拉帕耶特里和娜佳·克诺金为合法夫妻。

本证书为公开订立，并且有双方证人在场，丈夫方面有夏尔·纪尧姆·尚德里耶（Charles Guillaume Chandellier），五十三岁，画家，住在巴黎的贵妇街24号，朋友米歇尔·亨利·拉瓦（Michel Henri Lavoix），四十四岁，帝国图书馆助理副主任，荣誉军团骑士，住在巴黎科尔贝街12号。妻子方面，夏尔·德维利耶，五十二岁，医学博士，荣誉军团骑士，现居住在巴黎弗布尔普瓦索尼耶大街23号，克洛德·亨利·米罗（Claude Henri Mirault），律师，四十七岁，住址相同，两位证人是朋友。

朗读结束，双方及其证人与我们一起签字。[1]

从现在开始，小仲马正式开始了婚姻生活。乔治·桑建议莫里斯去拜访这对新人，并且告诉他为了遮掩珂莱特的出身而编的故事。

目前小仲马住在他妻子在讷伊大街36号的家里。你可以和珂珂特（Cocote）［莫里斯的妻子丽娜·卡拉马塔（Lina Calamatta）］一起过去，一次拜访不一定能与女主人亲密无间，因为她谈吐完美，并不是主动的人，而且时间安排非常严格。如果他们给你们引见珂莱特，不要忘记她是亚历山大从某位N夫人处收养的女儿。这样说是因为大家认为姐姐奥尔加什么都不知道。这一切都很可笑，但亚历山大是如此正直和忠诚于友谊，不要评判他或者他的妻子。

在写给小仲马的每封信中，乔治·桑都不会忘记用一句友好的话语问候“仲马夫人”，但其他人不是这样的，因为“大多数情况下，许多亚历山大的朋友都对她很冷淡”。

后面她还写道：“告诉仲马夫人，我喜欢珂莱特。在马车里，珂莱特坐在你们的膝上，没有人提醒，她也会用德语祈祷，然后睡了过去；从灯火通明的、喧闹的晚宴出来，能够立即恢复冷静，实在

---

1 在空白处记录：于一千八百九十一年六月二十五日在讷伊登记，f° 83 Case 9，收3法郎75生丁，签字人：E.德尔玛（E. Delmas）/补充人/区长/于勒·克洛盖（Jules Cloquet）。

令人惊讶。这个孩子欢快、活泼，不喜欢吵嚷、尖叫，从不鲁莽，既不尖刻也不神经质。”

如果说小仲马从此开始尊重世俗的眼光并表现出宁静的一面，后来他是这样评论自己的婚姻的：

> 二十八年前，当我错误地承担起自己的责任时，几乎付出了生命的代价，而且还搭上了我的理性。但最终我意识到自己要投身于某项事业，我信仰工作、信仰荣耀。

很久以来，他就明白不存在幸福的婚姻并且不断创作此类剧本，除非能找到一个罕见的女性典范，既正直又快乐，能完全献身于她的丈夫；他也很早就知道，甚至一直都知道，娜迪耶达不是这样的女人。

法兰西喜剧院在审查《妻子的痛苦》时，组织了一场朗读，参加的有经理、演员雷尼耶·德·拉布里埃尔（Régnier de La Brière）、法兰西喜剧院的经理埃德瓦尔·提耶里，两份手稿分别交给他们，一份是委员会读过的，另一份是小仲马的手稿。“读我的第三幕是没用的；我绝对接受小仲马的版本”，吉拉尔丹宣布。在合作者缺席的情况下，他参与了最初的排练，随后让位给小仲马。小仲马对结果很满意，邀请吉拉尔丹最后来听听这出戏。吉拉尔丹的判断也是不容置疑的：“如果我能为这出戏做主，我会撤回剧本；我觉得它令人憎恶”，他对提耶里说。小仲马不再踏足排练场。吉拉尔丹告诉导演他拒绝在一出不是他写的剧本上署名。在总彩排时，作者们面对面而互不交谈。1865年4月25日，首场演出取得了巨大的成功，但小仲马没有出席。“《妻子的痛苦》礼拜六在法兰西喜剧院上演，受到热烈的、一致的、自发的欢迎。这里的三个形容词不是为了句子的对称：这三个词是一部作品在剧院所能产生的高潮的巅峰，这部剧达到了。”[1]

几天后，小仲马得知吉拉尔丹已将该剧的手稿卖给了米歇尔·雷维；他委托执达员告知出版商他拥有共同版权；雷维代表吉拉尔丹拿出转让价格的一半。只是吉拉尔丹蛮横地在剧本前加了一篇序言，有大约50页尖刻的文字，比如“分寸和典雅的风格只因为缺席而闪光，而怨恨和被激怒的文学自尊心以及敏感的自我在字里行间爆发”[2]。在米歇尔·雷维出版的一个小册子里，被攻击者变身为攻击者：《〈妻子的痛苦〉的故事：回答埃米尔·德·吉拉尔丹先生》。[3]

8月12日在杂耍剧院上演了还是这位吉拉尔丹的《两姐妹》，他坚定地宣称这部戏才是戏剧艺术。

> 全场充斥着欢呼声和叫喊声，掌声与低语交织，一边是友好的观众，另一边是敌对的观众；戏剧大胆而真实的力量掀起强烈的恶意、情感的巨浪，呼唤作者名字的声音夹杂在难以理解的骚动中，《两姐妹》的首演就是这般热烈如狂风暴雨。总之，吉拉尔丹先生应该对这个有争议的夜晚感到高兴。

---

1 亨利·罗什弗尔（Henri Rochefort），见1865年5月2日的《费加罗报》。

2 阿尔杜尔·阿尔诺（Arthur Arnold），《现代》杂志，《妻子的痛苦》，1865年5月27日呈缴法兰西国家图书馆。

3 1865年6月3日呈缴法兰西国家图书馆；第四版于9月30日呈缴。

《新闻报》强势的老板保罗·德·圣维克多至少可以对他的戏剧专栏作家感到满意，因为事实上《两姐妹》是一个彻头彻尾的失败，无论《新闻报》上题为《两篇序言的斗争》写了什么，这都是作者本人所写的充满过度赞美的一篇促销文章[1]——两篇序言是指吉拉尔丹的《妻子的痛苦》的序言和小仲马的《〈妻子的痛苦〉的故事：回答埃米尔·德·吉拉尔丹先生》。第二天，小仲马的朋友弗朗西斯科·萨尔塞（Francisque Sarcey）的《民众舆论报》没忘记对《两姐妹》这部剧和作者开火。文章在提到《妻子的痛苦》的始末时，“理性地”喝倒彩：

> 我们都读过、比较过、对照过所有的手稿，也包括《新闻报》经理从不想提及的第三份手稿，他现在也还是不提。
>
> 我们都知道，这第三份手稿，吉拉尔丹先生的真实手稿，里面没有任何一句话、一个词出现在现在这部正在欧洲巡演的剧中。[2]

吉拉尔丹抓住了这篇文章，指责当时正在意大利旅行的小仲马指挥了一场阴谋。

> 我根本不担心这桩公案，我全身心地呼唤它的到来；然后我们会看到小仲马先生对《妻子的痛苦》的作者的立场。此外，

1　见1865年8月17日的《新闻报》。

2　见1865年8月16日和17日的《民众舆论报》。

他并不是第一次这样宣称自己的作者身份，我就不一一细数了。所有认识他的人都听到他要求《德·维耶梅尔侯爵》的作者身份，并在《女性之友》失败后再次提出这个不谨慎的要求："这很奇怪！我在自己的名字下失败，却以其他人的名义成功。"我们知道《女性之友》和《德·维耶梅尔侯爵》相隔几天上演。小仲马无法抚慰自己最近一次失败：但这是《德·梅耶维尔侯爵》的作者和《妻子的痛苦》的作者的错吗？[1]

1865年8月20日，乔治·桑恼火地写道："我很担心《新闻报》的一篇文章，有人想借我挑战您。这是什么原因引起的？您想让我如何回答？我不希望任何人利用我来对付您。或者回答或者前来。"

毫无疑问，此时她的伴侣芒索的死亡使这一事件得以快刀斩乱麻。在接下来的几个月里，小仲马围着他的老朋友转，巩固和加强了他们彼此强烈的依恋，正如他对朋友亨利·里维埃尔所说："如果最近这些日子我不是在照顾悲伤的乔治·桑夫人，我早就回复您了。她失去了十五年来的同伴和管家芒索。他经历了四个月最痛苦的折磨之后，在帕莱索一所他们曾经住在一起的小房子里死去。[……]三天前我们安葬了他，同时试图分散还活着的人的注意力[……]。"

10月，乔治·桑终于可以观看《妻子的痛苦》了，把好种子（小仲马）从稗子（吉拉尔丹）里挑了出来：

1 见1865年8月19日的《新闻报》。

这是技巧和趣味的杰作。我哭得很厉害。我不喜欢这个剧本，吉拉尔丹的一切想法都让我受伤。但是您从中抽取出来的部分很精彩。

两人之间的战争重新开始，直到作者委员会于9月15日为小仲马清洗了名誉。

《妻子的痛苦》不会收入他的《戏剧全集》中。

即使有这几个月的纷扰，小仲马仍然继续替父亲解决财务纠纷。8月底，父亲从维耶科特莱给他发来指令，他回到那里是希望能够找寻旧时光里的故乡：

剩下的都可以减半，甚至减到四分之三。

有了这15万法郎现金，包括勒弗朗索瓦（Lefrançois）和拉法埃尔（Raphaël）在内，我们可以继续下去。20万法郎就超过杜瓦延（Doyen）和其他人了。

把从雷维那里得来的3.3万法郎收入放在一边，1.2万法郎是另一个剧院的，如果不计算我将要放弃的畅销作品，4.5万法郎，这是五年欠的总数。[……]认真对待这件事：它关系到我能否安静度过余生。

可怜的维耶科特莱！在那儿，所有我这个年龄的人都死了。这个地方看起来就像一张已经失去四分之三牙齿的嘴巴。

告诉珂莱特小姐，带走盒子的绅士亲吻她的两颊。

第十二章　充当父亲的父亲

既不要高估金钱，也不要低估它：它是个好仆人，却是个坏主人。

小仲马

《茶花女》致读者

1865年10月，父亲在一封充满骄傲和幽默的信中要求与儿子合作：

亲爱的大师，经过三十年的斗争，我有胜利和失败，有落魄和成功，我终于认为自己如果不是一位显赫的名人，至少也享有高产小说家的声誉。昨天，我收到一封来自格恩西岛的充满鼓励的贺信。我荣幸地加入了作家协会和戏剧家协会。以下是我得以加入第一个协会的微末篇目。小说：《基督山伯爵》《三个火枪手》《阿芒达骑士》《约瑟夫·巴尔萨莫》《蒙梭罗夫人》，另外还有一百多部。我加入第二个协会的作品：《亨利三世和他的宫廷》《安东尼》《路易十五时代的一桩婚事》《奥瑞斯忒亚》《寡妇的丈夫》《理查德·达灵顿》《基恩》《特蕾莎》和其他百来部作品。

现在，亲爱的大师，我希望能荣幸地与您一起写一部五幕剧，我会在下次见面时跟您聊聊。我觉得，这部剧符合当下的潮流。您会接受吗？

1865年11月6日在夏特莱剧院上演了一部五幕剧《三强人》。它改编自小仲马的同名小说，名义上由历史剧院前导演、夏特莱剧院现任经理伊波利特·奥斯坦（Hippolyte Hostein）执导。不言而喻，小仲马亲自操刀改编了剧本。

“奥斯坦先生认为有必要改变小仲马先生的小说《三强人》的开篇。他没有让刺客被黄热病击倒，而是让他被一个黑女人拉法热（Lafarge）用鼠药毒死，以报复他的遗弃。这个强人料不到被遗弃在椰子树下的黑女人所包藏的复仇之心，这让人怀疑他有着孩子般的天真。”于勒·克拉尔蒂开玩笑地说起彩排时的一件逸事：

一辆车在沙特莱剧院前将乔治·桑女士和小仲马先生放下。［……］他们进了包厢。

《三强人》开演了。

演出了第一幕，第二幕。

突然，舞台监督惊慌地出现了。［……］

玛丽·哥伦比耶（Marie Colombier）小姐不在她的化妆间里。

[并且不会回来了，为了观看维克托里安·萨尔都（Victorien Sardou）的《贝努瓦通家族》的首演而不顾一切。]

您看到了，乔治·桑不得不寄希望于哥伦比耶小姐的善意，最后乔治·桑和亚历山大只好离开。[1]

乔治·桑于11月8日再次来到沙特莱：

我昨天在空荡荡的大厅里观看小仲马的《三强人》。据说，这部失败的剧赚不到钱。然而，这是一部被他彻底改写了的优秀剧本，充满了趣味和原创，而且所有演员都演得非常好，特别是德里约[2]（Desrieux），我从来没有见过像他这样有天赋的人。但最后一幕，对叛徒的惩罚安排得非常糟糕，丑陋的布景，照明不足，结束得太快，导演想法混乱，以至于孩子们没有得到他们喜欢的谢幕欢呼，那些细微的地方也没有表现出来。然后，对于那些总是期待《美杜莎》失败，或者怀有类似情感的公众来说，其他几幕写得又过于好了。

11月23日，《费加罗报》宣布这出剧已经撤演。跟《妻子的痛苦》一样，它没有被收入《戏剧全集》。

---

1 见1865年11月12日的《费加罗报》。

2 莫里斯·贝尼特（Maurice Benite，1830—1876年）就是德里约，隶属于体育馆剧院、圣马丁门剧院，是玛丽·洛朗（Marie Laurent）的第二任丈夫。

《三强人》的弱势表现只能让小仲马更加拒绝合作重写剧本。12月，他向乔治·桑解释道：

> 亲爱的妈妈：
>
> 我绝对会听从您本人的差遣，但我不能以这些先生的作品为基础完成任何有效的工作。拼贴组合不是我的方式，我会很笨拙，除此之外我既不能也不想进行合作。由衷地说，我的时间，我的建议，我对导演的鼓励，在场边的观察，一旦这些工作完成，这一切最后都留在这个行业而不是留在文学领域，尤其是没有任何报偿。就是这样。

当然，这个态度既不涉及父亲也不会影响他的“妈妈”；但它说明小仲马收到了大量的合作请求，他成为作家群体中被瞄准的目标。这样，因为《妻子的痛苦》的教训，他拒绝了阿尔班·瓦拉布莱格（Albin Valabrègue）修饰和润色剧情的请求：

> 有个年轻人和您一样寄过一份手稿给我。有一天，他又来求我，我收到他的手稿有三个月了。他曾抱怨我无所谓的态度。于是我打开了一个装有大约150份手稿的壁橱，都是别人送到我家来的。那些被收回的手稿立刻就会被新的取代，我对他说：“我们来做笔交易；我会读您的手稿，但是您要读所有这些手稿。”他明白了，大笑着拿走了他的手稿。
>
> 现在，亲爱的先生，让我告诉您我一直以来对找我的年轻

人反复说的话。一个人不会变成剧作家；或者直接就是，或者永远不会是。如果您的剧本很好，您不需要我。我能为您做的就是把剧本推荐给导演，恳求他仔细地读。哪怕有极微小的成功的机会，这位导演都会立即采用您的剧本。如果您的剧本不好，我给您建议或者推荐也是白费，您不会改好，剧院也不会排演。如果它因为包含某个想法、某个起点或某个情境，造成它无法上演，然后我改写了，这就是说我找到了所有遗漏的东西，并且我会从第一个词写到最后一个词，那么您会觉得我损害了您的主题；当剧本上演时，如果成功了，您会说我什么都没做，三个月之后，我们可能会互不理睬。这种结局是不可避免的，我决心避免任何可能造成这种局面的事情，我不再阅读任何人的手稿。您把手稿送到剧院的那一天，请写信给我，我会把剧本热烈地推荐给这家剧院的经理。这就是我能为您做的一切，而且我会非常乐于这样做。

然而，1866年年初的一件事证明，如果需要的话，口头的拒绝还远远不够。事实上，1866年1月20日，一出四幕剧《埃洛伊斯·帕朗盖》在体育馆剧院获得持久的成功，但是事先没有公布作者的名字。作者是阿尔芒·杜朗丹（Armand Durantin），他当过律师，是无名的喜剧作家；但是小仲马对原始文本进行了彻底的修改。同样的官司，同样的结果：报纸上掀起了关于作者的讨论，以确定他们每人提供的工作份额。1882年，这个剧本重排时，杜朗丹在《埃洛伊斯·帕朗盖的故事》中公布了最初小仲马用于改写的、题为

《德·布莱叶小姐》的原始手稿，争论再起。原始剧本的发表证明，没有小仲马的改写，剧本没有任何成功的机会，而且，杰出的合作伙伴才是真正的作者。

有人问他：

“这位杜朗丹先生是谁？”

小仲马回答：

“除了让我浪费了些时间以外，他是一个可爱的男孩、优秀的律师、剧作家。”[1]

小仲马的1866年没有一个幸运的开始：娜迪耶达小产了。

“可怜的女人，她肯定遭罪了”，2月9日，乔治·桑同情地说。这位坚定的乐观主义者认为，“这个痛苦的结果总比一个因为奇迹而来但来得不巧的孩子更好”。

大仲马非常担心：“我想给你发一封电报，问你仲马夫人到底发生了什么，但玛丽告诉我她会亲自去看你。我希望事情不严重，不会影响我们的后代。”

无论父亲还是儿子都希望有亚历山大三世降生。在期待孙子降临的同时，祖父也乐于宠溺他的孙女珂莱特，给她带来旅行的礼物。

明天晚上八点钟我会和玛丽一起去看你，还会把佩雷特（Perrette）小姐送到她妈妈家。

---

1 摘自莫里斯·李普曼的《日记》，日期为8月16日，见《两个世界》杂志，《小仲马一生中两年的私密时光（1883—1885年）》，第569页。

她可能是累了，因为她是直接从纽伦堡过来的。想念你，或者说想念你们，我很高兴你开始添丁进口了。

3月，儿子得了炭疽病，出了好多疹子，而且会定期复发；他必须接受手术，这让“妈妈”极度担心。她向马夏尔打听消息：“你有亚历山大的消息吗？我去看他时，他正接受手术，他一定遭了很多罪，因为他的气色很差。”

4月，她问他：“您好吗？没出新的痈吧？我正在完成一部拖了很久的小说。您愿意把您的书的校样寄给我吗？”

他记着呢，5月他修改了《克莱芒梭事件》的第一部分给她，她还要其他的：“小说还有后续，都很棒，我什么时候才能拿到？我什么时候能见到您？您必须投入工作中，而我不敢对您说：来帕莱索吧！此外，现在是汛期。他们含混地说珂利什（Coliche）[1]有点儿不舒服，没说具体情况，是真的吗？”

乔治·桑还向小仲马推荐了出版商阿尔贝·拉克鲁瓦，后者与韦伯克霍恩（Verboeckhoven）四年前合作推出了《悲惨世界》：“他是一位非常优雅的人，他付的钱会比任何人都多”，这位出版商请求乔治·桑的帮助。

她没有成功，因为米歇尔·雷维将会出版《克莱芒梭事件——被告的回忆》。

1　玛丽·亚历山德丽娜·亨丽埃特不喜欢常用的名字珂莱特，愿意别人叫她不怎么优雅的珂利什。

5月底，小仲马再次写信给她："《克莱芒梭事件》给了我很多困扰，我很快就会回到我的剧本上，最好到一个如果愿意就可以不说法语的地方。我还在努力写结尾，快刀斩乱麻并不合适。[……]生活并不总是快乐的。二十岁之前还过得去；往后嘛，晚安！在期待身体好转和印制更多的书的同时，让我们彼此热爱，因为我们只擅长此道。"

几天后，他对她郑重宣告，本周礼拜四晚上六点二十分，小说中的交际花伊扎（Iza）终于死了。在小说中，她在丈夫不知情的情况下沉迷于用金钱交换爱，终于为她所做的可憎之事付出了代价。

至此，您的儿子有幸成为凶手。他像他的黑人祖上一样拼命工作，呜呼！我没有任何悔意，但我已经筋疲力尽，好像我真后悔了那般疲惫，一想到您写了这么多杰作并且完成得如此之快，我就更加钦佩您。

小说写完后，他对朋友亨利·里维埃尔少校承认自己疲惫至极："从我的信中，您会看到您面对的是一个软弱无力的人。由于我已经疯狂地写了两个月，我的手再也握不住笔了。这个人物，她在最后死了，死得透透的。我刚睡了两个小时，今晚我睡了十一个小时。我干不了别的，仲马夫人也是。为了独自完成这本书，我必须休息，我希望能在一个月内重新开始。"

如果说小仲马穷尽自己的经历刻画了主人公——一位遭受到寄宿同学恶意对待的私生子，母亲是位牺牲自我、令人钦佩的洗衣女工，他还借用了雕塑家詹姆斯·普拉迪耶（James Pradier）和他的妻子露易丝的人生线索。亨利·布拉兹·德·布里笔名为F.德·拉日内维，他在《两个世界》杂志中写道：

> 这个女人为她丈夫当雕塑模特儿。对她来说，羞耻心只是作为社会习俗而存在，而且芙丽涅（Phryné）的桂冠能让她撑住不睡，[……]我们认识她们或者我们以为认识她们。或许，对于这些19世纪美丽的异教徒来说，"怪物"的称号似乎有些过分了。[1]

评论认为小说是最大胆的现实主义的典范，"一切都是真实的、鲜活的、有说服力的，当小仲马先生的写作如此紧密地联系现实的时候，他的小说和戏剧就像两个势均力敌的运动员"。[2]"小仲马先生从戏剧转到小说，因为不受干扰地写作使他获得更加有力的支撑，让他可以更加鲜明地描写。他成功了。"[3]

6月，小仲马与妻子女儿们一起住在朋友埃德蒙·阿布在阿尔萨斯的别墅，从完成小说造成的过度劳累中逐渐恢复过来。

月底，乔治·桑收到了期待已久的书。她惊叹不已：

---

1 F.德·拉日内维（F. de Lagenevais），《小说中的现实：〈克莱芒梭事件〉》，《两个世界》杂志第六十四卷，1866年8月，"上半月刊"，第754页，以及第748页。

2 出处同前，第748页。

3 出处同前，第743页。

书非常非常好，动人、真实，充满戏剧性，而且简洁。再有，风格突出、清晰，因此堪称完美。在谈到自然的短暂段落中，有一两处或许有点儿太讲究。但这是一个狂热的人，是克莱芒梭在说话，那么作者的口中不那么自然的话语是替他说的，完善了人物的性格。他的类型完全站得住，您简直钻进了他的身体里。我呀，我希望他被无罪释放，因为如果说他愤怒而疯狂地发作，那是有原因的。那个女人是完整的，母亲被真相吓到了。总之，我认为这是真正的成功，配得上您。

8月，他重回位于艾滕纳马雷村的圣瓦莱里科海滨浴场，一个被称作“楼阁”的地方。这是一幢漂亮的两层建筑，周围环绕着一个大花园，他计划在那里开始写一部新喜剧。

乔治·桑计划去看他，并且回顾了他这部小说“当之无愧的”巨大成功。她得出的结论是，公众有富于理性的时刻，绝不应该对此绝望。

8月23日，她明确了访问计划的细节：“礼拜六晚上［8月25日］和拉瓦先生一起动身，他告诉我会在当晚到您家，虽然事先未约定，您把车派到摩特维尔对我没有什么不便。礼拜日和礼拜一我会和您一起度过。礼拜二我要去鲁昂看望福楼拜，我将于礼拜三返回巴黎。”

“六个小时的路程，其中两个半小时坐的是租来的马车”，她确实是25日到达的：

“我发现仲马家住在一个没有厕所的古怪房子里，梳洗用水很少，没有坐浴盆，这很可怕。似乎一个玻璃杯的水就够清洁脸部和下身，这可能是俄罗斯人的习俗。这个地方和周围环境看起来很可爱。”她写信给儿媳妇丽娜。

她在记事本上写道：“一个宜人的地方，天气极好，迷人的主人。[……]可爱的孩子。房子的女主人很迷人，但不够热忱。难以忍受的餐食！极度不洁的习惯！一个花瓶和一个沙拉碗用于洗漱，而且我要自己去取水！窗户关不上！床上冷极了。[……]但白天非常棒。我们要去看森林和大海。这些树木繁茂的山坡就是一个伊甸园。珍珠灰色的海面闪着蓝色的光，洁白的沙滩布满不规则的燧石、鹅卵石。白垩岩的悬崖，一切都苍白而温柔。孩子们在游乐场跳舞。女人们盛装打扮，不过很丑陋。在家中用的晚餐很棒，但刚到八点钟，女主人不舒服，亚历山大要睡觉了！他们不懂得晚上点着蜡烛看书！夜里下了一场暴风雨。在暴雨和寒潮中，我咳得嗓子都要破了。”

小仲马终于在10月离开了诺曼底回到巴黎，诺曼底一直不停地下雨，霍乱也开始肆虐。他准备搬到位于瓦格拉姆大街120号的一家酒店；他在楼的夹层布置了一间书房，那里很快就堆满了书籍、油画、雕塑和路易十六风格的家具。因为经常去看展览，“他对美充满热情。他不是收藏家，而是一个挑剔的人。他不囤积，而是挑选”，于勒·克拉尔蒂这样说过。

11月，他前往自己在艾克斯省的拉马勒的村舍，与朋友约瑟夫·奥唐会合，把他最新一部喜剧《奥布莱夫人的见解》抄写一份之后交给奥唐。

这部剧的核心人物受乔治·桑形象的启发：奥布莱夫人热衷于宣讲关于婚姻、社会阶层和私生子的崇高观念。这时，儿子要娶一个他心爱的年轻女子，奥布莱夫人发现自己面临着要把这些思想付诸实践的两难境地：年轻女人曾有过一个情人，必须工作以抚养一个没有父亲的孩子。她最初不同意，但是后来她热忱地将这个曾经堕落的女人当成自己的女儿对待。

在序言中，小仲马认为每个基督徒都应该像奥布莱夫人一样行事：

> 如果她不准备和她一样行事，她就不是基督徒，就是这样。或者她只是名义上的基督徒，也就是说，属于教堂里的好女人一类。这些业余基督徒热衷于为主教宣传和制作十字绣、为穷人跳舞和袒胸露背。她们为了表面的保护而忏悔和领圣体，但事实上，在内心深处，她们和担心厄琉西斯（Eleusis）的神迹一样操心着基督伟大的道德，或者像吠陀派门徒一样操心着慈善事业。"

此时，娜迪娜[1]再次怀孕，如果她想生育一位新的亚历山大，就不得不卧床七个月。形势很严峻，但他们都很希望这个孩子能具有另外两位亚历山大的活力、智慧和荣耀。

1　娜迪耶达的另一个昵称。

“哈！我创作了一件杰出的作品。美妙的海水浴从来没有失手过呢!”当他听到这个预料中的好消息时忍不住这样惊叹。

在离开之前，他把娜迪娜安置在马尔利——他父亲的老朋友阿道尔夫·德·鲁汶借给他的房子里。

另一位女士要求他现身，他的“贝里妈妈”在11月1日上午为奥德翁剧院的经理席利（Chilly）和杜盖纳（Duquesne）朗读了《乐维什山》。

> 尽管对开篇有很多反对意见，他们还是非常高兴。在我看来，这些意见有的有道理，有的没道理。我需要您帮我弄清楚这些有道理和没道理的地方。

她将在福楼拜家度过八天，福楼拜有些东西要读给她。她会在福楼拜家安静地写完第四幕，目前这一幕还只有个梗概。“所以这个月八日礼拜日，如果您愿意，如果您能够，如果您有空，请把这一天留给我。”

她不得不等她的“儿子”从普罗旺斯回来。

12月初，他召集了为数不多的几个朋友，包括诺昂的常客、画家夏尔·马夏尔和乔治·桑，给他们朗读他的剧本。

1867年年初，他被家庭和密友的事务所困扰：娜迪娜卧床保胎；1月10日，他护送在巴黎病了几个星期的乔治·桑到诺昂，但他第二天就回来了。他守寡的姑姑爱梅·勒特里耶（Aimée Letellier）没有生活来源，再次前来找他寻求帮助以解救目前的窘境：

再见，我亲爱的亚历山大，如果你可以说服你父亲做点儿什么，请帮我提醒他还有个姐姐，这个姐姐已经上了年纪，很快就不会再打扰他了，因为在七十四岁的年纪，我们已经没有多少年了，可能就是几个月或者几天［……］。

她为了“过去、现在也可能是未来”感谢他。实际上，她作为乞讨者的日子还远未结束。

乔治·桑身体刚恢复就开始工作了，她再次求助：

您看了《乐维什山》吗？您对这个剧本的看法应该比我更清晰吧？您可以像当初《德·维耶梅尔侯爵》那样领我上路吗？如果我不能按您的提示修改，您可以在我写出带着自己的缺陷和特点的作品时转身离去。［……］我觉得，您会把我从游移不定中引领出来，您能给我信心。

一个月后，他为她在德国的出版事务当中间人，为她谈了一份不错的合同。

所有人都期待会生个男孩：“小家伙敲了那么多次尘世的大门，我很清楚他不知道这尘世意味着什么。仲马夫人的肚子大得惊人。”[1]

3月16日，《奥布莱夫人的见解》在体育馆剧院首演。大仲马也出席了：

1　见小仲马2月底写给乔治·桑的信。

在小仲马作品首演的日子里，一定会看到大仲马。《奥布莱夫人的见解》首演那天晚上，大仲马包了体育馆剧院的一个包厢，就在演出大厅的正中央。除了合乎礼仪的燕尾服之外，他还搭配了一件令人赞叹的白色提花马甲，他的肚子本来就比一般人更大更圆，因为穿了这件马甲，就显得更为庞大。同时，白色的马甲衬得燕尾服更加黑沉，仲马先生的两只手——那两只肥大的、放在白色肚子上的、深紫色的手颜色也更深了，而他上了年纪的、混血的紫色面庞在一众珠围翠绕的女性中跳脱出来，要知道，这些年轻女子可是大仲马智囊团的重要成员。

好像是为了更加突出这种强烈的色彩效果，大仲马坐在包厢红色天鹅绒幕帘边上，在他面前则是一大束用白纸包裹着的鲜花。在整个演出期间，他鼓掌，大笑，发出惊叹，喊演员们出来谢幕，表现得极为夸张。他看上去是如此的确信和真诚，就像一个十八岁的孩子参加父亲作品的首演。

这时掌声到达最高潮，作者的名字在掌声中被宣布出来，然后大仲马拿起花束，站起来，他的大脑袋碰到包厢的天花板，他略微俯身向前，向右、向左、向各处的观众致敬，左手持花，右手向女士们送着飞吻。[1]

埃德蒙·德·龚古尔自《茶花女》之后没再观看过小仲马的首演，他惊奇地看着大厅：

1 参见莫里斯·德雷福斯，《我坚持要说：半个世纪的所见所闻（1862—1872年）》。

这是一群特殊的观众，我在别处从没有见过。这里上演的不再是一出戏，而是在忠实信徒面前的弥撒。这群人的掌声就像是在参加仪式，他们如醉如痴地前俯后仰，快乐得几乎要昏过去，随着作者说出的每句话都会低声说："太棒了！"作者说："爱是春天，它不是一年四季。"潮水般的掌声响起。他接着以相同的句式说："这不是果实，这是花朵！"掌声加倍，一直如此。不需要评判，不需要思考，对一切都报以提前就准备好、随时可以响起的、热情洋溢的掌声。

仲马非常有才华。他掌握了对公众讲话的秘密、对首演观众讲话的秘密；他是位诗人，以这个世界的男人和女人们能听懂的语言为他们服务，是他们心灵相通之所的理想代言人。[1]

3月17日，乔治·桑在记事本上写道："好消息：根据亚历山大的电报，《奥布莱夫人的见解》取得了巨大成功。""我得去巴黎！"23日，她去仲马家吃了午饭，然后晚上和埃斯特·朗贝尔（Esther Lambert）一起去体育馆剧院。"《奥布莱夫人的见解》令人赞叹；我哭了。表演棒极了。"

在1867年3月25日《新闻报》的专栏里，像保罗·德·圣维克多这样的戏剧评论家总体上赞同乔治·桑的意见：

我们离开了体育馆剧院。小仲马的喜剧刚刚取得了成功，

---

1 见龚古尔的《日记》，1867年3月16日。

作者的职业生涯中只有《半上流社会》堪可比拟。从最初的场景开始，观众就被感人和大胆的剧情、独特的人物、风趣的对话和激情所吸引，这是一种表现矛盾冲突并解决问题的大胆而新颖的方式。直到结局，观众的兴趣一直在增长，整个大厅里一直回荡着欢呼声。观众再三要求作者露面，但他谨慎地决定不出现。人们会议论剧目的所有方面，而我们也会分析和思考《奥布莱夫人的见解》，但我们必须向作者的才华致敬，他拥有极强的说服力、穿透力和老练的技巧。

仲马并不认识天主教《十字军报》的经理乔治·塞涅尔（Georges Seigneur），但了解他的目的和想法。他在1867年6月19日《费加罗报》发表的一封信中透露他为什么和如何创作的《奥布莱夫人的见解》，同时回答了前者的问题：

我胆敢用手中的笔来表达想法完全不是为了得到称赞，我觉得自己就像一个小丑在鼻尖上顶着一片羽毛。我是出于崇高的感情、真诚的目的和吸引公众注意力的迫切愿望，甚至希望引发对团结、仁慈、宽恕的伟大原则的讨论，这些是基督教的伦理基础，没有这些原则，道德只是一个传说，信仰只是一种习惯——如果说真话的话。

在重获成功的过程中，儿子却要面对父亲可耻的荒唐行为。4月6日，摄影师阿尔封斯·利博（Alphonse Liebert）在橱窗里展出和拍卖父亲的一些照片。照片拍摄于1867年3月28日，大仲马在体育馆剧院的包厢里，他没有穿燕尾服，也没有穿提花马甲，只穿着衬衣。美国杂技演员阿达·门肯（Adah Menken）靠在他的膝盖上，穿着一件肉色的紧身衣。在孩子们的催促下，父亲于4月26日在第一法庭要求停止销售照片；5月3日要求被驳回，他提出购买所有照片，花了100法郎。照片最终被禁止销售，但伤害已经造成。

“您一定被这些摄影师的故事烦透了！总之，就是这样。这个时代带来了波西米亚式生活的可悲后果。多么可惜!”乔治·桑哀叹道。

1867年4月1日，万国博览会在战神广场开幕了，汇集了五万名参展商，并将接待超过一千万名付费参观者。为此，拉克鲁瓦和韦伯克霍恩公司出版了《法国主要作家和艺术家撰写的巴黎指南》。仲马父子也有份参与，父亲撰写了艺术流派的“美术学院”部分，儿子撰写了戏剧部分的“重要演出”。

1867年5月5日娜迪娜生下的并不是众所期待的亚历山大，而是一个女孩。

> 公元一八六七年五月七日，礼拜二，十二点一刻，玛丽·奥尔加·让娜（Marie Olga Jeanne）的出生证明，女，于前天十点半出生于瓦格兰大街120号她的父母家中，婚生女儿，父亲为亚历山大·仲马·达维·德·拉帕耶特里，四十二岁，作家，荣誉勋章获得者，母亲娜迪耶达·克诺金，前者的妻子，三十七岁，没有职业。

她常用的名字是雅妮娜，这是《奥布莱夫人的见解》中年轻女主角的名字。

因为不是男孩，小仲马备感失望。他得到了乔治·桑的安慰，不过乔治·桑的女儿索朗日可没什么值得夸耀的：

> 谢谢带来的好消息。我们曾经备感折磨，现在则是祥和与欢乐。也许您遗憾没有生个男孩，但我说女孩子更好，她们是父亲真正的快乐。

乔治·桑受到朋友罗利纳（Rollinat）之死的影响，发誓会关心小仲马："快活起来，我的孩子。照顾好自己的健康。他死于工作和悲伤。我的上帝，照管好您的身体和灵魂。"8月，他听从了她的建议，在布隆比艾休养，回信给她：

> 我收到了您寄到布隆比艾的信，我已经决定接受温泉疗法，我非常疲劳、紧张，所有类似的形容词对我都适用。我28日就到了这里，将在20日离开去度假。进行两小时蒂沃利［爱尔兰淋浴］，游两个小时泳，恢复性的散步，没什么新鲜的。据说，在我们拥有才华、才华、才华之后，这一切都不会枯竭。让我们看看吧。与此同时，为了以防万一，我写信告诉蒙蒂尼不要指望我。所以我至少在10月底之前肯定不会写一个字。有些时候，我的职业是如此可憎，甚至到了恐怖的地步。然后，如果一个人吃得饱穿得暖，那么告诉他真相有什么用呢……

他回来以后和家人一起搬到了马尔利，并邀请乔治·桑来这里，但她到了10月3日才前来。她在记事本上写道："马尔利，仲马家。一点半与哈里斯（Harrisse）一起动身。冷得要死。马尔利勒鲁瓦。德·鲁汶夫人的房子，很丑但视野不错。仲马夫人，虽然美丽，但总是病怏怏的。"

冬天结束时，在体育馆剧院上演了《因为她们都一样》，一出小的独幕喜剧作品，作者是小仲马的朋友。这部剧题献给"雅妮娜·仲马小姐，庆祝她长出了第一颗牙"。我们很可以质疑这颗牙为这部剧所做的贡献。

自从发生了损害名誉的照片丑闻，父子之间的关系极度冷淡。儿子对好色的老爷子不负责任的行为厌烦了，他与年轻的女演员不断进行性冒险，甚至为此不惜牺牲角色。父亲对儿子的疏远感到非常痛苦，但又无法不生活在快乐的躁动中。他给玛蒂尔德·肖看儿子给他的献词："给我亲爱的父亲，他的大儿子和小兄弟"；但是，他苦涩地承认，儿子为了取悦他而想不出用什么词，所以颠倒了形容词。他遗憾儿子迷失在思辨和道德中，不再来看他了。他们只在参加别人的葬礼时见面。[1]

当时儿子想出一个多少有些古怪的计划：让他的一生都是典范的、可敬的母亲与年老放纵的作家父亲团聚，甚至结婚。大仲马一直想有个稳定的家庭、一栋整洁的房子，他可以在那里接待朋友，

1　玛蒂尔德·肖（Mathilde Shaw），《名人与无名之人：我一生的回忆》，巴黎，法斯盖尔出版社，1906年，第178—223页。

还有一个无论如何最后都会容忍他的过激行为的家庭主妇。唉！劳尔·拉贝拒绝了："我已年过七旬，总是伤心，和保姆过着简单的生活。仲马先生会让我的小小寓所蓬荜生辉。[……]可是已经晚了四十年。"她向朋友解释道。

1868年3月，儿子的病复发了，而对娜迪娜来说，生病几乎就是常态。

"感谢上帝让仲马夫人痊愈。让百日咳和流感去见鬼，但如何才能逃离这个离奇的月份！[……]哈里斯前几天告诉我您有点儿不舒服。好些了吗？您是在悄悄地写一部杰作吗？"乔治·桑关切地询问。

米歇尔·雷维已经决定分几卷出版他的《戏剧全集》，她迫不及待地等待第一卷的出版。戏剧全集中，每部作品都将根据背景或者道德意图插入小仲马写的序言。第一卷包含《茶花女》《狄安娜·德·利兹》《王后的珠宝》。

虽然龚古尔言语尖刻且愤世嫉俗，他也同时注意到小仲马面临的挑战，他断言："无一例外，所有的感情、所有的印象都取决于肠胃功能是否良好"，他身边的人都爱他，愿意帮助他。

4月7日，亨利·保罗·马利·迪迪耶（Henri Paul Marie Didier），阿里埃日的议员和律师，自波旁中学开始就是他的同学和朋友，在一家疗养院里死于发疯。"我必须去一趟旺夫，他在那里，我去宣布死亡和操办一切，他弟弟还在生病，德南（Denain）小姐［女演员，迪迪耶的情妇］能做什么呢？"小仲马写信给泰奥菲尔·戈蒂耶。

事实上，公民登记册上有路易·达尔诺丹（Louis d'Arnaudin）

和亚历山大·仲马两个人的签名。死者的遗嘱引发了巨大的议论，因为他的遗产庞大，在信件中提到赠送给一些名人，小仲马是受遗赠人之一。

5月31日，乔治·桑的一封信表明，是她在一次步行远足时发现了迪耶普附近、努维伊勒波莱镇的普伊村，那里加起来也没有几栋房屋。她向小仲马推荐了这个地方，小仲马一直在寻找一处适宜夏天的住所："我明天要去诺昂。当我到那里时，希望布伊或普伊[1]合您的意，请告诉我您的工作和身体都好。而您总是为您的杰作写同样是杰作的序言。"

一切都表明他喜欢普伊：他以后还因为给《环法自行车赛》[2]所写的《里姆城》而成为历史学家。

> 当您来到迪耶普，如果幻想驱使您来看望我们，虽然您是非常初级的步行者，您还是可以步行两公里，从城里来看我们。
>
> 您只需要经过连接两个港口的桥，沿着波莱的干道，再过第二座桥，爬上一座对马儿来说也算崎岖的小山坡，一旦登上悬崖高处的平台，沿着山坡另一边的路直着走。
>
> 经过四五百步，您会发现，在两根电报杆之间有一条直接通到大海的小路，它会把您带到海边，路的坡度只有行人能通行。

---

1 原文为le Puits（布伊）或者le Puy（普伊），应该是乔治·桑也不确定地名的写法。——译注

2 收入《幕间休息》的第三部分。

一到那里，如果您背朝大海，看一眼高高的悬崖，那么左边最后一个可见的侧影就是特雷波，您就来到我们非常简陋的山谷面前，非常狭窄，主路应该最初是随意踩出来的，未经市政规划，由布拉克蒙流向大海的溪流冲刷出来的……和其他所有的山谷一样，或多或少呈现出破碎的V形。这个山谷就是普伊，我们应该写作布伊，取这个名字是因为这里曾经有过许多口井，而今已经没剩下多少了。

您还是背朝大海，往左侧看，望出一定的距离，会看到北部山坡有一圈树林环绕，这就是让我们引以为傲的地方，很容易承认，它是我们的贵族，我们的徽章，它就是里姆城，是恺撒的营地。

他随后讲述了如何投资和获得建造别墅的土地，幽默地表明他没有继承父亲投机的天分。

从此以后，就是在这所漂亮的大房子里，他和全家一起来此度夏，同时邀请朋友们小住，还敦促他们和他一样在村里盖房子。

“当他来此置业时，这里有四座房子，其中两座是私人的，一位是纽扣经销商科尔蒂耶（Cordier）的，另一位是布吉瓦尔的公证人德佛日·索拉诺（Desforges Solano）夫人的。另外两座属于两个旅店老板，他们指望光临这片安静沙滩的海水浴者过活。[……]有少量来自迪耶普的游客到博美旅馆来吃牡蛎，除了他们，普伊的人很少[……]。”小仲马第一次来到普伊时租下了这地方的旅馆，旅馆大约有十五个房间。

然后他找人盖起“一座看起来像火车站的住宅”；和他同时，蒙蒂尼和画家莱昂·弗拉奥（Léon Flahaut）在山坡间的田野中建了房子。不久之后，未来的公共教育与艺术部副部长埃德蒙·图尔盖（Edmond Turquet）建造了极其优雅的小城堡，在他后面，画家亚历山大·德弗（Alexandre Defaux）也将盖一个画室，画室俯瞰着大海。

1869年8月，他感谢乔治·桑：

这个地方很可爱，您不仅给了我很好的建议，而且让我做了一笔划算的生意。我以每平方米1.25法郎的价格购买了25 000平方米土地，我已经可以以每平方米5法郎的价格卖掉它。但是，我既雄心勃勃又很幸运，我等待明年，如果价格在10到12法郎之间，就肯定可以以8到10法郎之间的价格卖出。有了钱，就拥有了在我们愿意时表达和出版自己所有思想的权利。这就是我喜欢钱的原因，因为对于钱本身而言，我很自豪于我对钱的轻蔑……

在7月2日的《费加罗报》上，阿尔贝·沃尔夫（Albert Wolff）宣布《戏剧全集》第二卷和第三卷已出版，他评论了《私生子》的序言，并刊印了序言的片段，儿子在序言中歌颂了父亲的荣耀，就仿佛是为了忘记他现下的沧桑：

你的著作让书商、译者、剽窃者富得流油；你的作品让印刷机忙得喘不过气来，让抄写员精疲力竭，并且因为创作欲的驱使，你也许并不总是能意识到你所使用的材料，有时是偶然，你随手把它们拿起来扔进熔炉。智慧之火点化了这些材料。来自你的材料浇筑成了青铜器，来自其他地方的则烟消云散。你已经锻造了这么多钢铁；但是，在你的锻造和灼烧下，有多少本该晦暗的被照亮，如果还原的钟声响起，你能得到什么呢？只剩下你曾付出的和别人从你这里拿走的。

虽然他没有说出姓名，但父亲最后一个引人注目的合作者谢尔维尔（Cherville）侯爵对这些轻视的话语表达了愤慨：

先生，对有时会受您父亲之邀借他的锻造之火取暖的可怜虫们，您过于尖刻了！在您的笔下，您的斥责对于遭受斥责的人而言具有一种令人真正痛苦的特点，像我这样的人，没有这份荣幸被召唤写出我们时代最伟大的作品，对我们而言，这份斥责更加令人痛苦不堪。

先生，您是所有作家中我最崇敬的人：这不是一种夸张的奉承，而是对真实感受的真诚表达，这种感觉可以追溯到很久以前，可以让您明白我也很重视您的尊重。

即使小仲马有时也会“锻造出不纯的金属”，但他都尽力防着别人试图加之于他的合作。

我们应该结束马克·贝约（Marc Bayeux）先生的玩笑了，

这对公众或对我来说都不好笑。

我不是您在文章中宣称的马克·贝约先生的合作者，我也不是您在给他的信中所说的那样是他的朋友。我善意地或者说笨拙地接待了马克·贝约先生，我并不认识他，只是因为他的不幸而对他表示兴趣，听他朗读一出五幕诗剧，并给他一些建议。

仅此而已。[1]

还是《费加罗报》，8月1日发表了"小仲马先生致米莱斯（Mirès）先生的一封信"。这封信是有关《金钱问题》的，讽刺地驳斥了米莱斯的暗示并得出结论："所以米莱斯先生知道埃米尔·佩莱尔（Émile Pereire）先生已与我达成协议，人们可以猜想，在一个想要报复竞争对手的富有的金融家和一个为其雇佣的文人之间，**达成协议**这个词意味着什么。"

小仲马是一位新潮作家，报纸经理们对与他合作趋之若鹜。

具有君主主义倾向的新报纸《高卢人日报》[2]会经常发表他的散文：1868年10月18日、19日、20日和21日出版了《泰莱丝：世界上的男人、女人和戴孝不足一年的寡妇的生理测试》，题献给埃德瓦尔·德·博蒙（Édouard de Beaumont）；1869年，《风之家》献给欧

1 手稿：阿瑟纳尔图书馆，MS-13534 /1。信没有日期，但唯一对得上的作品是五幕诗剧《让娜·德·利涅里》，1868年9月3日在奥德翁剧院首演。

2 亨利·德·派纳（Henry de Pène）和埃德蒙·塔尔贝·戴·萨伯龙（Edmond Tarbé des Sablons）创办的报纸，第一期出版于1868年7月5日。

内斯特·多雷（Ernest Doré），于10月3日、4日和5日发表。

十年前，亨利·德·派纳在《隐秘的巴黎》中定义了这位杰出的合作者："《茶花女》的作者真诚地希望成为道德主义者。[……]尽管他的嘴里不断吐出俏皮话，他仍是一位有着严肃和高贵倾向的人。"

他还指望这个家伙吸引更多的报纸订户呢。

埃德蒙·塔尔贝建议小仲马占据《高卢人日报》的连载版面，他拒绝了。不久之后，塔尔贝提交了一篇题为"滥用的信任"的文章，发表在1869年6月24日报纸的头版。这篇文章包含一封小仲马的长信，因为具有真正的职业信仰，他希望看到戏剧讨论社会的根本问题："婚姻，家庭，爱情，通奸，卖淫，良心，荣誉，信仰，国籍，种族，权利，正义，继承，宗教，无神论，以及最后，人类灵魂的支撑、轴心和氛围。"

这一年，他对卖淫问题感兴趣，写了一本小册子，介绍位于克利希拉加雷纳的从良妓女收容所（他在文章中号召堕落的女性通过赎罪来恢复名誉），1869年3月11日、12日和14日，他在《高卢人日报》发表了一篇关于圣安娜收容所的文章。

第十三章　孤　儿

失去母亲的那一天，你尚年轻，但你却一下子变老了。

小仲马

《半上流社会》第二幕第二场

10月，小仲马经受了巨大的痛苦，足以抹去其他所有事情：谦恭的母亲，劳尔·拉贝去世了。

公元一八六八年十月二十三日上午十点钟，立此死亡证书。玛丽·卡特琳娜·劳尔·拉贝，无业，出生于布鲁塞尔，比利时人，独身，年龄七十四岁，昨晚十点钟在奥尔良街1号的家中死亡，（父母的名字和姓氏皆未提供）；申报人亚历山大·仲马·德·拉帕耶特里，四十四岁，作家，居住在巴黎瓦格兰大街120号，为死者的儿子，以及亨利·拉瓦，四十八岁，皇家图书馆馆长，居住在巴黎柯尔贝尔街12号，非亲属关系，在朗读并具结本证明后与我们（本人，讷伊市户籍官、荣誉军团骑士纳尔西斯·德兹雷·昂塞尔）一起签字。

小仲马向路易·布朗热宣布了这个悲伤的消息：

亲爱的路易，

我母亲今天早上去世了。

如果可以的话，马上来看我们。

同时写给乔治·桑：

亲爱的妈妈，我母亲昨天晚上毫无痛苦地去世了。她没有认出我来。她不知道她要离开我。那么，她离开了吗？亲吻您和您的家人。

“不，亲爱的孩子，”另一位“母亲”回答，“她并没有离去，死亡只会增加爱而不是抹去爱。您的母亲走得安详，这必然是一生善良的回报。但您在哪里，家里其他人怎么样？我想在离开巴黎之前去看望您，马夏尔在半路拦住了我，告诉我您在勃艮第。”

确实，当时他在勃艮第，就在欧塞尔附近的塞涅莱，他在布里亚的家里收到了这个悲痛的消息，办完母亲的丧事之后又返回那里。

我哭得很厉害，而且还在哭。二十多年前我就应该哭了，但当时我没有哭。流泪让我平息了不少。据说母亲一辈子必须对她的儿子好。[……]在那个悲伤的日子之后的夜晚，莫里斯的书[《玛丽小姐》]就在我的桌子上。我能做的，就是把它放下。它就在我手边。等我能看的时候，我就会读它。

他因为身边徘徊不去的死亡而大恸，葬礼一个接着一个，父辈谱系的大树正在不断倒下去，他发现父亲的身体也日渐衰弱。1869年3月，阿尔封斯·德·拉马丁离去了。他前往诗人在圣普万的家中，葬礼是在亲朋好友中间进行的。在为数不多的参加仪式的人中，他是罕见的巴黎来人之一。在《插图》杂志上，他用寥寥数语讲述了动人的场景。他对乔治·桑追念拉马丁俊美的面庞：

他生于梦幻，逝于雾霭。[……]这是一位伟大的人，我相信，他是我们这个时代最伟大的人，就如同您是过去、现在和未来唯一伟大的女性。无论是行动的权利还是行动的方式，您都不乏与最优秀的男性相匹敌的能力，甚至超越了他们。

他将死亡与理想的生活和享乐主义的幸福相对立：

实际上，您知道生活中最让我开心的是什么吗？那就是早早起身，驾马车或骑一匹好马，像猪一样狂吃，然后享受两个小时别人的才华、智慧和天才，身边围满花团锦簇的美人，给她们讲笑话，不时地占有一个人，然后睡得像个推销员一样。

私下说，我生下来就是为了享受这样的生活。

很快就轮到圣伯夫去世了。1868年11月16日，在他的葬礼上，乔治·桑见到了亚历山大和他的父亲，大仲马已经“不能走路，几乎糊涂了，看起来非常可怕”。

亚历山大自己也“又肥又胖”，5月乔治·桑遇见他时，“他还在为别人即将在体育馆剧院上演的剧而奔忙，这部剧的情况和《埃洛伊斯·帕朗盖》一样”。这是一部三幕喜剧，剧名为《蓬皮尼亚克的教子》，作者署名为阿尔封斯·德·雅兰（Alphonse de Jalin）。这个假名结合了最高行政法院烹饪大师阿尔封斯·弗朗索瓦（Alphonse François）以及《半上流社会》主人公奥利维耶·德·雅兰的名字。

当乔治·桑在巴黎时，她是不会错过“儿子”的剧目首演的。5月7日，她从剧院回来以后，寄来了自己在诺昂写的评论：“非常有意思，我哭得厉害，朗德罗（Landrol）、拉威尔（Ravel）和小贝尔通（Berton）表演得极出色。观众非常专注并且热烈鼓掌。然而，在走廊里有人说这部剧不算很成功：我不知道，我很喜欢这部剧。”

父亲也祝贺儿子：“最后两幕戏非常棒，特别是第三场从开始直到结束，我觉得看到了你的手笔。”

收到这封祝贺的信后，小仲马很为父亲颤抖的笔迹担心，父亲幽默地回应：

没错，我的手在颤抖，但不用担心，这只是暂时的，反而是休息让我的手发颤。

你想要怎样？它早已经习惯了工作，当它看我只是不公正地口述而不是让它自己写时，为了不会一直不动，它开始愤怒地颤抖。

一旦我开始认真地写，它就会恢复庄重的样子。

我反复跟你说过体育馆剧院那出剧的最后两幕，就不再啰唆了，演员们的演技棒极了。

儿子和全家人在普伊租下的旅馆的十五个房间里度夏。他身在普伊，还是很担心父亲是否继续消瘦下去。他说了些消息："在这里，我们过得不错。你的孙女们向你致意，我全心全意地吻你。[……] 我跟你说，迪耶普是世界上最文明的城市。今天这里会上演《贝拉伊勒小姐》，两天后上演《尚布雷夫人》。如果你一直很听话，你过生日我会送一把漂亮的裁纸刀和一管漂亮的笔。"

父亲的疾病令亲人之间的关系更紧密了。祖父给珂莱特回信：

必须要说的是，从我上次见到你，我已经老了很多，我的手颤个不停，我不再自己写了，我口述。但是给你写信，我愿意自己写，因为觉得我的笔迹比陌生人的笔迹更令你愉快。我花了三天才让手恢复，但是第三天结束时它又继续抖了，我记得你在信中告诉我你会认很多字了：这让我安心了不少。

我想让你明白你可爱的信是多么让我开心，尤其是感觉到这封信完全出自你可爱的内心；我会仔细保管，并在下一次见到你时拿给你看。

10月，乔治·桑发布关于仲马家人的信息，“身体很健康”，刚刚与他们和卡米耶·皮萨尼－菲里（Camille Pisani-Ferri）子爵在弗雷德里克（Frédéric）和波利娜·韦约（Pauline Villot）家一起吃过饭。她没有看到他们的女儿，因为“当母亲外出时奥尔加不会离开孩子们，反之亦然。出于极大的奉献精神，奥尔加使自己成为孩子们的母亲，另一方面，当她希望去旅行时，亚历山大会送她去，他真的成了她的父亲。奥尔加和他要出发，去苏伊士运河参加开通典礼”。

“您到底要去君士坦丁堡做什么？来普罗旺斯吧，”约瑟夫·奥唐恳求说，“如果您必须去看土耳其人，那我们可以戴上头巾，然后席地而坐。”

尽管有这种令人愉快的反对，他还是于11月底与奥尔加一起乘上东方快车。然而，是什么原因令他加紧行程前去参加苏伊士运河的开通典礼？“您太对了，您的儿子不会愚蠢到所有巴黎人都涌向埃及时，自己还要去那里。我更喜欢慕尼黑、维也纳、多瑙河、君士坦丁堡、科林斯地峡——一个没被凿穿的小地峡，我还将独自一人前往勒潘陀海湾、希腊岛屿、科孚岛、博洛尼亚、威尼斯、米兰、热那亚、峭壁公路和摩纳哥。”

艾美·德克雷（Aimée Desclée）在《窸窸窣窣》中扮演的角色刚刚在巴黎取得成功，小仲马在写给她的信中确认了回程的日期：12月9日。实际上，他在君士坦丁堡度过最后一天，第二天出发去雅典，再从那里前往威尼斯，他将在那里的欧洲旅馆停留一周。他在威尼斯也不忘写信给乔治·桑，因为“如果经过威尼斯却不给《一个旅行者的信札》的作者写句话，这就太大逆不道了，特别是他还是妈妈的好儿子。要知道，威尼斯还是您看到时的样子，而且没有人能比您看得更清楚了”。

回到巴黎后，他继续关照乔治·桑。当她仍然因为支气管炎后遗症而病病歪歪时，她按照医生的嘱咐从不离开卧室，近旁有取暖炉。于是，她要他代她去观看1870年2月17日《他人》的彩排。

> 排练后，亚历山大来看我。他对这部剧很满意，用他的话说，他哭得像头小牛犊。他告诉我第一幕有一处过于冗长，第四幕有一些危险的用词。我立刻让人删掉了。他改了主意，原则上接受了导演的事。他会再去看一次排练。

2月25日，这部剧的首场演出在奥德翁剧院举行。小仲马没有出席，这很让人吃惊，并造成了“母子”之间的隔阂：

> 您生病了吗？我昨晚没见到您。演出后我一直在包厢里等您。我们取得了首演的成功。我说我们，因为您参与了很多，您让我更清楚该怎么做。您在总彩排后离开（我没找到您），我改了更多，删掉了最后贝尔通的大段独白，演出时我们都没有皱一下眉。观众非常优秀，对我所有的小小感伤之处都有共鸣。

“儿子”的理由并不清楚。然而，无关紧要，因为几天之后，在决定是否把外地巡演的独家权利交给奥德翁剧团之前，“妈妈”向“儿子”寻求建议，“儿子”给出了明确的答案：

> 亲爱的妈妈，不要这样做。无论怎么说，这看起来配不上您的投入。最好有竞争。无数事实已经证明这一点。[……]最后，我把曾给过自己的建议告诉您，我一直都扛得住这些出价。我们都是要生活的。

渐渐地，就像以前他被指点着照管父亲的演出事务一样，小仲马开始负责乔治·桑的戏剧事务。例如，3月5日她因为流感不得不返回诺昂，她立即给亚历山大发了一封电报全权委托他。

“亚历山大会尽最大努力”，她告诉马里奥·普罗斯（Mario Proth）。

5月，亚历山大入选戏剧作家协会。他总是准备帮助不同的人，所以深受同行的爱重。

> 他会出现在可能需要他的人面前。他大大奉献自己，同时付出了更多的金钱。他很不愿意别人透露自己的善行，一般都是他身边忘恩负义之人过于无情的行为才使得他做的善事为人所知。他对这类事情不抱任何幻想。“我请求那些我曾帮助过的人，”有一天他对我说，“请他们原谅我帮助过他们。我不要求他们的感激。他们不欠我任何东西，因为我是出于怜悯，同时把自己解脱出来，因为我不愿意眼睁睁看着他们陷于困境。我

不会因此而不喜欢他们，如果他们在街上看到我，却去走马路另一边时，我就会觉得不怎么愉快。我是很高兴能和他们聊上一会儿的。”

他理解并原谅了一切忘恩负义的行为，只有当受他帮助的人不尊重他父亲时，他才变得毫不留情。

［……］我多少次看到他动身去普伊略作休息，总是随身带着很多手稿——一群他不认识的年轻人征求他对剧本的意见！他花了相当多的时间和精力读这些作品，大部分都是乏味的，然后他疲倦地写下评语和意见。回到巴黎后，他会花几个小时与他认为有趣的年轻作者交谈。对于任何他觉得作品值得上演的人，他会推荐给剧院的经理们。一旦作品最终上演，他的合作总是匿名和无偿的。[1]

比如他与维克托里安·萨尔都，最初两人之间具有相互竞争的意味，但很快就发展成近邻的直率友情（萨尔都住马尔利），让乔治·桑惊讶的是，当她去马尔利拜访小仲马时，发现这两位朋友正在亲密地吃午饭。

当小仲马在普伊的新家中度假时，舆论因一个事件而沸沸扬扬。9月5日礼拜一，《鲁昂日报》告诉读者：玛蒂尔德公主抵达迪耶普，准备带着“5100万干净的法郎”登船出发去英格兰。小仲马立即写信给报纸，谴责这个没有根据的诽谤，甚至否认公主来到迪耶普。

1 参见莫里斯·德雷福斯，《我坚持要说：半个世纪的所见所闻（1862—1872年）》。

画家欧仁·吉罗也是玛蒂尔德公主的熟人，小仲马写给他的一封信似乎证实他没有说出全部事实。信的开头是一份拍卖目录，信中说：

> 玛蒂尔德公主来到普伊避难，住在亚历山大·小仲马的家中。她不得不离开法国，现在与吉罗和波普林（Popelin）一起在蒙斯。[1]小仲马刚收到公主的来信，而且会回信给她。

接着他在信中列举了他认为应该采取的步骤：

> 所以昨天我为奥尔加准备了一本俄罗斯护照，我还在上面登记了其他孩子，包括古斯塔夫。[2]如果消息被确认，我会把所有女人送到多弗尔，然后再从那里去比利时［……］。我会和仲马夫人一起留下，她病得很厉害。此外，可能我父亲也要来这里，他也在遭受病痛折磨［……］。诽谤还是会针对公主，但我会像麦克马洪（Mac-Mahon）一样战斗，我会以一当十，我将继续成为战场的主宰［……］。刚才福楼拜来看我，亲眼看看发生了什么［……］。[3]让公主放心，我和我的家人都是忠于她的。

1 克洛德·马塞尔·波普兰·杜卡尔（Claudius Marcel Popelin Ducarre，1825—1892年），皮科（Picot）和阿里·希弗（Ary Scheffer）的学生，擅画大幅油画：《但丁为乔托读诗》《罗伯特·埃蒂安与帮他工作的学者们》（1853—1861年），在为画家们重新发现珐琅彩之前，他还画了二十四幅同代人的肖像。

2 古斯塔夫·莱昂·安托瓦纳·马利·波普兰（Gustave Léon Antoine Marie Popelin），画家之子，生于1859年7月30日。

3 福楼拜1870年9月10日写给乔治·桑的信的片段。

一旦我们摆脱了所有这些混乱，我就会去看望您。[1]

事实上，9月12日，在女儿玛丽和秘书阿道尔夫·古荣（Adolphe Goujon）的帮助下，眼神呆滞的大仲马爬上开往迪耶普的火车。在普伊，他被安置在矮层一个阳光灿烂的大房间里，松木家具刷着清浅的油漆。他平静而缓慢地脱掉衣服，就像已经感觉到他永远不会再穿上这件衣服一样，仿佛自己缓缓地走入永恒的安眠。

儿子非常担心，请布朗什（Blanche）医生提出建议：

亲爱的先生，非常感谢您的诊断。唉！我所了解的有限的心理学知识已经让我在几年前就预见到这个结果不可避免，而且已经被尽可能地推迟了。那天，当我看到父亲，我想：不可能了。他在这里已经非常靠近大海了。因为担心太潮湿，我没有让他住在底层，而是在二楼，这样他借助胳膊的力量不大费劲儿就可以下楼。因为孩子们的原因，还有他特殊的生活方式，我妹妹更希望他不要到我家来。我尤其觉得把他安置在海边有个好处，他一直喜爱海滨，大海从来没有辜负过他，而且是他唯一能倾诉的对象，也会对他喃喃低语。看着这样一个庞大的身躯垮下去令我非常难过，我几乎很高兴病情的发展不是急转直下，因为他是唯一不知道正在发生什么的人。他的事务肯定会陷入无法解决的尴尬境地。您不觉得吗，既然他很幸运地不

1 出版物：1979年4月沙拉维目录。

再照管这些事务，是不是能够，也应该要求主席任命一位管理员，某种财产管理人？感谢上帝，我可以照顾他，他不会错失任何东西，但除了他还有其他人的利益，有债权人和我妹妹的利益。亲爱的先生，请发善心告诉我，在这种您非常熟悉的情况下该怎么做。

他一边忙于努力清点父亲与出版商和债权人之间难以置信的账目，一边随时把父亲的消息告知自己和父亲的朋友们。

10月，报纸已经宣布了他父亲“去世”的消息，甚至编出他的临终遗言（“我又多活了三个月——著名小说家这样影射法国被侵占的不幸”[1]）小仲马对阿尔封斯·卡尔保证说，如果有新消息，他会写信告诉他的。“不幸的是，没有新消息。我让报纸发布他正在康复的消息，免得病人受信件和来访的打扰，但是他的状态一直没变，请不要对外面说。昨天，我跟他说到了您，他握着我的手对我说：‘替我就像这样紧紧握他的手’，他用最富感情的语言谈到您。过去的一切都浮现在他的脑海中，而眼下的却从他的记忆中被抹去，彻底消失在暗夜里了。”

关于他自己，他几乎没有说什么。他为战争状态引发的各种运动而工作。

“怎么办？我时不时地守着他，尤其是在夜里。我们的国家最近受到威胁，现在情况有变化，传来了鼓舞人心的消息。应该是出于

1　参见第291期《巴黎日报》。

对戏剧作家习惯的逆反，我有个可笑的想法，我坚信普鲁士人会被打败，他们将偿付战争的代价，我们将拥有莱茵河。但是我想得美！您是一个大罪人，您教人们爱德国人。没准人们会朝您开枪！这可能也是政府的想法。”

在眼前的情势下，他被老朋友梅拉妮·瓦尔多表达的真诚问候所感动；父亲即将走到生命的尽头，他为她勾勒了一幅父亲尚能被接受的肖像：

> 我父亲的病情比他们说的又好又不好：身体比以往任何时候都好，但精神被间歇性的黑暗时刻所侵袭。他每时每刻都在驾着云彩前往那颗往昔光芒万丈的恒星。生命对他来说只是一种机械功能，并不痛苦。只有他自己根本意识不到自己的状况，他温和而快活。一切都能让他开心，但什么都不能引起他的兴趣。他能认人，但立即就会忘记他们。[……]他既非狂热也不踌躇，就像完成工作后需要休息一样。他脸上始终带着微笑，面色泛着淡淡的绿色，神情一直是高贵而骄傲的。

他也没有忘记十岁的私生妹妹米卡埃拉·科尔蒂耶，他收到了她写给父亲的三封信，但他无法把信交给父亲，因为她说到了父亲的病：“我们尽可能不跟他说生病的事。”

最后，他给阿尔弗雷德·阿斯利纳写了一封极其动人的信，感谢他称颂父亲的一篇赞美文章：

您是对的，像他这样的人是不会回到童年的；他们不会回到过去，他们只会向前走，当他们沉默或者讲一种我们不理解的语言时，这是因为他们正在静观自己曾经生活其间的无限时空，可以这样说，他们在与自己交谈。事实上，对于一个陌生人来说，在某个时刻，我的父亲似乎在智力上停滞了，但对于我来说却不是这样的，我在过去的二十五年里一直了解并观察这个有着特殊习惯的人。劳累的牛，精疲力竭，倒在犁沟里[……]，它环顾四周，直到力量回到身上。这就是发生在我父亲身上的事。有一天，当鹅毛笔从他的手中落下，他开始睡去。

他刚刚进行了一次疲惫的旅行，刚刚结束了一项过度劳累的工作。我把他带到我乡下的家中，在海边，我让他双唇紧贴着伟大的自然的胸口，自然造就了他，而且只有自然能够重塑他。这个动作很突然，带来的冲击令人担忧。自然比他还要抵触；最终他们认出对方，相互倾听，相互微笑。他对自然道歉，兑现了它要求的承诺，而作为回报，它给予他如果不是他曾经拥有的全部活力，至少也是他充满幽默、智慧和宁静的美好时光。只是，因为他从来不会半途而废，他发现眼下的休息、沉思，以及亲密和谐而舒缓的家庭生活是如此美好，他过去在大量的工作中从未有时间去领略，现在他再也不想走出去。他甜蜜地享受着被赦免的、自由的感觉。所有忧虑，所有兴奋，以及他狂热生活的所有烦躁都在我家门前消失了，我只让外面的阳光和风进入我家。有时进来的风有点儿大，但他喜欢这些风，正如他昨天告诉我的那样："我喜欢风，因为它阻止我思考。"

他胃口很好而且很规律，睡眠变得越来越短，更有助于恢复体力。但是，当夜晚来临，他又欣喜地重新陷入睡眠中。想象着一个沐浴阳光和海风的男人，他现在就是这个状态。

我跳过开头给他读您的来信，因为我们一直对他隐瞒病情；他非常感动并和我们聊到他生命中的这段时光，就像回到了十年前。交谈结束时，我问他："好吧，你想重新工作吗？"他用您所熟知的笑容摇着头回答道："不会有人指责我不工作的，我现在这样就很好。"他补充说："告诉阿斯利纳，如果我有一天还能再拿起笔，这一定是为了给他写信，但让他不要太当回事。"

他开始和孩子们玩多米诺骨牌，他非常喜欢孩子们。他累了，回家了，只想休息。休息是他应得的，这话只在我们之间说说［……］。我已经决定了，多亏了您，您是平衡我心灵的力量，我决定不让父亲的那些读者抱有希望。人们永远不会知道，当你是这样一个男人的儿子时，应该如何在公共场合谈论他，要不就太多要不就太少。所有的事情都与朋友、历史和后人相关，孩子只是在需要帮他感谢好意并纠正错误时出现。这两件事中我只有第一件需要向您表达；我用我们美好的回忆和多年的友谊来做这件事。

他还写信给弗朗西斯科·萨尔塞：

我面前是我的父亲，他就在我的身旁。他曾如此强悍，如此健壮，如此善良，如此慷慨，如此天赋异禀。现在他在我面前，几乎瘫痪，一动不动，沉默着，一边看海一边打盹儿，大海对他不发一言。这位不可思议的智者彻底被摧毁了。曾经是烧旺的火炉，现在甚至没有一丝光。他轻轻地走进黑暗中，毫不费力，没有任何痛苦。

父亲几天后去世了，“就像他毫不费力地阅尽人生”，儿子写信给埃米尔·德夏奈尔（Émile Deschanel）。

公元一八七〇年十二月六日上午九点钟，立此死亡证明。亚历山大·仲马·达维·德·拉帕耶特里于本月五日晚十点钟去世，地点为其子在普伊山脉纽维尔镇的家中，卒年六十八岁零四个月，作家，荣誉勋章、莱奥波德勋章、古斯塔夫·瓦萨勋章、伊沙贝尔天主教勋章、圣墓骑士勋章获得者，公元一八〇二年七月二十四日出生于维耶科特莱（埃纳省），其父为已故托马斯·亚历山大·仲马·达维·德·拉帕耶特里，其母为玛丽·露易丝·伊丽莎白·拉布雷（Marie Louise Élisabeth Labouret），曾是在比萨（意大利）去世的伊达·费里耶的丈夫。本证明申报人：居住在普伊山脉纽维尔镇的作家、荣誉勋章获得者亚历山大·仲马·达维·德·拉帕耶特里，四十六岁，称自己为逝者之子；奥古斯特·阿道尔夫·勒莫瓦纳－蒙蒂尼，六十五岁，体育馆剧院经理，目前居住在普伊山脉纽维尔镇，自称为亡者的朋友。

在战云密布之际，小仲马将这个消息通知了朋友们，其中当然有乔治·桑：

亲爱的妈妈：

我给您写了两封信，您都没有回复，这证明信没有送到您的手中。我希望这封信会到您身边。昨天，12月5日，礼拜一，我父亲在晚上十点钟毫无痛苦地故去了。您对我而言是最重要的人，您是我第一个宣布这个死亡消息的人。他爱您，比任何人都更崇拜您。

他还向朋友马夏尔报了丧，同时讲述了不少逸事，说明他的父亲一直头脑清醒，明显就是想让马夏尔在周围传播这个委婉的版本：

他的理智和精神从未减退。他给我们说过几件值得铭记的趣事，我可以讲给您，因为您会善用它们。希望您了解他一直很快乐。在与孩子们玩多米诺骨牌之后，他说："当孩子们来和我玩时，应该送给孩子们一些东西，因为跟我玩一定好无聊。"[……]最后，他说了一句极其优美和富有诗意的话，是关于奥尔加的，她经常来看他，您知道，她纤纤玉手，穿着长裙，看起来有点儿像佩鲁吉诺（Pérugin）画的圣母，而且她总是牵着或抱着我们的孩子。她圣母般的神情，一直深深打动着我的父亲，他和她在一起时总是保持着礼貌，甚至是尊敬。有一天，当他睡着了，她进来，看到他睡着了，她退了出来。他睁开眼睛问道："谁在那里？""是奥尔加，"我妹妹说。"让她进来！""所以你喜欢奥尔加？""我几乎不认识她，但女孩子们就是光。"［……］亲爱的朋友，这些情节，如果您想聊起他，就可以讲讲这些细节。［……］这些情节可以用来回应那些说他强大的头脑衰退的流言，他只是需要在家中充分休息的权利，在家人中间元气十足地休息，面前要有大海和辽阔的天空，身边围绕着孩子们。［……］有人告诉我们，普鲁士人今天占领了迪耶普！所以，他曾经生活在历史小说中，并在其中死去。

临时葬礼于12月8日礼拜四在纽维尔镇的墓地举行。尽管当时局势不安，仍有大批人来到墓地。在迪耶普市政府代表阿尔芒·勒布尔热瓦（Armand Le Bourgeois）之后，蒙蒂尼以巴黎文学界的名义致辞：

在这个敞开的墓穴前，我只对您说几句话。一个名字就够了，这个人将被葬在这里：他是文学复兴时代最伟大的人之一，他的名字闪闪发光，从这个幸运的人第一次成功开始，可以说他是为了荣耀而生。亚历山大·仲马，今天这个名字已经如此伟大，所以它需要两个形象！在将近半个世纪内，让数以百计的有名望之人厌倦于出版这位永远不知疲倦的天才的神作；他的精神和身体同样不知疲倦，他曾经前往亚洲、非洲和整个欧洲的每个角落旅行，然后用他出色的才能告诉我们他所看到的奇迹，这个人最终刚刚在一个普通的村庄里永远地停了下来，他的笔曾讲述过一切，这个村子是他从未提到过的村子之一。他完成了自己的事业；他到了要休息的时候；他刚刚在儿子的怀抱中长眠。

但是，我们说这里不会是亚历山大·仲马最终的居所。先生们，眼下我们正在经历什么样的时代啊，那些曾经成就了国家的荣耀、魅力和光明之人的遗蜕，都无法敲开光明中心的城市——巴黎的大门！巴黎，在潮水般的野蛮人面前关闭，直到恢复自由的那一天，城市的防御和包围结束，大门才会再度打开。届时我们将会回到这片好客的土地，请回大仲马。我们将把他从临时住所送到他家族的最后的安息之地。除非祖国（像亚历山大·仲马这样的人不只属于家庭，他首先属于国家），除非，我是说，感恩的祖国向它的伟人重新打开法国人的“威斯敏斯特墓地”的大门，亚历山大·仲马的位置已经提前标好了！

从墓地回来的路上，儿子遇到敌军士兵，他们要在他家住到1871年3月。第二天，12月9日，一支普鲁士军队以乐队开路进入迪耶普，之前是一个执行侦察任务的枪骑兵分队。

儿子保留了他父亲故去的房间，没有移动一件家具。

小仲马现在是一个孤儿了。他从未掩饰自己对父亲的感情，随着时间的推移，这份感情转变为一种信仰，而他自己成为信仰殿堂的守护人。

第十四章　作为父亲

我不知道有什么能比一个美丽而诚实的女人更加美好；但我希望，她的美丽至少配得上她的诚实。

阿道尔夫·德巴罗尔

《手的奥秘：全面的启示》续完，1879年

战争和溃退加剧了小仲马的悲观情绪，也让他对风俗的败坏极为愤怒。他认为风俗的败坏是法国节节失利的源头。

1870年12月末，他写了一本反击俾斯麦（Bismarck）和普鲁士的小册子，《朱尼厄斯致友人A.D.书信新编：对现行战争的主要人物进行少见但确定的揭露》，1月在伦敦发表。1769年至1772年之间，就在伦敦这座城市，出版了最早反对乔治三世的《朱尼厄斯致友人书信》，作者的身份未能得到确认。

他根据主角们的面相勾勒了他们的肖像，然后推断失利其实是一种胜利，法国需要一场重大的变革，并且，由于战争的出现，这场变革已经开始六个月了，人民为了保卫巴黎已经消除了敌对状态，

这个国家因此摆脱了帝国体制，并宣告成立共和国。他宣称一个全体欧洲的共和国即将到来，并用一个预言来结束这本小册子：

> 未来只有一个家庭就是人类，只有一个目标就是真理，只有一个主宰就是爱，只有一种需要就是和谐，只有一种手段就是工作，只有一项法律就是正义。

他对设在波尔多的临时政府的决定感到愤怒，在随后给阿尔封斯·卡尔的信中这样写道：

> 我一收到您的小册子[1]就立即拜读了。终于出现了一位有见识、有良知、有头脑的人！他有勇气用威严的声音说出这些虚伪的政治家的真面目，这些人甚至都不如流氓恶棍，就是些蠢人。这个甘必大（Gambetta）！什么无法调和！就像是不会调解的律师！真是个奸商！他有没有为公司做足够的推销！简直是胡说！卖假药的商店！什么都没落下，甚至是马赛。我似乎看到他站在舞台上，抠出他的假眼，把它吞下去，忽而它又出现在两个手指之间，最后他灵巧地将它塞回眼眶，以此证明他的视力有多么完美。[……] 雨果，他来蹚这趟浑水做什么……他有过翅膀，他需要一辆战车！但没有人来驾车！……我们用戏剧行话来说，他儿子的死非常及时，给了他离场的机会。亲爱

1 阿尔封斯·卡尔，《为什么?》，尼斯，A.吉列塔印刷厂，1871年，八开本，第34页。

的朋友，事实就是，这一切都不是由衷的，甚至不能自圆其说。您知道为什么吗？因为缺乏您所达到的极高的高度，常识这种品质几乎难以察觉，但存续的时间最长久。[……]共和国万岁！她不会有比我更谦卑的仆人了。但是，在此之前，我们必须尝试一种新的君主制，目的是不要让这卓越的计划被某些人利用，所有的蠢货和傻瓜每天早上都蠢蠢欲动，开始通过制造恐慌来取胜，国王万岁！[……]这个伟大的国家很容易治理！无论谁想拿走总是很容易。[1]

当巴黎公社爆发时，出于对无政府状态的恐惧，他宣称自己愿意相信“人们最终会出于良知彻底消灭那些无任何用处的恶棍和傻瓜”。

与此同时，《宗教周报》发表了一封与他父亲去世有关的信，而且被恶意地归到他的名下。他非常愤怒，在写给乔治·桑的信中指责他“可笑的妹妹”在父亲去世后认为应该“写信给韦约（Veuillot）先生，她在信中称此人为**亲爱的使徒**”，并在信中以基督徒的方式向他宣告父亲死亡的消息，说她在父亲失去意识三天后为他找来一位神甫。“韦约可不是傻瓜，把这封信加到我的头上，《宗教周报》转载了这封信。我到处写信，以便把属于我妹妹的东西还给她。也许您听说过这封愚蠢而满纸谎言的信，您认为我会写这样的信吗？”

相反，他认为那些庸人无法理解父亲的伟大之处，所以为乔

1 尼斯市图书馆，遗产部，Ms 594 (50)。

治·桑描绘了一幅父亲的最佳肖像：

我不怎么担心德·圣维克多先生或者某个搞笑的人对父亲的看法（他大概都没读过），但您的意见对我是宝贵的。也许有一天，我也会说出（父子关系暂且放一边）我对这个与众不同的、特殊的、超出同代人之人的看法；他是普罗米修斯那类的好孩子，他最终平息了朱庇特的愤怒，并将秃鹫插在钎子上。从种族混合的角度来看，他身上具备了最有趣的、最值得研究的内容和最令人好奇的史料。[……]我一遍遍重读他的作品，被他的激情、博学、口才、幽默感、才智所碾压，为他的优雅、力量、激情所折服，这种性情和对事物，甚至是人的根源的洞悉，毫无模仿或抄袭。他一直都是清晰、精确、高明、有益、天真和善良的。

他对妹妹的反感并不令人感到奇怪，父亲遗产继承的问题同样是一波三折。

他不是要与当时还背负着债务的妹妹断绝关系，因为这意味着放弃大仲马所有作品的版权，把照料其身后荣光的责任交给无关紧要的人或者骗子。但是大仲马在1865年10月确实立下了有利于路易·夏尔皮翁（Louis Charpillon）的遗嘱，后者曾经是公证人、吉索尔治安审判员，还是一名贪婪的商人，成为大仲马全部遗产的受赠人，当然允许赎买。因此，小仲马必须从夏尔皮翁手中购买父亲的文学财产。随后，小仲马和受赠人之间进行了一系列通信，后者与前者讨价还价，希望重新获得政权更迭中失去的治安审判员的职位。他在信中低三下四地建议充当小仲马与他父亲所有债权人的中间人，劝他用不正当手段剥夺部分玛丽·仲马的遗产，下面是1871年3月的信：

为了感谢您，如果需要，我甚至可以装作向您借了一笔款，然后我会用我自己的名义偿还所有债务，随后我将通知您的妹妹在偿付这笔债务之前不能要求继承权。

费用一旦支付，我会让人搬走瓦格拉姆广场的所有家具。

通过这种方式，一切都将很快解决而且不需要任何花费，花费是需要避免的，因为如果今天继承的财产只有结欠的债务，那么几年内这个债务将被还清，遗产还可以继承，要付出任何费用对我们所有人来说都是没有必要的。

再见，我亲爱的朋友，请代我向仲马夫人致意，我得对您承认，她的优雅和善意令我倾倒。给您漂亮的宝宝一个吻。

5月3日签署的协议写明："夏尔皮翁先生已经向小仲马先生转让了公元一八六〇五年五月六日他作为受赠人的协议所带来的利益和利润，以及他在公元一八五九年十二月二十日的协议中可能属于他的所有权利［……］，折合本金两万法郎，以现金方式支付。"同一天，夏尔皮翁提醒小仲马他所做的一切："所以您收回了您父亲所有的文学遗产。这是最美好的继承。"

同年5月底，小仲马前往凡尔赛，公社社员正在那里受审。他搬到了蒙博隆街，在那里专注地观察事态的发展，并试图帮助那些他推测或确认是无辜的人，比如保罗·穆里斯，尽管他发表在《召唤报》的文章很温和，甚至批评了巴黎公社的某些决定，他还是被捕了。乔治·桑写信给他：

> 我知道，甚至在公社期间，在您还没被捕、还没有受到任何伤害的时候，小仲马就写了几封信和我谈到您。他见过您，给我描述了关于您的细节。他对您的健康状况很不满意，至少看上去如此，但他并不担心被捕之后的事。我知道，他为了让您获得自由而积极奔走，他并不需要我写信来激励他。他成功了吗？我不知道。他很忙，非常活跃。他的信只写了几行，没有说明他是直接还是间接营救您，但我知道他非常关心的是释放无辜的人，他为此多次来回奔波。

后来，毫无疑问是在6月，小仲马向乔治·桑解释了他在凡尔赛出现的原因：

> 我来这里不仅是为了看看，而是为了救助。囚犯人数太多了，在这种情况下，有一些无辜的人与罪犯混在一起，而且受到与罪犯同样的对待，因为物质短缺，所以是不可能区别对待的。那些负责甄别的人任务繁重，而且他们往往不清楚人类的这种天性，我则自负非常了解。我试图用自己的方式推测和辨

识出无辜者，我会让他们回归家庭和工作……

在6月的日记中，乔治·桑评论道：“亚历山大说，他已经通过法弗尔（Favre）博士教给他的观相术解决了大量问题。他的信很奇怪，我搞不懂他将如何令军事法庭采信他的分析测试。”

尽管埃米尔·贝日拉（Émile Bergerat）仇视公社，他还是承认小仲马拯救了一位巴黎公社将军的生命。

小仲马是否插手了挽救亨利·鲍尔的性命？——有人认为他们是同父异母的兄弟。亨利·鲍尔是巴黎公社的官员，在茹安维尔乐蓬被逮捕，关押在凡尔赛城堡的橘园。1872年5月1日，他与三百名公社社员登上了开往新喀里多尼亚的船，流放殖民地长达七年。

6月6日，他在米歇尔·雷维的报纸上发表了《当日要闻通信》猛烈抨击古斯塔夫·库尔贝（Gustave Courbet），库尔贝是巴黎公社坚定的支持者，被指控应对毁掉旺多姆圆柱负全责并被判定承担重建的费用：

这个叫作古斯塔夫·库尔贝的东西，简直是鼻涕虫和孔雀杂交出来的，创世纪都造不出来的玩意儿，皮脂溃烂长出来的东西！在某个钟楼底下，把红酒、啤酒、腐蚀性液体和肿胀的烂玩意儿浇在粪便堆上，才可能结出这个夸张的毛茸茸的倭瓜、这美不可言的大肚皮，这个愚蠢、无能的自我的化身，这难道是上帝开的玩笑？这个宵小竟然想毁灭上帝，上帝开得起这个玩笑并且已经插手了。

这一年的6月，陷入挫败感的小仲马在《萨尔特报》上讨论改革的必要性：

> 法国人必须一致努力，汇集所有意志，集中所有力量，形成统一、持续和坚定的思想：对外履行义务，对内自我重生。法国人必须生活简朴；他们应该虔诚、谦逊和耐心；父亲要工作，母亲要工作，孩子们要工作，仆人也要工作，直到法国重新赢得家庭的荣誉。人们听到所有人都工作形成的规律而连续的声音，这时会有人问："这是什么声音？"我们每个人就可以回答："这是正在自我解放和自我重生的法国。"

7月，乔治·桑没能在奥尔良派的《两个世界》杂志上发表关于《朱尼厄斯书信新编》的文章，她建议小仲马和几个朋友创办一家新杂志。他断然拒绝了，还建议"妈妈"不要与《两个世界》杂志决裂，而是保留在这家杂志发表一切意见的权利。最后，她修改了自己的文章，作为《朱尼厄斯书信新编》[1]第四版的序言，交给米歇尔·雷维发表。

10月10日，在体育馆剧场举行了《一场婚礼前的拜访》的首演，这是小仲马的独幕喜剧。乔治·桑对朋友埃德蒙·普朗舒（Edmond Planchut）先是取笑他的细亚麻衬衫、黑色外套、染过的胡须以及他

1 《朱尼厄斯致友人A. D. 书信新编——对现行战争的主要人物进行少见但确定的揭露》第四版，本版增加了乔治·桑的序言。

在首演仪式上摆出的巴西人般的神情，随后因为观众矛盾的愿望而对喜剧是否成功表示怀疑：“希望公众对亚历山大不要太一本正经，愿可怜的卡多尔[1]能重新振作。但观众们一方面希望他不要太冒犯，另一方面又想要逗乐，这部戏只会因为冒犯而使人开心。观众不容易取悦，他们是不道德的，也是虚伪的。”

观众的不道德和虚伪似乎得到了满足。乔治·桑说“很高兴得知这部剧立住了，不管怎样还是取得了成功”。

然而，在11月收到印出来的剧本时，她的热情降了下来：

> 我发现剧本的背景有点儿奇怪，至少就动机而言。因为，诱惑者是真实的，朋友是迷人的，新娘也是真的做了蠢事。但这位女士太机智了，虽然她保住了面子，[2]但她太不把尊严当回事了。她用来挽回男主人公的那个喜剧场景，诚实的女人是不会这样做的，这让我担心她太狡诈了。而当她摇动手帕，这简直太天才了，肯定会有效，我担心她会做她吹嘘过的所有事情。[……]我觉得您过于迁就戏剧效果了。不应该由我告诉您怎么做。我不清楚，我可以看清的是道德：犯错有什么好处？教训已经给了。但那个女人是否配得到教训？她是否有心肠、有灵性来接受这个教训？

---

1 埃德瓦尔·卡多尔（Édouard Cadol），三幕喜剧《幸福债权人》的作者，这部剧在10月11日上演。

2 诱惑者：加斯东·德·西涅鲁瓦（Gaston de Cygneroi），朋友：勒博纳尔（Lebonnard），新娘：费尔南德·德·西涅鲁瓦（Fernande de Cygneroi）夫人，女士：莉迪·德·莫朗西（Lydie de Morancé）夫人。

埃德蒙·阿布看到手稿时就赞叹不已，演出更使他如遭雷击：

> 我和妻子孤零零地待在楼下的包厢里，就像两个自私自利的人，不想与无动于衷的人分享这场演出带来的激情。我们受了惊一样走出剧场。亚历克斯[1]说："你的朋友刚刚带着1500人在一根钢丝绳上开了场舞会；我在想怎么我们都没有摔断脖子，但我不介意，我很高兴我去看了演出。"至于我，我不会再琢磨，也不会再去想；我头上似乎沐浴着智慧之光，或者说是一场风暴，我后来才明白。

此外，他对扮演莉迪·德·莫朗西的女演员赞不绝口，这个看似堕落、专横的女人，引发观众三次潮水般的掌声，甚至在幕间休息时也被要求返场："我第一次看到这位德克雷，最早她看上去丑陋、瘦弱、粗俗，就像街头的女孩。但过了一会儿，不再是那个她了，是千倍万倍的好：她就是一个穿着灰裙子的剧本。"

对于小仲马而言，艾美·德克雷不仅仅是位女演员，而对于德克雷来说，小仲马也不仅仅是位作家，因此，有必要停下来说说他们的关系。任性妄为的女演员一度受聘于体育馆剧院，随后她加入欧仁·梅纳迪耶（Eugène Meynadier）的剧团，剧团在意大利巡演，跑遍了所有大城市。大约有五年，德克雷曾是剧团演员邦杜瓦

1　他妻子安娜·路易·维克托瓦·基耶维尔（Anne Louis Victoire Guillerville，1842—1929年）的别名。

（Bondois）的情人，跟着他演出，邦杜瓦是个“极其正派的人，不仅正直而且有良心、有分寸”。1867年，她在圣于贝尔剧院主演《狄安娜·德·利兹》。当她得知小仲马在布鲁塞尔小住时，就写信给他：“来看我演出吧，他们说我又进步了。只有您亲自这样说，我才会相信”，她写道。小仲马已经意识到他面前是位一流的女演员。他将她推荐给蒙蒂尼，蒙蒂尼无可奈何地接受了。[1]与小仲马的重逢成就了她演员生涯的另一次巅峰，因此她对他怀有狂热的感激。她本来希望他们的关系不会止步于此，然而，小仲马有自己的原则，加之考虑到与女性的复杂关系，他拒绝了。他只会是女演员的朋友、知己和可以倾诉的人。不久，她告诉他，她有了一个情人，但是她却充满悔恨。他简单地告诫她：“啊！可怜的人，你的心该有多么挣扎！你更想哭而不是笑，你知道这一切都是错的！你会失去羽翼上刚刚长出的羽毛。然后你想进修道院。有什么意义呢？你不会留在那里。此外，对于想进修道院的人来说，到处皆是修道院。真正的修道院，是自尊自爱。在那里，不需要栅栏、铁锁、忏悔室和牧师。你不喜欢自己以身相许的男人，你认为嘲笑他可以让自己获得原谅！至少去爱他吧，否则你床上的气味会让你头晕。当人们相爱时，这气味就是芬芳，不相爱时就是瘴气。某天早晨醒来，你会不知道如何摆脱这摊泥沼，你会留下一封信，在信中写下所有未完成的理想，然后自尽。”

1 保罗·杜普朗（Paul Duplan），《艾美·德克雷致芳芳的书信》，巴黎，卡尔曼－雷维出版社，1898年。

艾美·德克雷不是唯一一个寻求小仲马的关注、友情甚至爱情的女人，但最终他都成为聆听她们忏悔的人。他不仅仅是一般意义上的女性之友，还成为体育馆剧院另一位女演员玛丽·德拉珀尔特（Marie Delaporte）的朋友和精神支撑。这个女孩出身良好的家庭，受过教育，很早就感受到戏剧生涯的召唤，在1855年十六岁那年加入了体育馆剧院，扮演天真少女的角色。她在《私生子》中扮演艾尔米娜（Hermine），在《放荡的父亲》中扮演艾莱娜（Hélène），在《女性之友》中扮演亚娜·德·希姆萝丝（Jane de Simerose），在《奥布莱夫人的见解》中扮演雅妮娜。她和其他女演员一样依恋小仲马，为他能抗拒她们投怀送抱的心性而着迷，成为他相当亲近的朋友，1868年夏天，她受邀来到小仲马在马尔利或者普伊的家中。《女性之友》"题献给德拉珀尔特小姐。友谊、感激和尊重的公开见证"。

1868年，她在圣彼得堡的米歇尔剧院参加了小仲马戏剧的演出，一直待到1874年。归来后，从10月29日开始，她在法兰西喜剧院重排《半上流社会》，再后来离开舞台，到师范学校教授朗诵。

后来，在《致女罪人的信》中，他定义他们之间的关系："德拉珀尔特小姐谈起我，而且她说的很站得住脚。她当然是我最尊重的女人。我没有见过比她更值得称道、更有尊严和更勇敢的女人了。我们对彼此抱有极深的感情和极大的敬意。[……] 有人假设在我们之间发生了各种从未存在过的东西，我很高兴他们搞错了。[……] 总的来说，男人最大的错误是认为要真正拥有女人，至关重要的是占有她的身体。正相反，这只是肉体的占有，除非因为婚姻、相互责任、家庭而变得神圣，其中也包含了相互剥夺的原因和种子。确实，没有陶醉，但也没有饱足感。从独一无二的灵魂交换中感受到的印象是如此纯洁和清新，甚至可以说这种印象阻止了两个感受到身体衰老的人真的变老。”

不仅是女演员们恳请他，画家玛德莱娜·勒迈尔（Madeleine Lemaire）也希望他能够修正自己混乱的生活状况，向他求助。

“您肯定是我所认识的人中最值得同情的一位，”他回答说，“您才华横溢，太习惯于工作，以至于爱情现在很难成为您生活的头等大事。[……] 作为消遣的爱不是爱情。这只是风流韵事，您已经身经百战，很清楚事后留在灵魂中的失望和空虚。[……] 您还有什么可以支撑自己的吗？很多智慧和一点儿真心。两个人可以彼此给对方什么？首先是工作，其次是孩子。这就是为什么我建议您关心您的画作和您的女儿。您会在生活中迅速找到您从未有过的重心，这个重心不会阻止您笑，而是会令您的笑容更加真诚和开朗。[……] 您将收获您时间的价值，而这是最令人尊敬的事情。[……] 这就是我的回复，我美丽的朋友。对您来说，这可能还是有点儿严肃了，但站在您的角度，这是生活教给我的诸般经验中重要的一件，我不时让它为我所爱之人服务，而您正是其中之一。”

作为沉沦女性的忏悔人，他同时希望进行某种指引，目的是提振受伤者的信心，恢复她们减退的道德，为此他承诺排演两部戏剧和写一本小册子。由此，他再度开始关注男人和女人的关系问题，谴责通奸带来的破坏。

在第一部剧中，主人公是一对夫妇，男人善良、诚实、聪明，女人则很堕落，最终丈夫杀死了妻子。但是，小仲马放弃了这个剧本大纲——他将在以后重新修改。他把剧本改了，主人公夫妇是软弱易变的丈夫和诚实、可爱、聪明的女人，这个出发点更顺应戏剧观众的习惯。他向《插图》杂志的评论家亨利·拉瓦承诺“剧情是崭新的、生动的，结局是奇特的。”

> 亲爱的先生，我认为您会很喜欢我现在正在写的三幕剧，德克雷夫人也是。她又有用武之地了。[……]如果我没有时不时再犯头疼，所有的脊柱问题、脊髓神经和交感神经没有同时罢工，我本该早就写完了。然而，天气很好，但我过去严重透支了我的骨骼健康，它们现在造反了。就这几天，我眉毛以上的部分会有点儿疼，我不得不脸朝下趴在桌子上。剧本就要完成了。萨尔塞会告诉我关于我的那些废话，《插图》杂志将发表我的肖像。之后呢？
>
> 我只剩一幕要写了，也就是二十四小时的事。但这二十四小时且拖了些日子。

《乔治王妃》描写了一位女性塞芙琳（Séverine），她是亲王比拉克（Birac）的妻子。在结婚几个月后，她得知丈夫与德·泰尔蒙德（de Terremonde）夫人私通，本来她是把后者当成最好的朋友的。她把这件事告诉了泰尔蒙德先生。泰尔蒙德先生偶遇妻子和一个男人在一起，他以为是比拉克杀死了那个男人。但事实上，被杀的不是比拉克，而是这位女士的另一位情人——年轻的封代特（Fondette）。

这样，情妇的不忠落到亲王的眼里。他跪在妻子面前，请求原谅。妻子原谅了“一个只有感官参与的、愚蠢的错误”。

这部剧于1871年12月2日在体育馆剧院上演。乔治·桑先是生气地得知小仲马因为公众的反应要修改结局，但随后很高兴地得知作者身体不错，其他都不重要。

后来，阅读剧本点燃了她的热情，她认为剧本“棒极了”，并明确说：“这个愤怒而大度的女人是个了不起的人物。萨尔塞说她很性感！为什么不呢？但她善良、正直，她会为此付出昂贵的代价。她的丈夫还会故态复萌，她将不得不恨他、鄙视他，如果她有孩子就会离开他，因为他毁了她们也就失去了她们。但这部戏的第一幕为什么要描写这种悲惨的生活？为什么我们想为所有角色高兴并确信他们拥有幸福的未来？您没有义务写一场愉快的冒险，您用最简单的元素、最熟悉和常见的情境打造了一部锥心的戏，您的这部剧是全新的，结局是巧妙的，我找不到可以置喙的地方。”

为了完成父亲的遗产继承，还需要出售他最后的住处——马莱伯大道的房子。他把这栋房子卖给了夏尔皮翁。玛丽·仲马-佩泰尔（Marie Dumas-Pétel）试图再次反对她哥哥这样做：

“帮我个忙，”她在8月写信给父亲的朋友皮埃尔·马格里（Pierre Margry），也是她的支持者之一，“向所有您认识的人讲讲这些事。这笔可悲的买卖将会在我的公寓里进行。请和我一起努力，让这笔买卖不要带来耻辱。我生病了，病得很厉害，在哥哥的压迫下不得不低头。当我去看您的时候，我会告诉您每天发生在我身上的事，有明确的证据表明，这个残忍的男人想从我身上剥夺他所能拿走的一切。为了跻身导演行列，他把私人生活和道德生活都当成体育馆剧院上演的戏码了。”

夏尔皮翁，出于贪婪或是对小仲马的逢迎，对玛丽·仲马特别吝啬：“在与施拉米夫人商谈之后，我的意见是出售存放在当铺的俄罗斯花瓶，佩泰尔夫人没有任何可以收回的权利。”

拍卖会于9月1日在拍卖行举行。《宇宙箴言报》列出了售卖清单，在最后说：“看起来很像一个旧货铺”，“所有这些物品集中在一起构成了一个家庭博物馆，这是一位值得怀念的小说家的历史。为什么要让这些物品分散到一百个人的手中？这会令所有这些物品失去价值。这些物品只有放在一起才有意义。”

《费加罗报》的一篇文章为拍卖而万分激动，夏尔皮翁觉得自己有义务回应这篇文章：

> 该报称，在出售仲马遗产中的家具时，人们并不了解百万富翁的这两位子女为什么要出售他们父亲的家具。
>
> 请允许我为您解释原因。
>
> 这两位子女，小仲马和佩泰尔夫人都与拍卖无关。作为全部的受遗赠者，是我个人发起的拍卖。另外，由于无法说明的原因，也没有别的可能做法。
>
> 而且，必须要说，小仲马出于虔诚，从我这里买回了真正属于他父亲的家具以及所有他珍爱的物品。由一位非常熟练的拍卖师卢梭先生主持的拍卖会获得了1.6万旧法郎。小仲马购买

的金额超过1.3万法郎，你们看，我可以说是他赎回了一切。

一般而言，小仲马都会表现得很慷慨，他让父亲把寓所给了乔治·马里约侬（Georges Marionon），也叫瓦西里（Vassili），是他父亲从格鲁吉亚带回来的仆人，属于父亲的一些物品也给了瓦西里。人们可以想一想为什么他却对自己的妹妹如此冷酷。他的妹妹与丈夫离婚了，在父亲去世后没有任何收入。可能她的生活方式、她的怪癖、她的过分虔诚让他神经紧张。他认为只有他才是继承人，只有他才拥有父亲的爱。

然而，1872年12月30日，玛丽的一封信将会表明小仲马履行了当哥哥的职责：

亲爱的朋友：

你通过律师愿意向我提供的7000法郎足以清偿我最大的债务，并且我同意支付我在父亲去世之前和之后签订的剩余债务，我将每月结余500法郎用以还款，我们之间达成协议，这样就无须再次求助你。

如果你希望如此，我准备签署你的律师发来的第二份证书，或接受任何其他你更方便的方式，以便协商我们后面的安排。

我感谢你让我偿清了债务，并请你，亲爱的朋友，接受我衷心的感谢，我祝你和你的家人新年幸福。

一切都表明在达成这些安排之前谈判很艰难，并且玛丽已经权衡过小仲马独自掌握版权的情况。无论如何，如果这封信显示出一些和缓，这就是一封商业信函，而不是兄妹之间充满感情的信件。

最后，1875年11月，夏尔皮翁的信显示，小仲马从未被他的可疑安排所欺骗，他在金钱方面表现得很坚定：

小仲马先生：

我一直希望不会失去您父亲欠我的8000法郎，而您曾答应还钱给我。

我搞错了！

我不希望在大仲马和小仲马的代表之间发生诉讼，我来告诉您我放弃所有的要求。

为了程序的合法性，我向施拉米夫人提出撤诉。

我放弃向您索要任何东西，我全权解除您对我所做的所有书面或口头承诺。另一方面，三年以来为解决您继承父亲的财产以及我的所有措施的所有费用，我全部免除。最后，我放弃对您以任何理由进行索赔。

终于结束了！

如果我没有得到我指望的东西，我至少会得到安宁。

在任何情况下，我都会履行您父亲的意愿。“您有他的戏剧作品的版权。”我的任务完成了。

我现在只需要迫切地向您表达我的敬意。

早在1871年10月，小仲马就开始毫不拖延地履行他赋予自己的使命，即为父亲的作品效力和让作品永远流传下去：他出面让法兰西喜剧院于9日再次上演《贝拉伊勒小姐》，13日上演了《路易十五时代的婚礼》。

战争一结束，儿子希望父亲的遗骸能有一场配得上他名望的葬礼。1871年11月17日，他告诉父亲的老朋友、餐馆老板维耶莫（Vuillemot）："我希望至少能在今年年底前将他葬在拉雪兹神父公墓。"

消息一经公布，引发了他父亲的家乡维耶科特莱居民的强烈反响："维耶科特莱的居民刚刚向仲马先生传达了大量信息，他们反对将他父亲的遗体移葬到巴黎。他们不相信小仲马先生想剥夺他们拥有这些光荣的遗骸的荣誉，并且为了支持他们的要求，他们还提到了死者的愿望。"

儿子终于接受了维耶科特莱居民们的理由和愿望。

1872年4月12日，法兰西喜剧院的经理埃米尔·佩兰（Émile Perrin）向小仲马提出要参加仪式，这也是引起关注的一种方式：

> 我听说您礼拜二要将尊亲的遗体送往维耶科特莱。
>
> 您会允许我加入您父亲的朋友和崇拜者的队伍吗？据说这些人都会陪同您前往。
>
> 法兰西喜剧院代表团将和我一起代表这家剧院，您父亲非常熟悉它，请允许我希望有一天也能成为他的儿子熟悉的剧院。

维克多·雨果在一封辞藻华丽的信中因为无法出席而向儿子表示歉意，这封信发表在《召唤报》上：

我亲爱的同行：

我从报纸上得知，明天，4月16日，亚历山大·仲马的葬礼将在维耶科特莱举行。

我因为孩子生病而无法离开，我将无法前往维耶科特莱。这对我来说是一种深深的遗憾。

但我希望至少能够靠近您、和您心贴着心。在这个痛苦的仪式中，我不知道我是否可以说话，我心中堆积着强烈的情感，许多坟墓在我面前一个接一个打开。我曾尝试说几句话。[……]这位伟人能够创造所有奇迹，不管是传续，还是复活。他虽然离开了，但他有办法留下来。我们没有失去这位伟人，您一直拥有他。您的父亲与您同在，您的名声延续了他的荣耀。[……]

当我回到巴黎时，亚历山大·仲马刚刚离开。我没能最后一次握他的手。今天我又缺席了他的最后一次仪式。但他的灵魂会看到我的灵魂。[……]

亲爱的同行，我朋友的儿子，拥抱您。

4月17日，亨利·哈里斯（Henry Harrisse）向留在诺昂的乔治·桑报告：

昨天，我去维耶科特莱参加了大仲马的葬礼。我非常自然地使用这个家人之间的称呼，因为我身不由己，无法将伟大的小说家与这个我们都熟悉的善良、可爱、有趣、轻松、无忧无虑、永远年轻、永远微笑，但毫无风度可言的人截然分开。

我会把您在报纸上看不到的部分告诉您。

这一天天气极好。从早上八点钟开始，北站就有大量自发前往的宾客，坐满了十二或十五节车厢……

随后列出了一长串巴黎文学界名人的名单，转述了关于缺席者或那些保持距离的人的流言蜚语（“亚历山大的妹妹离得远远的”），还有些难听的话（“保罗·穆里斯拒绝宣读维克多·雨果寄来的信，因此在墓地那里根本没有读过这封信。再有，当天早晨的《召唤报》就用这种细腻和微妙来区分这里的文人”）。

亚历山大在前一天晚上就到了维耶科特莱，他到车站来接我们。他的脸色极好，衣着从没有过这么精神。因为他进行高强度锻炼有一段时间了：击剑，每天打台球等等。

市议会和市长都没有出席，亚历山大因为他们的吝啬而粗暴地把他们撵走了。教堂当然全都是黑色的，但用的都是从巴黎运来的装饰品。弥撒漫长得似乎没有止境。

我们去了墓地，几乎所有的居民都跟去了。在那里，文学家协会主席和戏剧家协会副主席发表了热情的演讲。然后是一位希望提名市议员的本地居民称赞加里巴尔第（Garibaldi），大肆宣讲“路易–菲利普的民间公诉和臭名昭著的蒙塔朗贝尔”。为何提到路易–菲利普、加里巴尔第、蒙塔朗贝尔，我们永远不会知道。

最后，这一天进展顺利，我们都坐上了五点十五分回巴黎的车。

演讲结束后，小仲马说了几句话：

我父亲一直想埋葬在这里。他在这里留下了友情和回忆，昨晚，正是这些友情和回忆迎接了我，还有那么多忠诚的臂膀伸出来替换抬棺人或者陪伴他们的朋友直到教堂。[……] 我希望这个仪式不仅仅是一场葬礼而是一场节庆，不是埋葬而是复生。

第十五章　母　亲

我对胜利和虚名没有任何兴趣，或者至少很久以前我就远离这种嗜好了，因为如果说我渴望荣耀，但在内心深处我希望这只是公众对我努力去拥有的价值的肯定，并以此确认我认为正确和努力传播的思想。

阿道尔夫·德巴罗尔

《手的奥秘：全面的启示》续完，1879年，第912页

1872年这一年，在报纸上，人们对男人和女人之间的关系问题争论不休。5月15日，《晚报》发表了亨利·迪德维尔（Henry d'Ideville）的一篇文章，标题是《杀人的男人和宽恕的男人》，他在文章中反对法国的法律允许丈夫杀死不忠的妻子。

在与亨利·法弗尔（Henri Favre）医生长时间交谈后，小仲马写了题为《男人-女人：回答亨利·迪德维尔先生》[1]的小册子进行反驳。亨利·法弗尔根据圣经文本研究过两性，并于当年出版了一本

1　小仲马，《男人-女人：回答亨利·迪德维尔先生》，巴黎，米歇尔·雷维兄弟出版社，1872年。

名为《圣经，三遗训：圣经的方法、功能、个体和实践研究》。

小仲马在小册子中提及时下流行的生理差异观点："女人永远不会去推理，甚至不去看证据，她们只屈服于感情或力量。坠入情网时是朱丽叶，失恋时就是玛尔蒂娜！其他的对她们来说完全无所谓。我此处所写就是为了提醒男人们。如果在这些真相揭晓之后，他们继续以旧的方式对待女人，那就不是我的错了，我会像彼拉多（Pilate）一样做。"

他曾见过许多乖张、爱撒谎或半疯狂的女人，所以建议选择一个信教、贞洁、勤劳、健康和快乐的妻子。他最后建议被欺骗的丈夫："杀了她！"

在这本小册子中第一次出现了"女权主义者"（féministe）这个词：

> 女权主义者，请原谅我用了这个新词，她们善意地说："所有伤害都来自人们不想承认女性与男性平等，必须给女性以与男性相同的教育和相同的权利。"

吉拉尔丹也参与了论战，他在同一家报纸上发表了《男人和女人》，并且基本上支持关于两性生理差异的论点。

乔治·桑7月之后从卡堡回来，她为《时报》写了长篇连载，后来以《男人和女人：致友人信》的题目出版。她在连载文章中对亨利·法弗尔说：

我亲爱的朋友，我在下礼拜《时报》的连载文章中发表对您以如此科学的态度和精神的高度阐释《圣经》的看法。亚历山大把您的见解归为己有却没有提到您的名字，这让我很惊讶。显然是您要求他保持沉默，虽然我并不了解原因，我也不敢提到您的名字。而且这并没有困扰我，因为我没打算批评您的见解。[……]

因此，我对男人女人实质问题的概述并不是为了回答您或者他，我甚至认为我成功了，没有让他感觉到这一点。我回答了人们对小仲马的解释，同样也是对您的阐释，这些阐释太过分了，以至于到了令人反感的地步。我在没有提及任何文字或人的情况下，使用了我们最近一次在马尼府晚宴上跟您说过的三个词。我将坚持这个态度。

她所说的三个词是对男人女人彼此相似的肯定，他们仅仅是因为教育问题才有所不同。

就在这场争论期间，1872年8月17日，温柔的奥尔加嫁给了夏尔·贡斯当（Charles Constant）侯爵，也就是尼古拉·德·提耶里·德·法勒当（Nicolas de Thierry de Faletans），尽管侯爵的母亲以及岳父都对这件事提出了反对和警告。众人对这桩婚事的反对意见被写入了法律文件。在这份法律文件中，奥尔加被称为“亚历山大·纳里什金的大女儿，其父于公元一八五四年五月二十六日在普兰帕莱（瑞士）去世，其母为娜代达·伊万诺夫娜（Nadezda Ivanovna），孀妇，有年金收入，现为亚历山大·仲马·达维·德·拉帕耶特里的妻子。亚历山大·仲马根据法律，通过巴黎公证人马雄夫人发表了三份声明，不同意这桩婚姻”。

丈夫实际上是一个吃软饭的浪荡子，甚至不逊色于小仲马戏剧的诸位主人公，急急地挥霍纳里什金的财产。

这场婚姻将会诞生两个女儿。受奥尔加可预见的不幸的启发，小仲马创造了两个受嘲笑的女性角色：《乔治王妃》中的赛芙琳，在她身上小仲马写下了他的保留和他对婚姻的灾难预感，另一部是《异乡女人》中的塞蒙（Septmonts）公爵夫人，记录了他的担忧。

1872年10月23日晚，受病痛折磨的泰奥菲尔·戈蒂耶在讷伊的家中去世了。善良的泰奥，始终对小仲马如此仁慈，无疑在小仲马忧郁的时期拯救了他，这所房子对小仲马是如此的温暖。两天后，他承担起为逝者写悼词的令人伤心的荣誉。那天，埃德蒙·德·龚古尔在四轮双座马车上看到“亚历山大·仲马正在念悼词，致悼词的本来应该是身材魁伟的马夏尔，而他正瘫坐在名人朋友对面的折叠椅上”。

献给那位曾是语言巨匠的人的悼词将稍晚在蒙马特墓地的墓前宣读：“这位出色的写作艺术的大师就是泰奥菲尔·戈蒂耶。法语所有的苛刻要求、细密脉络，法语语言的技艺都同时存在于这个清晰而强大的头脑中，没有人能更加确信、优雅、科学和有力地掌握它了。”[1]

1　参见10月27日的《事件报》。后收入《幕间休息》。

作为同辈中唯一活着的人，维克多·雨果向消失的整整一代人致敬：

啊！暮色中响起多么凶残的伐木声！

有人为赫拉克勒斯砍伐参天的橡树

死亡之马开始嘶鸣［……］

咽下最后一口气……哦，戈蒂耶！你，和他们比肩，是他们的弟兄，

你在仲马、拉马丁和缪塞之后离去，

我们曾在远古的浪花里返老还童，而今皆成空。

1873年1月16日，在体育馆剧场的舞台上演了三幕剧《克洛德的妻子》。这部剧采用了最初被放弃的剧情梗概，剧中，堕落的女人最后被诚实和聪明的丈夫杀死。

这位丈夫就是克洛德·利佩尔（Claude Ripert），他发现有一种机器能够在几分钟内杀死成千上万的人，一个神秘协会派康塔尼亚克（Cantagnac）来窃取这个秘密。康塔尼亚克向克洛德的妻子塞萨丽娜（Césarine）承诺用两百万来换取克洛德的手稿。塞萨丽娜犯过几次错，都被原谅了。她试图重新征服克洛德挫败后，又勾引克洛德的学生，骗来了手稿，但当她把手稿交给康塔尼亚克时，克洛德一枪打死了她。

所有人都极为好奇，人们争抢门票，正如作者给埃米尔·德夏奈尔的信中所写的那样：

《克洛德的妻子》不安排带观众的彩排，也不会有任何女人的位置。如果我能够，我会先寄给您！您会有一个正厅前排座位。当然，如果我能想办法找到两个位子，您就可以选择了。但您为什么动手这么晚？名单已经确定两个礼拜了。每个人都想看第一场演出，或许是因为不会有第二场。这位作者太离谱了，让他得一个教训也没什么害处！

信中的最后一句简直是预言，因为这出戏多少有些夸张，公众的反应极为强烈。这部作品混合了喜剧、情节剧和象征主义戏剧，正如作者在序言中所写，主要人物代表整体多于代表个体，遭到口哨声、嘘声、笑声，以及质疑和嘲讽。乔治·桑的女儿索朗日也出席了首演，证实了观众的拒绝："太可怕了，简直令人愤慨！罗列了一堆不名誉的情节，病态而混乱，令人作呕。"

她的母亲，在小仲马不知情的情况下，通过亨利·哈里斯拿到了剧本的手稿，向后者承认她不理解情节的发展和人物的行为："为什么亚历山大认为有必要建立一套完整的理论？这套教义既不属于我们的时代也不属于我们生活的环境，我不知道。我要说我看不懂。"

几天后，她告诉作者她的保留意见并给出另一个结局的建议：

前两场很精彩。我不太喜欢第三场，不是因为我对结局（谋杀）有不同看法——我的意见可能更加残酷，而是因为克洛德体现了比真实的人更伟大的理想，在我看来，他应该坚持下去。杀人是人类正义的行为，克洛德处在正义之上。一个伟大的人没必要杀死一只疯狗。这是安东尼的活计，他可以因此而赎罪和恢复名誉。克洛德一拿起枪，就当着目击者说："是我杀了人，这是我的权利"，他独自承担起事件的后果，因为必然会有后果，我们不会在没有思考的情况下杀死一个小偷。让克洛德坚持他自己，也就是说，总是站在一切事和一切人之上。

小仲马遭遇了他戏剧作家生涯的第一次严重失败。这个剧本将在雷维出版社出版，他用写给法兰西院士、《辩论报》评论家库弗里耶–弗勒里（Cuvellier-Fleury）的信作为剧本的长篇序言，后者曾强烈地批评了他："小仲马有什么权利自诩为道德主义者？他是否践行了他所传播的道德？他是否有与立法者、传教士和法官同等的声望？"

小仲马声称剧作家有权向聚集在剧院中的观众说出真相，并宣称因为他对爱的主题具有尤为困难和丰富的经验，所以选择它作为戏剧的主题。如果说这部戏仍然围绕着一个女人的堕落和乖张打转，这个女人象征着野兽，也就是道德的衰落，那么这部戏也是在法国在战争中失败的背景下产生的。

我没有让人物角色发生改变，而是用一个词来呈现所有的变化、生命的本质和实体，我对观众说：你看这位克洛德，他不仅仅是机械师、发明家、男人，他是大写的人，是榜样。这就是我和你必须成为的人，今天比以往更需要。这就是法国人，这就是刚刚经历了痛苦的磨难之后法国应有的样子，如果她没有加倍小心就很难挺过这些磨难。[……]对这位克洛德，也就是我们来说，对这个为了获得重生和努力成为世界强国而工作的法兰西来说，除了可见的、所有人都知道的障碍之外，谁愿意、谁又能够成为阻碍?

看看这个在你父母家附近闲逛的人，那所破旧失修、被抵押的房子，你不得不为了工作和使命而倾尽所有。[……]多少年来，在你家进进出出的是邻居、酒肉朋友、陌生人、怨恨者和窥伺者。

在这部戏失败两周后，他有机会为自己的工作辩护，回忆父亲的点点滴滴，同时与那些无法写出任何剧本的平庸合作者结算账目，这些人几乎没有提供任何创意就声称是作品的作者。事实上，H.费里·德·皮尼（H.Ferry de Pigny）在1月28日《费加罗报》发表的信中暗示大仲马用他的姐夫夏利耶尔（Charrière）的手稿创作了《路易十四的青年时代》。

儿子没有让人久等，他辛辣的回答发表在1873年2月2日的《费加罗报》上：

在外行看来，没有比我们的艺术更容易的了。很多人写戏剧作品，其中一些人为了消遣，另一些人为了谋生。当你想获得声誉时，写剧本可以很快成名并硕果累累。一旦作品写好，新手作者就会想办法让剧本上演。两座接受国家补贴的剧院对他敞开大门：法兰西喜剧院和奥德翁剧院，而这两个剧院的经理知道，在人们交给他的庸俗和重复的作品中，偶尔会遇到这样一部作品，即使不值得上演，至少可以读一读。无论如何，委员们带着最强烈的愿望聚在一起，来发现和挖掘一位未知的天才。然而，这种情况很少发生，他们统共就收到一部新作品，因为戏剧艺术是一种尤为特殊的艺术，需要特别的和极其个人的才能。人们可以成为如已故的夏利耶尔一样很好的历史学家、像拉马丁一样的伟大的诗人，还可以是巴尔扎克一样伟大的小说家，但面对舞台却无能为力。人们可以不会写法语，是最蹩脚的诗人、最平庸的历史学家，无法以其他文学形式撰写任何东西，但可以成为一流的剧作家，也就是说，拥有这种自然的和罕见的塑造能力和行动能力，一句话，以戏剧的形式表达自己的想法或者他人观点的能力。

在被剧院拒绝之前或者之后，我假设新手作者会联系那些有决定权的人。可能是因为剧本的本质，但最后还是由有决定权的人决定，当这位有决定权者名声显赫，即使他配不上享有的名声，他每年也会收到大约四五十份剧本手稿，几乎每个都是五幕剧。

新手作者通常带着两种非常矛盾的但容易分辨的感受来找他，渴望为了自己的利益利用著名作家才拥有的能力，但同时又对他认为次要的那种能力抱有极大的蔑视。他深信自己同时拥有创意和风格，拥有观察和思考的能力，当他被迫遭受这一职业无情的苛求时，又觉得非常惊奇和屈辱，在内心深处，他以为著名作家的所有成功应该归功于他。

当一位著名作家善良、亲切而高产，同时拥有批评、综合和吸收的能力，比如我的父亲，他会接待新人，让他大声朗读自己的剧本，如果新人还有点儿智力和良心可以自我判断的话，这样做会让他调整到位，因为在别人面前朗读时，他便不仅仅是作者，也就是说偏心自己作品的人，他也是演员、听众和观众，他会感觉到自己的欠缺和矛盾、冗长和晦涩之处。

如果他既傲慢又愚蠢，当然这是极少见的，但最后有时也会发生，他会一直往前走，就像一个聋子，对着您挥舞喊叫着要东要西。

至于师傅呢，两三幕戏后，他便知道朗读者是否是为了舞台这种形式而生，他只是出于兴趣或礼貌来倾听剩余部分。如果新人才华横溢，两人就会立即惺惺相惜。简言之，师傅把初学者领进门，指点他仍然缺乏的东西，初学者自己就可以完善作品。他进入职业生涯可能早一点儿或者晚一点儿，但他肯定能进入：他成为一位同行、一位竞争对手。但是，如果他聪明，便还是朋友。拉辛对莫里哀的忘恩负义之举是例外，同样例外的是这两个人都是出类拔萃的天才。

如果新人没有天分，如果剧本的构思和发展都很糟糕，让人有点儿恼火的是已经浪费了不少时间，他礼貌而坦率地对新人说了，我们就会多出一个自发的敌人。如果通过糟糕的修改也无法改得更好，但新人带来了有新意的思路、一个意想不到的情境，正直而善意的戏剧人也不少见，他会鼓励新人，从周遭的包裹、阻碍和扭曲中提取出萌芽，怀着愉快而有益的心情，怀着将生命和情感赋予胚胎的快感，对依然还恭顺的学生清楚而快速地解释他极为明确和清晰的计划，需要删除什么、添加什么，应该把哪些放到后面从而支撑他的想法或戏剧的情境，应该把哪些放到旁边和前面从而展开和解决它。

他对他说："去干吧，然后把您的作品按照我刚才说的修改后再拿来给我。"新人满怀感激地开心离去，他不是立刻成为前辈的敌人，而是过一阵子才会这样。下面就是整个过程。

一旦回到家中，因为没有写剧本的才华，他想破脑袋却什么也想不出，甚至改得更糟。他并没有因此而不给师傅交上这第二份稿子，有时师傅也被这个可怜的年轻人徒劳地给他自己添的麻烦所打动，还有贫穷和无助自然而然流露出的说服力，他对年轻人说："留下您的手稿，我会帮您安排好的。"

从这一刻起，情况对前辈而言变得可怕起来。一个第一次写剧本的人，当有人对他说"这里面有些意思，留给我吧，我会帮您修改"时，他不清楚这意味着什么。这个人也许本性纯良，对家庭温柔以待，对孩子和宠物亲切，能够忠诚于朋友，却成为您最狂热的迫害者。他来找您、写信给您，特别是如果您遇见他，他会对您说："您记得我吗？"最后，因为您又笨拙地承诺了他，也就是说构成了他的权利，那么有一天他会非常礼貌但清晰而骄傲地催问您的回答。

如果您还有别的事可做，如果您没有时间，如果这位先生让您很无聊，您回答："肯定不行！"我不需要告诉您这个答案会让被驱逐的作者对您怀有什么感情。您嘲笑了他，您断送了他的前程，您没有心，您甚至没有才华，您只是一个坏家伙，于是某天早上，您被某家小报的专栏文章所诋毁，只因为那个可怜的家伙溜过去吃了个晚饭，这是合法的，并且同时给自己报仇；这也是完全公正的，因为您只拥有您配得上的。

如果您说是的，您凭着最初的印象开始修改，并且您试图改造并纠正这个剧本，您知道会发生什么吗？

您还没有举起镐，建筑就已经完全崩溃了，不是碎成片，而是灰飞烟灭。不剩任何东西，绝对没有什么可供利用了。您把它打扫干净，完全另写了一个剧本，无论是表达还是剧情发展、人物性格，甚至是主题，经常与第一个剧本没有任何关系。有人给您带来一个故事，您交出了一部风俗喜剧。因为无法改编，于是出于个人的情绪和不可阻挡的力量，您进行加工，推倒重来然后取而代之。无论如何，最初的情节属于另一个剧本，他成为您或神秘或公开的合作者，直到这部剧上演。他认为原来的剧本更好，剧本一旦上演并获得成功，他宣称是他写了一切。自尊心高涨，开始谈条件，争吵开始了，一切都结束于一场荒谬的争论，有时甚至是更加荒谬的决斗。这真迷人。[1]

但不管他说什么，小仲马永远无法平息正在流传以及以后会一直流传的关于大仲马抄袭或剥削黑人的流言。

1 《致H.费利·德·皮尼先生的信：致〈费加罗报〉的经理先生》，收入《幕间休息新编》(1890年)。

12月，他受乔治·桑在《时报》上的文章启发写了《克洛德的妻子》的序言并寄给她，乔治·桑在阅读之后小心翼翼地写道：

> 我知道您期待新的成功，并且一直在取得更辉煌的成功，您知道我也为此很开心，就像我会为这世界上所有正确的事情以及所有涉及您的事开心一样。但是我不喜欢那个小册子的安排。
>
> 请注意我用的词“安排”。如果妻子是一个怪物，我不在乎丈夫杀了她，我只是说他为此获得了太多的赞誉。我不在乎人们是否在圣经中寻找自己的权威。我很高兴自己不遵从这种没有影响我的精神和血液的权威，但所有见解都是自由的，我捍卫的是那些虽然我不赞同，但也不会令其他人惊奇的言论。这篇序言的各个部分都很精彩，我觉得里面安排得不好的地方，会推动和促使这些部分成为我将附带探讨的一个问题。换成我，我会打好基础，从剧情的主题出发，我的剧情主题是杀死妻子的丈夫，我会以我所经历的和您所经历的所有形式阐明全部令婚姻绝望的原因。丈夫在特定的情况下杀了人（您将不得不为这个结局找出一个能满足各种性情的观众的情境），您会找到的，我一点儿不觉得是件事。出于一个特殊和明确的理由而杀人的丈夫只是个特例，而您似乎把他当成了规则。因此最好不要在公众和自己之间建立这样的误解。

然而没有用。小仲马深深地受了伤，因为没有人理解和欣赏他的戏剧的象征意义，以及他的爱国意识。他怨恨朋友们，朋友们一致认为最好批评这出戏。乔治·桑“妈妈”也没能免俗。这件事在她和义子之间开启了一段冷战期。

1873年9月26日，在隆格瓦勒他的朋友德马盖医生家中，小仲马独立创作了一个新的剧本，他给《费加罗报》主编写了一封关于合作的信。

毫无疑问，这部新戏是《阿尔封斯先生》。

“首先，我的创作非常困难，写作进展缓慢，”他说，“这就是我与同行相比出品很少的原因。我在戏剧艺术方面没有任何才华，我只能在我的观察和第一手材料的推理中寻找灵感。在这一点上，我非常执着。除此之外，我可以说是懒惰，因为我害怕所有无效的劳碌，就像我同样讨厌浪费。”

他根据以下梗概创作剧本：主人公奥克塔夫（Octave），被称为阿尔封斯先生，是一个停止旅行的漂泊者，准备迎娶一位比他年长但富有的女人，过去是旅店女仆的吉夏尔（Guichard）女士。让他感到为难的是，他有个十一岁的女儿阿德丽耶娜（Adrienne），女孩的母亲雷蒙德·德·蒙泰格兰（Raymonde de Montaiglin）现在已婚，但她丈夫对妻子的过往并不知情。他要去寻找女儿的母亲和她的丈夫，并请求她收留阿德丽耶娜，这让隐瞒过去的雷蒙德·德·蒙泰格兰极为开心，她在知道这个孩子后想要认回她。雷蒙德·德·蒙泰格兰有多希望获得幸福，她就有多么痛苦，最后她在丈夫面前供出了自己的秘密。按照夏尔·蒙斯莱（Charles Monselet）的说法，为了挽救妻子的荣誉并留住她的女儿，这位丈夫“自始至终都很高尚”，当着阿尔封斯的面儿从法律上承认了他的女儿，这让阿尔封斯惊叹不已。吉夏尔怀疑阿尔封斯的角色不大光彩，要求他把那些不入流的手段用到别处。小仲马接受了《克洛德的妻子》的教训，他在《阿尔封斯先生》中尽量减少说教。

女主角雷蒙德是为艾美·德克雷设计的，但是她病得很严重，不能参加排练。最后，不得不找人代替她，布朗什·培尔森（Blanche Person）被选中。

这部剧于1873年11月26日在体育馆剧院首演。

首演很成功，“从第一场到结局，一场不间断的完胜”。12月1日伯努瓦·若万（Benoît Jouvin）在《新闻报》上写道：“这部热情的作品让观众大哭和大笑，俘获了观众。观众受到一位大师级作者的正面攻击，从第一次冲突就被他征服了。”然而他又问道：

> 我们是否应该得出这样的结论：这位阿尔封斯先生有理由受到空前的欢迎，但在概念、形式、观念的崭新演绎、哲学或社会意义的相互关系中，这部剧是否取得了最终的胜利？小仲马先生另几部剧的排演和戏剧方法备受争议，甚至未能上演。我们在《阿尔封斯先生》中不难发现在《乔治王妃》和《克洛德的妻子》基础上无可否认的进步。这部如此受欢迎的作品将来还是会受到欢迎。毫无疑问，他的《女性之友》和《奥布莱夫人的见解》两部剧在最要害的地方提出的社会问题惹恼了观众，也是最冒险的。那么，如果不将这部作品排在《女性之友》和《奥布莱夫人的见解》之上的话，是不是至少也要并列？

借着这个机会，在当天的一封信中，乔治·桑试图重续情谊："这次我儿子忘了我！他赢得了伟大的胜利。他写了一部比《克洛德的妻子》更好的作品，我只是从报纸上才得知。[……] 无法见到您，而且只能从其他人那里得到您的消息，有人受不了。"

亨利·哈里斯做了赞美的报道，称之为"清晰和简括的杰作"。乔治·桑回复他："我对这次成功感到无比高兴，这证明在艺术世界里我们仍然数得上，不然的话，我们就太可怜了。"

12月3日，短暂的争执似乎被遗忘，小仲马答应寄给乔治·桑"一份手稿，博您在某晚一笑"：

> 这部剧还没有出版，而且很长时间内也不会出版。[……] 当您读过它之后，请您用同样的方式将它寄回给我，但我想您最好在巴黎看这个剧本，在巴黎，您曾在包厢里大笑和大哭。二十年前，就在那个包厢，您说出了我一直为之奋斗的预言。

他可能是指《狄安娜·德·利兹》的首演，乔治·桑曾预言年轻剧作家会有最美好的前景。

根据日记记载，乔治·桑觉得这部作品很棒，她读了三遍。

那一年，小仲马离开瓦格拉姆大街搬到维利耶大街。前来他的私人住宅采访的记者们对房子内部的朴素样貌感到震惊。

> 门厅肃穆庄重，更像是一座寺庙的大门而不是住宅的入口。门口对称摆放着大肚瓶，异国情调的植物在瓶中摇曳生姿。天

花板垂下一盏铁艺吊灯，墙上挂着理查德·波宁顿（Richard Bonington）的油画《1825年的皇家大街》，还可以看到一尊莫里哀的胸像。餐厅以科尔多瓦皮革软包，摆着一座布尔钟。客厅的木壁板嵌着红色和金色条纹的绸缎。办公室有两扇朝向花园的窗户提供采光，一个巨大的路易十四式的办公桌占据了房间的中央。桌子上到处堆着稿纸，杂乱中透出秩序。[……] 在大型书架近旁，我们可以欣赏到亨利·勒尼奥（Henri Regnault）的墓地陶俑模型，与原作大小相同。住宅的主要部分是极为宽敞的大厅，分为两部分：一边是台球桌案，另一边是仲马夫人聊天的沙龙。[……] 大厅中挂着现在收藏在小宫的让-巴蒂斯特·卡尔博（Jean-Baptiste Carpeaux）画的小仲马和娜迪娜·仲马的半身像。

公寓里有四百多幅画，好坏参半：可以看到纳尔西斯·迪亚兹（Narcisse Diaz）、让-巴蒂斯特·柯罗（Jean-Baptiste Corot）、夏尔-弗朗索瓦·多比尼（Charles-François Daubigny）、戴奥多尔·卢梭（Théodore Rousseau）、安托瓦纳·沃隆（Antoine Vollon）等的作品。阿希勒·德维里亚（Achille Devéria）画的年轻时期的维克多·雨果的肖像，欧仁·朗贝尔（Eugène Lambert）的猫，玛德莱娜·勒迈尔的玫瑰，于勒·勒费弗尔（Jules Lefebvre）的《躺着的女郎》，亨利·勒曼（Henri Lehmann）的《复古女郎》，欧内斯特·梅索尼耶（Ernest Meissonier）的《画室场景》描绘了大胆的露易丝·普拉迪耶（Louise Pradier）为丈夫当裸体模特的场景，“转瞬即逝的青春岁月"的纪念。皮埃尔-保罗·普鲁东（Pierre-Paul Prud'hon）的速写周围放了不少让-安托瓦纳·乌东（Jean-Antoine Houdon）的小件雕塑。办公桌上放着一只大仲马的青铜手塑。其他家具上摆放着形形色色的手，石膏的、大理石的，刺客的、女演员的、公爵夫人的手。奇特的收藏。[1]

在略显庄严的环境中，小仲马早起早睡，过着简单的生活。他自己点火加热早餐喝的汤，而不是喝咖啡或茶。他会坐在办公桌前，这是一张精美的路易十四式的桌子，后来被以2.5万或3万法郎的价格出售，桌上的书籍和文件分别摆放。

中央是一个有蓝色和白色图案的讷韦尔珐琅瓶，里面插着密密麻麻的鹅毛笔，笔的羽毛略微发皱，骄傲地挺立着。小仲马工作时如果看不到这些笔就很容易疲乏。他和父亲一样，用蓝色光面纸写作。

他与妻子和两个女儿一起午餐。1873年，珂莱特十二岁，雅妮娜六岁。下午，他去画商那里参加拍卖，再亲手把自己买的画挂起来。

他说，"我有一种令人恐惧的占有欲。我没有任何个人需要，比如，当我购买一件非常喜欢的艺术品时，我就会不由自主地计算通过出售这幅画能挣多少，也许不是为了可能获取的收益，而是证明自己有眼光。我非常希望自己能深谋远虑。"

1 参见：安·帕桑（Un Passant），《小仲马在自己家中》，1879年12月3日的《宇宙箴言报》；1875年2月7日的《费加罗报》；乔治·里普（Georges Ripp），《小仲马的公馆》，1892年11月5日的《费加罗报》。

晚上，他会独自去社交场所，很久以来他都是与父亲一起去。每个礼拜二，他会招待他们中的一些人晚宴：阿拉格（Arago），梅索尼耶，坎布里埃尔（Cambriels），普罗泰（Protais），米歇尔（Michel）医生，纳雷（Narrey），德巴罗尔，塔尔尼耶（Tarnier）和布夏尔（Bouchard）医生，阿尔弗雷德·梅兹耶尔（Alfred Mézières），杜佩雷（Duperré）。

他经常出入的沙龙有：奥贝尔农夫人的沙龙，奥贝尔农夫人出嫁前叫莉迪·奥贝尔农·德·内尔维尔（Lydie Aubernon de Nerville），被称作女才子，每礼拜三会招待西戴·德·梅希纳（Cité de Messine）；他还会去阿尔曼·德·卡亚维（Arman de Caillavet）夫人的沙龙，她是维尔杜兰（Verdurin）夫人的原型，出嫁前名为莱奥妮娜·李普曼（Léonine Lippmann），她的兄弟莫里斯迎娶了珂莱特·仲马。按照莱昂·都德（Léon Daudet）的说法，"他经常与泰纳（Taine）、龚古尔和勒南（Renan）一起到玛蒂尔德公主家腐化堕落。"

在餐桌上，"他会在女人们的惊叹中吐出残酷的字眼"。他是一个时髦人物，人们会记下他的连珠妙语。流传的语录让他感到恼火，还有他对通奸的抨击，因为生硬的语气使人想起新教徒。但是大家都承认他面对权力的独立性。莱昂·都德总结道："他举止得体，以冷脸幽默的方式获得赞美［……］。尽管人们对此有所保留，总体还是很有吸引力的。"

一切似乎都表明了他的成功。

1874年年初，法兰西学院空出了三把椅子。报纸按类别列出了众多候选人的名单：

诗人或写过大量诗的人：布拉兹·德·布里先生，卡勒玛·德·拉法耶特（Calemard de la Fayette）先生，阿纳托尔·德·塞古尔（Anatole de Ségur）先生，路易·贝尔蒙泰（Louis Belmontet）先生。

戏剧作家：小仲马先生。

评论家：阿尔芒·德·彭马尔丹（Armand de Pontmartin）先生，加斯东·布瓦西耶（Gaston Boissier）先生，阿尔弗雷德·梅兹耶尔先生，布拉兹·德·布里先生，伊波利特·泰纳（Hippolyte Taine）先生，艾尔姆·玛利·卡罗（Elme Marie Caro）先生，夏尔-欧内斯特·布雷（Charles-Ernest Beulé）先生。

小说家：保罗·菲瓦尔（Paul Féval）先生，阿尔芒·德·彭马尔丹先生。

记者：韦斯（Weiss）先生。

历史学家：马利-拉丰（Mary-Lafon）先生，他所谓的历史不过是《世纪报》风格的论战册。

1874年1月29日，即选举日，埃德蒙·德·龚古尔记述正在等待结果的候选人的朋友们，他也无法抑制嫉妒之情：

> 他非常高兴，这位亚历山大·仲马，所有人对他的支持也不可思议。昨天晚上很多时间里，我在沙龙的角落听到塔尔迪约（Tardieu）和德马盖大部分时间在哀叹作家入选法兰西学院失败的可能性，就像在谈论他们病中的孩子，德马盖站起来说：

“明天我应该到外省去做个手术，但我不去了，我想最早知道消息。亚历山大答应我一旦入选会立即给我发电报！”

他第一次被提名就入选了，22票对11票。他得到一大批有影响力的女性的支持，她们不遗余力地助他获胜，雨果也自流亡归来后第一次来到法兰西学院投票给朋友的儿子。

小仲马拥有了第2号椅子，前任皮埃尔·勒布伦（Pierre Lebrun）是悲剧《玛丽·斯图亚特》的作者，这出悲剧首演已超过五十年了，仍然列在法兰西喜剧院的剧目中。但当小仲马被问及接替的是谁时，他回答：“我父亲！”

“我最经常谈到的仍然会是第41号椅子”，小仲马将会这么对《第41号椅子》的作者阿尔塞纳·乌塞耶（Arsène Houssaye）说，这本书列出了从莫里哀到贝朗热等所有那些未入选院士的伟大作家。当然，这第41把椅子在他口中是指他的父亲。

在他的支持者中，还有他父亲昔日的对手杜庞录（Dupanloup）主教，这位先生也是个私生子，一直关注着小仲马的寻亲活动。第二年，有传言说两人讨论过如何在法典中引入寻亲的研究：了解始末的人士肯定说，如果现议院没有解散，将会有相关的议题提交讨论。[1]

1875年2月11日，奥尔良派、奥松维尔伯爵约瑟夫·奥特宁·伯尔纳·德·克莱伦（Joseph Othenin Bernard de Cléron）主持了小仲马

1 埃德蒙·德·龚古尔，《日记》，1875年11月16日，礼拜三。

的法兰西学院院士就职仪式。

人们争先恐后地参加这个仪式。龚古尔此前从未参加过学院的欢迎仪式，这次则陪同玛蒂尔德公主一起来了。公主有一个高层的包厢，从那里望去整个大厅尽收眼底："学院的大厅很小，巴黎的上流社会非常热衷这个场合，以致人们忽略了座椅套轻微的磨损，一楼学院讲坛上的每一寸木地板上都密密匝匝地挤坐着贵人、理论家、百万富翁和传奇人物。透过包厢的门缝，我看到，在走廊里，一位极尽优雅的女子坐在楼梯上，并且将在阶梯上聆听两场演讲。[……] 家人和亲密朋友、几位男士和院士的妻子们聚集在一块被护栏围起来的圆形场地内。在左右两个大型看台上，一层层地坐着所有身穿黑呢外套的法兰西学院院士。此时天空放晴，阳光照亮了人们的面孔，光线勾勒出他们的脸部线条，这些线条都在表达幸福之情。可以感觉到，所有男人的脸上是克制的钦佩，但随时会迫不及待地爆发，而女人们的笑容中则有一些湿漉漉的东西。此时，小仲马的声音响起，回应他的时而是宗教般的沉思，时而是善意的微笑、温和的掌声，中间夹杂着狂热的尖叫。"

小仲马以对父亲热情洋溢的敬意开始了他的就职演讲：

先生们，为了加入你们，我使用了魔法，也使用了巫术。我的成就不过尔尔，我会小心永远不去面对你们的判断，但我知道有一位天才——就是这个词——曾为我所从事的事业而战，而且你们已经决心放弃抵抗。我将自己置于一个名字的保护之下，你们一直希望有机会向这个名字表示敬意，而现在你们只能通过我向他表示了。请相信，我今天是以世界上最谦逊的态度来接受奖励的，这份奖励之所以颁给我，是因为本来应该颁给另一个人。然而，我只能接受，就当是保管这份奖励，请容我立即当众归还给他，不幸的是他已无法亲自接受。今天请允许我为了这份珍贵的怀念而亲手接受这一荣耀，你们给了我能渴望的最高荣誉，也是唯一我确实有权获得的荣誉。

然后，根据惯例，他开始称赞他的前任皮埃尔·勒布伦。勒布伦的职业生涯开始于十二岁时所写的悲剧《科利奥兰》，这位浮夸的帝国诗人曾受到拿破仑的保护。“这位阿喀琉斯梦想在有生之年拥有自己的荷马。但他只是在去世后才得到”，演讲人同时向维克多·雨果致敬。勒布伦最伟大的文学战役是《安达卢西亚的熙德》，尽管有著名的喜剧演员塔尔玛（Talma）和玛尔斯（Mars）小姐参演，这部剧仍然是无聊的。既然说到了《熙德》，就可以说一些关于作家高乃依的离题的话了，黎塞留对这部剧表示不屑，因为“一位伟大船长的勇气和一个伟大国家的命运竟然或多或少取决于一个年轻女孩的爱情”？！小仲马认为：“我们的英雄投入的所有战斗都是有原因的，并且必须获得希梅娜[1]作为奖赏。［……］剧院成为赞美女性的殿堂；在那里我们崇拜女性、我们同情女性、我们原谅女性；正是在那里，她向男人复仇，并大声宣布，尽管男人制定了法律，但她仍然是暴君的王后和主宰。［……］一切都是因为她！一切都是

1　希梅娜（Chimène，约1054—约1115年），熙德的妻子。——译注

为了她!”

然后他回忆说，勒布伦在埃米尔·奥吉耶就职法兰西学院院士的演讲中对交际花们卷土重来表示抗议:“他说，为满足公众的兴趣，时尚潮流推出了堕落和肮脏的女性，而激情可以净化和提升这些女性。”这是对《茶花女》的暗含的谴责。接着，他思考勒布伦是否应该将《安达卢西亚的熙德》的失败归结为对传统道德过于亦步亦趋，最后得出结论:“是的，先生们，我们今天在这里是为了纪念一位不能称其为天才的作家。上帝为了禁止我对他缺乏敬意，甚至是在学术院的颂词中，也将他置于应得的高度以上。”

这场演讲更像是一场演出，出席仪式的人们热情地鼓掌和跺脚。在短暂的休息之后，奥松维尔伯爵开始应答，他否认学院有补偿他父亲的责任:“我们不需要对《安东尼》的作者做任何补偿。[……]不是我们忘记了他。[……]如果您杰出的父亲曾提出申请，他肯定会获得我们的选票。”

然后他用几句话解释清楚了小仲马怀疑勒布伦批评《茶花女》的说法。情况正相反，1856年，皮埃尔·勒布伦曾在一次最高委员会中提议授予小仲马一项当代最具道德感戏剧家奖”。随后，他不无幽默地说，不要害怕剧院里的大胆之举或戏剧的变革者:

> 谴责您的剧本缺乏道德，这是多么不公正的指控!我宁愿说道德已经泛滥无边了。[……]先生，无论发生什么，您都会主持公道，您从未忽略向女性灌输责任感，并指出她们所犯错误带来的后果。[……]您既温柔地劝说，但也使用了铁血手

段。[……]但请设想一下她们的处境吧。在《安东尼》的最后一幕，为了挽救阿黛尔的荣誉，她的情人边刺伤她边大喊："她拒绝了我，我杀了她。"您对一个可鄙的妻子的丈夫说："不要犹豫，杀了她。"可是怎么回事？如果说她们应该死去，有些人是因为她们拒绝了，其他人是因为她们没有拒绝，女性的境况真的太难了。

报纸用巧妙的文笔评论了这两个演讲。小仲马在演讲前一天将演讲词寄给了乔治·桑。作为好"妈妈"，她看到的更多的是美德：

真是个想着妈妈的好儿子。是的，您演讲时我正在读，所有部分都很棒，在我看来，形式简洁明了，非常巧妙，这都无须赘言，并且意味深长。对那些未出席者的蠢话不可能回复得更好，同时不忘对逝者的尊重，没有丝毫恶意，语调坦率而充满善意。我还没有读报纸的评论。最后，无论有人怎么说您，您总是拥有最终的话语权，就是最后的那句！

埃德蒙·德·龚古尔只重视奥松维尔伯爵的回答：

于是开始了[……]接受新成员，伴随着欢呼、致敬以及嘲讽的鬼脸，还有学院式的、表面上彬彬有礼但富含言下之意的客套。奥松维尔先生让小仲马知道他几乎什么都不是，他的青春是在交际花中度过的，他没有权利谈论高乃依，这种态度混合了对小仲马文学作品的蔑视和一位大领主对乡巴佬的蔑视。这位残酷的讲演者每句话都以辱骂开始，声音洪亮，头朝向穹顶昂起，而在句末进行平庸的恭维时，他的声音又低沉到胸腔，几乎没有人能听见。是的，我似乎是在一个破败的木偶剧场里观看表演，小丑先是朝受害者头上打了一棍子，然后是充满讽刺的、不恭的长篇大论。

古斯塔夫·瓦佩罗（Gustave Vapereau）在他的《当代通用词典》中写道："小仲马先生的演讲并没有完全满足他所激发的好奇心，而仪式真正的成功之处是奥松维尔先生对新院士所描绘的世界进行的温和而有礼貌的批评。新院士所描绘的世界充满他的个人偏好以及他最近公开宣扬的科学或者宗教理论。"

而福楼拜打趣道："好了！亚历山大·仲马也跳下去了！这就是法兰西学院！我觉得他很谦逊。他应该表现得很谦逊，这样才能感受到那份荣耀"，他写信给乔治·桑。

如果相信埃德蒙·德·龚古尔的话，这位新院士似乎想要为自己的晋升求得谅解：

今晚，这位新院士竭力想表现为一个简单的凡人，尽可能少用自己的成功碾压他的同行。晚宴后，他开始以有趣的方式谈论成功的技巧，有一刻他转向福楼拜和我，语气中的轻忽混合着怜悯："你们这些人，你们不要怀疑，一部戏剧作品的成功，一流的写作有多么重要……你们不知道应该做什么……简单地说，如果您不是置身于善意、有同情心的环境中，那天俱乐部离开的四五位成员……因为这是些缺乏热忱的先生……如果您不想着这个、这个还有这个。”小仲马告诉了我们一整套要做的事情，而我们全然不知，现在我们知道了，但我们永远也不会付诸实践。[1]

很快，有消息传来，令这些如果不是荣耀至少也是幸福的日子蒙上了阴影：在长期忍受病痛的折磨之后，艾美·德克雷于1874年3月8日去世了。

小仲马一直扶柩到拉雪兹神父公墓，在那里他发表了极为感人的悼词：

她感动过我们，她离去了，这就是她的完整故事。[……]请闭上眼睛，最后一次在您的回忆中看她一眼，您再也看不到她了。一个神秘的声音萦绕着您，让您沉醉在音乐和东方香氛的同时，最后一次倾听她遥远的声音，您再也听不到了。

为纪念她，亚历山大·仲马、《窸窸窣窣》的两位作者路德维克·阿雷维（Ludovic Halévy）和亨利·梅拉克（Henri Meilhac），以及体育馆剧院经理蒙蒂尼出面请阿尔伯特-恩斯特·卡里耶-贝鲁斯（Albert-Ernest Carrier-Belleuse）制作一尊女演员的青铜半身像，

1 见1875年2月17日礼拜三龚古尔的《日记》。

放在墓碑上。半身像于1875年3月9日落成。

一段时间以来，为了复兴悲剧，法兰西喜剧院管理人埃米尔·佩兰资助剧院，创建会员日，聘请著名演员，他希望引入依旧在世的作者的作品，更新剧院的保留剧目。他主动联系小仲马，但小仲马却出于礼节表现得迟疑、审慎，因为这所享有世界声誉的剧院是高乃依、拉辛、博马舍的剧院。他在慎重地等待和由公认的才能卓异的演员演绎之间犹豫不决。为了说服剧作家，佩兰建议他重排《半上流社会》，这部剧在1874年10月29日被收入剧院的保留剧目。

重新上演取得了巨大成功，以至于小仲马只得答应为法兰西喜剧院写一出新剧。

在由米歇尔·雷维出版的《阿尔封斯先生》的序言中，小仲马再次发表了长篇辩护，为被诱惑的女孩辩护，反对不负责任的欺骗者以及允许父亲不负责任的法律。他提出让法律承认男女平等，由此开始介入政治，之前他一直不允许自己介入。此外，他重提寻亲问题，但他认为这个问题是无解的：

最近的万国博览会之后，有多少英国、美国、德国、意大利、西班牙、俄罗斯、希腊、阿拉伯、中国的参观者留下了他们的孩子，尽管我们马上要把一项寻亲的法案提交到参议院，这些孩子却永远也见不到他们的父亲了。即使法案通过了，孩子长到二十一岁，而且掌握了某些文件或者证据，可以去找他的父亲，且住，如果说这毋庸怀疑，但也起不了什么用。[……]你们这些教士、政治家、立法者希望管理这些所谓的社会关系，但他们不愿遵守你们公开宣扬的道德和责任的原则，这些原则是否告诉你们说，孩子的生命不仅是神圣的，而且还是有用的？您是否可以通过理性或暴力来说服那些男男女女，他们被青春、性情、轻浮的风俗、贫穷、无知、教育，再或者天性、自由所影响，您能说服他们承认不按习俗结婚、不诚实和不道德地抚养自己的孩子是错误的吗？[……]对于整整几代人来说，这些进步有时只能通过暴力和危险的可怕手段来实现，如我们刚才所谈论的那般，但进步已经取得，每当历史认真清算过去，就会把观察到的进步添加到人类可怜的功劳簿上，那上面几乎只记载了愚昧，愚昧使人类犯了大量错误，而人类的英雄主义又让自己付出高昂的代价。

他的立场很难不引发众多嘲讽，这些评论指责他自相矛盾：他声称男女在政治上是平等的，但希望女人在家庭中顺从男人。他反驳说，妻子对丈夫的顺从应该是自愿的，婚姻不是强制性的，他首先寻求保护未婚妇女。

小仲马的这些政治立场使他站在了普法战争之后逐渐确立的共和国的名流显贵一边。

同年10月8日，小仲马的一篇文章发表在《公众舆论》的头版，文章标题为《马朗巴事件》，这篇文章题献给报纸的经理乔治·盖鲁（Georges Guéroult）。他在文章中为杀死有公然通奸行为的妻子的丈夫辩护，为杀死诱惑女儿的人的父亲辩护。他赞成陪审团释放一位母亲，因为她命令自家的园丁对一个无赖开枪，这个无赖吹嘘这家的女儿在等他，然后夜间在目击者面前进入花园。文章的标题来自人名让·马朗巴（Jean Marambat），他是一名钟表制造者，被控谋杀亨利·罗贝尔（Henri Robert），后者引诱了他的女儿让娜并致其怀孕：

> 女孩的荣誉是她的财产吗？她的童贞是资本吗？是的。如此重要的财产，如此有价值的资本，当这一财产被剥夺或被盗取时，当这笔资本消散和遭毁灭时，整个宇宙中没有任何东西可以替代，绝对没有［……］。要知道有为此目的设定的一条法律：女孩的童贞是一笔资本。任何确信通过婚姻以外的任何其他方式挪用这笔资金的人［……］，将被判罚赔偿损失。

让·马朗巴将会在12月21日被塞纳省轻罪法庭宣告无罪。一位记者写道："可以注意到，几位戏剧作家出现在听证会上。那些不知道小仲马排演《异乡女人》的人，对于他缺席这次开庭感到惊讶，因为他是最先在公众面前谈论这个事件的人。"

10月12日，乔治·桑回答了盖鲁请她写一篇支持文章的要求，认为：

> 亚历山大的信充满智慧和理性，是所有批评道德风俗和寻

找解决措施的杰作。但他有一点搞错了，他假定被诱惑的女孩处于完全无知的状态。除了非常特殊的情况以外，没有一个女孩不清楚听任男人面对面的诱惑很可能怀孕。那些没经历过的女孩很好奇地想体验。我不认为男人在诱惑行为中如人们所说的一样有罪，遗弃的现象更严重，但献身的女孩仍然很可疑，寻亲很可能会造成不少胡乱拉来的父亲。被诱惑女孩的真正危险不是无知，而是缺乏廉耻和自尊。有什么法律可以弥补无效的道德教育的后果呢？

总之，我在立法提案中没有看到补救措施。但我不想写下这些对您说的话，因为在没有可操作的解决方案的情况下，仲马的指控具有巨大的价值和实际的用途。它们令人思考和寻求解决。他出于坚定的信念而提交提案，我不愿与他对垒，您鼓励他实在是太正确了。这些都是慷慨的努力，只有他才能以轰动的方式去尝试。

先生，我的信是写给您个人的。

1875年，应米歇尔·雷维的要求，小仲马的一部小说集开始大量发售。其中一些小说（《曲终》《安杰利科》《驼子的三首歌》《斩首》《海外飞地》[1]）已经发表二十、二十五甚至三十年了。“本以为这些小说就这样在泛黄的报纸上安静地睡着，无人知晓，无人念及，但是没有料到出现了一位严谨的收藏家，S...子爵先生，我非常愿意

1 《海外飞地》在《基督山》分四期（1851年4月30日，5月7日、14日和21日）发表。

将这部小说集题献给他作为报复”，他在前言中如是说。

这位严谨的收藏家就是斯波贝克·德·洛旺茹（Spoelberch de Lovenjoul）子爵。

除了上面提到的小说之外，这本小说集还收入了《泰莱丝》——也是这本小说集的名字，以及《真实的故事》[1]《另一个真实的故事》《风之屋》。[2]

这是第一本署名“法兰西学院院士亚历山大·仲马”的书。

《插图》杂志中的“图书馆公报”在1875年5月15日确认“这部《泰莱丝》已经是第四版了，这些小说出版后还将赢得加倍的成功。这本书配得上这样的欢迎”。

另外，小仲马根据同行以及剧院经理的要求继续动笔修改同行的剧本。他是“未完成剧本的医生、构思失败的剧目的嫁接者、畸形喜剧的矫形师”，[3]他重读“路易·德奈鲁兹（Louis Denayrouze）1875年1月18日交给体育馆剧院的《杜帕克小姐》。他把俄罗斯作者彼得·纽斯基（Pierre Niewski），也就是化名皮埃尔·德·科尔维纳（Pierre de Corvine）的《达尼谢夫一家》改编成适合法国大众的

1　亨利·拉瓦和小仲马以匿名H.雷和Z.在《小箴言报》一人一篇轮换发表的真实故事。小仲马所写发表于1864年11月7日、23日和12月2日。亨利·拉瓦所写发表于1864年10月25日和11月15日、26日、27日和12月10日。

2　小仲马因为觉得无关紧要，而且写得不好，所以删掉了一个小故事（《石十字架》），这个故事原来发表在《淑媛日报》，还删掉了一个曾发表在某份杂志上的薄伽丘式的故事（《丈夫们》）。《回到村庄，或者石十字架》，《淑媛日报》，第四系列，1848年第七期，第201—208页。小说《丈夫们》被收入《巴黎短笺年鉴》，第一年，巴黎，1846年。

3　参见弗朗索瓦·柯培（François Cappée）发表在1876年11月25日《故乡报》的文章。

形式，他曾在龚古尔面前讲述成为这部剧创作灵感的一桩俄罗斯逸事："一位律师同意破坏一个女人的婚姻从而挣得一笔钱。他来到牧师家，把他奉承得飘飘然，然后拿到了他的登记簿，删掉了丈夫的名字，然后……您以为他用另一个名字代替，没有，在这个被划掉的名字上，他写下了同一个名字。这场官司和解了，律师因为乱收费吃了官司。"

3月，他将手稿寄给乔治·桑，乔治·桑认为剧本"令人感动和吸引人"。[1]

1877年11月，体育馆剧院将上演古斯塔夫·德·亚兰（Gustave de Jalin）的《罗玛妮伯爵夫人》，古斯塔夫·德·亚兰是小仲马和古斯塔夫·福德的笔名，按照弗朗索瓦·科培的说法，这部剧深受他的合作者之累，"无可救药的平庸"。

但他是五幕喜剧《异乡女人》的唯一作者，1876年2月14日第一次在法兰西剧院上演。

他在序言中伤感地介绍了自己的作品：

> 这部奇特的作品在世界开始有第一个舞台时就已上演了，虽然得到一位在优秀的情节剧和可憎的喜剧方面颇有影响力的批评家的评论，但它无法列入我所写的那些好或不好的情节剧、好或糟糕的喜剧，我创作了这些剧本并独自一人在心中排演，当我散步，休息，或者观看某位同行作品的演出时，同行的作

1　见1876年2月2日龚古尔的《日记》。

品让我不再有勇气写作甚至认为我的作品不值得上演。

我们私下里说，必须真的有新的东西要表达，这样才能有足够的勇气把一千五百人聚到一起，让他们一直坐在那里集中注意力达两三个小时之久。[……]这是一个有关失去社会身份的故事：塞蒙是一位贵族，因为娶了一个平民女子而失去了身份，卡特琳娜·莫里索（Catherine Mauriceau）是平民，因为嫁给骑士的儿子也失去了社会身份。塞蒙非常堕落，但是和他出身同一阶层的一个女人有可能拯救他，而高嫁的卡特琳娜只会和他一起不知所措。因此，这两个人的生命被悬置了。为了让最好的情况出现，那就必须让最坏的情况消失。塞蒙将消失，因为伦理秩序终会胜利，最终社会将恢复秩序。这就是《异乡女人》的含义和影响。这里没有人受到歧视。

事实上，小仲马在新剧中阐述了新的思想，即婚姻牢不可破是荒谬的、离婚是必要的：

让法庭最终准许我们离婚，这是这次投票的直接结果之一[……]，这将是我们的戏剧会发生的突然和彻底的转变。莫里哀笔下受欺骗的丈夫和现代剧中不幸的女人们将会在舞台上消失，无法解除的婚姻只是赋予妇女秘密复仇或公开哀叹以理由。[……]如果斯加纳莱尔（Sganarelle）真的被妻子欺骗了，他会休了她，安东尼将不需要杀死阿黛尔，赫维上校将证明她因通奸而怀孕，他将收回自己的自由和姓氏。克洛德将不需要被逼着对塞萨丽娜开枪，就像射杀一头狼，而我们将不再需要从美国找来克拉克森以便可怜的卡特琳娜摆脱可恶的丈夫。最后，剧院将会产生一种新的美学，修改法律会有很多不愉快的效果，这肯定不是其中之一。

该剧获得了成功，小仲马将之归功于法兰西喜剧院的特定观众："在法兰西喜剧院之外的剧院，我不会获得如此正面的评论，公众必然更多受到报纸的影响。当评价负面时，法兰西喜剧院躲过了这种影响，当评价积极的时候又可以从中受益。"

剧本对社会的放纵表现得过于充分，而且最终是由美国人解决了道德败坏的丈夫，报刊对此表示愤慨。

弗朗索瓦·科培认为，"除了一般概念的缺陷之外，这部作品是一部折中的作品，如果它是一部讽刺作品，只是向我们展示了过于可怕的道德，如果它只是一个艺术家的幻想，绝对缺乏理想和高度"。[1]

如果说小仲马觉得自己被误解了，他只是对舆论的旋涡表现得很冷淡：他做的是自己认为应该做的事情，别人对他的判断与他不再相干。

"当我认为人们不想欺骗我的时候，我将感觉极为自信和顺从；一旦我发现人们骗了我，我会更加叛逆和狡猾。另一方面，我对人们公开说我的坏话或者公开做的有损于我的事完全无所谓。"他坚定地说。

1　参见1876年3月10日的《故乡报》。

在诺昂，乔治·桑经历了临终的痛苦后去世。她留在巴黎的朋友们非常担心，把法弗尔医生告诉小仲马的消息以及奥坎特（Aucante）告诉卡尔曼-雷维的消息相互转告。

6月8日，亨利·哈里斯收到莫里斯·桑的电报，宣布他的母亲去世。他立即去通知了小仲马。

第二天，由小仲马、哈里斯、欧仁·朗贝尔、保罗·穆里斯、埃德瓦尔·卡多尔和卡尔曼-雷维组成的队伍搭早上十点钟的火车前往拉沙特尔，一路都在同一节车厢里。这群人晚上七点钟到达诺昂。

第二天，拿破仑亲王、欧内斯特·勒南和古斯塔夫·福楼拜也到了。哈里斯说："当我们到达诺昂时，这位著名的逝者的遗体已经安放在床上了，在她的卧室里，脸上堆满鲜花。小仲马表现出比我更大的勇气，想最后看她一次。他出来时对我说，唯有她的右手露在外面，如象牙一样娇小和光洁。"

在出殡时，棺罩的四根绳子由小仲马、拿破仑亲王、乔治·桑的侄子和侄孙奥斯卡·卡扎马尤（Oscar Cazamajou）和勒内·西蒙内（René Simonnet）牵引。小仲马连夜写了一篇悼词[1]，拿破仑亲王也建议他来发表悼词，但是保罗·穆里斯带着维克多·雨果的悼词而来，穆里斯、小仲马和拿破仑亲王都认为在神父和维克多·雨果之间没有他们的位置。他们选择了沉默。

虽然没有任何书面证据，但他的另一位"母亲"的死无疑深深影响了小仲马。现在他彻底地成为了孤儿。

1 《一篇未发表的演讲》（1876年6月10日），后收入《幕间休息新编》（1890年）。

第十六章　父亲的角色

我不可能怨恨任何攻击我的人。可能有人认为我是出于傲慢，他们错了。我很真诚，从来我说别人的话都是我所想的，如果说我原谅别人说我的坏话，那是因为我确信他们的确是这么想的，对他们来说，我确是如此。

阿道尔夫·德巴罗尔

《手的奥秘：完整的启示》，续完，第911页

自从父亲去世以后，许多朋友都是小仲马送他们走完最后一程：1871年，剧作家、他父亲生前的合作者阿尼赛-布尔热瓦、作曲家达涅埃尔-弗朗索瓦-埃斯普里·奥贝尔（Daniel-François-Esprit Auber）；1872年，泰奥菲尔·戈蒂耶——亲爱的泰奥。他在墓前所致的悼词后来被收编成册，于1878年在卡尔曼-雷维出版社出版。

1877年，他的朋友夏尔·马夏尔因为双目失明而自杀。

他的朋友圈逐渐萎缩。

他并非没有意识到自己激怒了福楼拜：

亚历山大·仲马用他的哲学思考装点着报纸。[……] 剧院

里也是如此这般。我们担心的不是剧目，而是他所宣扬的观点。我们的朋友小仲马梦想获得拉马丁那般的荣耀，或者更确切地说是拉维尼昂[1]的荣耀！在他的脑海里，禁止撩起衬裙已成为执念。[2]

玛丽·雷尼耶（Marie Régnier）请福楼拜撰写一篇序言，福楼拜在回信中拒绝了邀请，并解释说他不想成为那些在一篇序言下方签名的大文人之一，这类序言似乎成为一种保证。小仲马被点了名。

我来回复您了，亲爱的同行，您看到了一个满怀歉意的人，也就是说，我明确拒绝您要求我做的一切，当然也不会题字，但我非常感谢您。至于我拒绝为您写一篇推介文章或一封用作序言的信，原因如下：

1.我拒绝了很多朋友的这类邀请，我肯定令他们非常生气。今年冬天，勒纳尔（Renard）和土杜兹（Toudouze）就曾请我写序。他们是我最早想起来的几个名字，但这个名单很长。

2.这种利用名人的方法，这种向公众推荐书籍的方式，就是说小仲马的方式，让我感到恼火，让我厌恶。

3.此类做法完全没用，并不会多卖出一本，识货的读者非常清楚这类客套与什么有关，事先就会调低对这本书的评价：

---

1 古斯塔夫·德拉克洛瓦·德·拉维尼昂（Gustave Delacroix de Ravignan，1795—1858年），法国耶稣会传教士和作家，死后被封圣。——译注

2 《书信集》，第六卷，第252页。

因为出版商似乎对书有所怀疑，所以才求助一个陌生人来赞美它。夏尔庞蒂耶绝对用不着这种老掉牙的手段，请不用担心。[1]

而小仲马呢，他嘲笑福楼拜的文学创作方式："一个巨人砍倒一片森林只为制作一个盒子！"他与莫泊桑相处愉快，但他们的文学理念相去甚远，这使得他们难以成为亲密的朋友。

相反，钟情文学的年轻人、教授、记者、新手作家挤破他家大门，他很乐意接待他们。

1879年，他结识了一位声名鹊起的年轻评论家保罗·布尔热（Paul Bourget）。有年轻人布尔热的仰慕做基础，他们从此结下了一份坚实的友谊。列奥波尔德·拉古尔（Léopold Lacour）是外省的一位年轻教授，他写过一部关于小仲马戏剧的研究。他曾在1879年复活节期间拜访小仲马。

他回忆，在乡下"一座典型的有产阶级住宅"里，房屋内仅有的财富就是挂满二楼长廊的油画。然而，拉古尔第一次访问时没有参观画廊。到小仲马带他去画廊转转的那一天，拉古尔对他的钦佩就减少了一半。

在具有无可争议的价值的肖像和风景画旁——多年以后，如果我记得不错的话，有一幅戴奥多尔·卢梭的画，一幅杜普雷的，一幅博纳（Bonnat）的——有大量只是因为签名而有价

1　致雷尼耶夫人的信，1877年9月7日。

值的画，这些人在第二帝国期间获得了过高的评价，这类画只是有趣而已。从我在他的办公室里见到他本人开始，我就毫无保留地仰慕他。办公室里唯一的奢侈品是一幅多比尼的美丽的画，悬挂在一张普通的黑色大办公桌上。我以前从未见过小仲马。他很高大，肩膀挺直而宽阔，颇有气势。他满头的卷发刚刚开始泛白——那时他才五十五岁。肩膀上顶着一个帝王般的脑袋，让他很容易就得了骄傲的名声。除此之外，他与父亲没有任何相像之处。

这种王者的魅力也很容易取悦女性，这就是人们说他有好几个情妇的原因。其中，谣言最盛的事关美丽的奥迪莉·弗拉奥（Ottilie Flahaut），她是风景画家莱昂·弗拉奥的妻子，这位画家是柯罗的学生，小仲马和他保持着常年的友谊。

亚历山大不是在1858年题献给莱昂的母亲西多尼·弗拉奥（Sidonie Flahaut）一首长诗吗？1857年9月，莱昂与出身奥地利犹太家庭的奥迪莉·昂德雷（Ottilie Hendlé）结婚，奥迪莉于1840年在维也纳出生。

小仲马与这对夫妻保持着忠诚的友谊，他们也住在布莱纳蒙索的马莱伯大街。他经常前往他们位于卢瓦莱的萨尔纽夫乡间别墅。

弗拉奥家也在普伊买了一所房子。

需要说明的是，小村落已经发生了很大变化，发展得很快。瓦西里是大仲马的贴身仆人，他在普伊开了一家餐馆。每年夏天，他和伙计博美（Beaumais）的餐馆都挤满了游客。瓦西里还从亚历山大的母亲那里买到了浴场的经营权，并把那里改造成一个迷人的娱乐场，在那里可以玩台球，也可以阅读报纸。

在普伊的新业主中，我们可以看到：著名女高音歌唱家卡洛琳娜·米奥朗-卡尔瓦罗（Caroline Miolan-Carvalho）夫人，她住在小仲马家附近的一栋木屋，先于小仲马几个月在普伊去世；英国印度事务部部长索尔兹伯里（Salisbury）勋爵在那里建了一座宫殿，其他人则受益于小仲马在海边设立的工作坊：让-巴蒂斯特·卡尔博，安托瓦纳·沃隆，夏尔·马夏尔[1]，以及莱昂·弗拉奥。迪耶普的博物馆收藏了弗拉奥的《普伊海滨》——在薄云笼罩的天空下，远处有一艘帆船在蔚蓝的大海中航行。

在巴黎大声说的话会在迪耶普悄悄地耳语吗？奥迪莉太美了，不会没有点燃亚历山大的心。

在1869年杜伊勒里宫最后一场皇家舞会上，她吸引了所有人的目光：

> 她打扮成女祭司前往杜伊勒里宫，身材高大，美到令人惊叹，非凡的金发一直披到脚下，她穿着豹皮紧身衣，飘扬的长发裹住她的全身，使得轻浮的着装也添了几分庄重。她获得了巨大的成功。

奥迪莉非凡的美丽，小仲马对女性的魅力，弗拉奥夫妇与小仲

1 参见贝内迪克特-亨利·雷瓦勒（Bénédict-Henry Révoil），《旅行日记》，第115期，1879年9月21日，《风景如画的诺曼底，普伊》，第167页。

马的亲密关系，这都足以让人们想象作家与朋友的妻子有关系。然而，他们的通信中没有任何证据可以证明这种关系：小仲马在未注明日期的信件中，会很随意地谈到妻子和孩子们，谈到自己的工作和他们共同的朋友。他还跟她像朋友一样发出抱怨："我经历了十个人的生活，本来有很多东西可以讲，但我已经无法忍受了，因为总是同样的内容。永远是同一个太阳，同一个月亮，永远是一般的愚蠢，太累人了。[……] 有人爱我，有人赞美我，有人奉承我，但从来没人愿意听我说。[……] 我从来没有与任何人完全信任和坦诚地交流我内心深处所想的。全都是隐藏起来的印象和思想，愿意探究的人最终会发现那些我不得不向所有人隐瞒的东西。[……] 生活没有什么可以教给我的了，我也没有什么可以教给任何人的了，至少在我活着的时候。"他承认，只有在极其强大、极其愚蠢并且没有任何道德感的情况下，他才会在去世后重返人间。"如果正如人类所理解的那样，幸福就在某个地方，那它就在那里。甚至工作已经不能引起我的兴趣。我想说的是，在见识、观察、经历过一切之后，我不想说了。至于写出会让我同代人大笑的剧目，世人因此说我确实有才华，我对此表示深深的厌恶。有些日子里，我不记得 [……] 是我写了《茶花女》和《半上流社会》了。"

这里面似乎没有任何可以归为恋人书信的东西，更像是建立在岁月和信任上的深厚友谊。然而，如果说所有人都承认小仲马懂得如何与女演员保持距离，也可以接受他在某些情况下可能不像他希望别人相信的那样孤僻，那么似乎没有人会怀疑美丽的奥迪莉和小仲马的关联，安德烈·莫洛亚就是头一个。

人们还相信他与奥尔加·纳里什金娜的关系，因为他会带着美丽的继女出席晚宴或去旅行。他的敌人说他是最不道德的道德主义者，人们叫他“多瑙河的塔尔杜夫”（可能影射他在奥尔加陪伴下沿多瑙河旅行）。但所有这一切都是基于他对女性的吸引力，一种因为避而不谈而更强大的吸引力以及男性对他的嫉妒。所有通信或留下的稿纸中没有留下痕迹，人们在小仲马去世之前和之后写的大量文字和文章中也没有发现这种私密关系。

然而与娜迪娜一起生活并不容易。随着年龄的增长，她异想天开的性格表现为越来越阴郁的情绪、越来越频繁爆发的绝望、更严重的嫉妒，这种嫉妒很难战胜，因为没有任何依据。小仲马耐心地承受着这种暴风骤雨般的生活，持续不断地努力安抚妻子的心，比如让她在礼拜二例行的午餐上与亲密朋友会面。从始至终，他尝试将自己的婚姻生活原则付诸实践，勇敢地担当起某一天他做出的与娜迪娜共同生活并迎娶她的选择。

1877年8月2日，他在法兰西学术院发表了非常著名的演讲，这篇演讲是关于美德的代价的：

> 上帝保佑，先生们，尤其是今天，我们共聚一堂颁发由德·蒙提翁（De Montyon）先生创立的奖项并怀念这位慈善家。无论在身前身后，他都是如此慈悲，上帝保佑，让我无法否认仁善。当仁善占领了某些精英的灵魂时，就会在他们身上变成最强大、最有气势、最具毁灭性的激情。而我被允许一窥究竟，我绝没有颠覆的意图，并且对德·蒙提翁先生大加赞美，我被

允许观察和他一样身陷这种激情的人们，他们没有人们想象的那样稀少，但的确比人们说的更为少见，帮助这个世界上失去所有生存手段的同类可不是百万富翁们唯一要操心的事。然而，存在一种万能的慈善，因为无可争议而尽人皆知：正是这种由自身开始的慈善，从来如此。必须由某个人开始，我们自然而然地就近抓住一个人，他就在您身边，对您无尽感激，真诚地分享您的痛苦，还会持续不断地和您谈论他的事情，甚至更夸张，他恳求您、打搅您、骚扰您，直到您做了他所希望的。我们所有人身上都存在着这个不幸的人，既脆弱又苛求，他拥有一些不愿意放弃的习惯、在他看来至高无上的意愿，还有对他而言不能说不合理的梦想。他对我们如此熟悉，他如此固执、如此滔滔不绝、如此狡诈，这永恒的伴侣，虽然每次都警告他不要再犯，但我们最终会向他让步。命运无疑希望一直如此，当我们刚刚采取了明智的决定，拒绝别人让我们怜悯他们的苦难的请求，正是从这时开始，为了让我们尽快严厉起来，我们回答他们，他们告诉我们的是我们跟他们同样经历过的事情，我们也有自己的悲伤，我们无法拯救所有人！在展示了这种力量之后，我们开始对自己多了一点儿同情心。

1878年3月8日，奥德翁剧院上演了五幕八场话剧《约瑟夫·巴尔萨莫》，改编自大仲马的同名小说，父亲未完成的改编剧目，儿子以完成为使命。

“好了，尽管如此，尽管复杂的线索、众多的人物、不真实的情境带来无数的困难，这正是仲马赋予这部作品的生命力，他的儿子才得以创作出清晰、明白、有趣的戏剧。他不得不因为舞台的需要而牺牲、裁剪，左删删右减减，把简单的故事罗列在一起，迅速描绘一系列背景，期待他的主人公在投入行动之前，已经出现在各自的位置上。但出于孝心和谨慎的分寸，他总是隐在父亲的身后。他恭敬地保留了父亲写的对话，并且在中间插入如此精致、迷人和风趣的对话。这是两位伟大的作家在其中一位去世后的合作，他们的荣誉铸就了同一个名字，太感人了！”3月20日，弗朗索瓦·奥斯瓦尔德（François Oswald）在《高卢人日报》上这样评论，报纸还转载了其中的两幕。

这一孝顺之举却造成了儿子的一次不完全失败，他觉得自己没有达到父亲的高度。他向一位保皇派记者苦涩地为自己辩护：

在我们生活的这个时代，没有人可以在说出真相的同时而不会冒着伤害某个群体的信念的风险。[……] 既然我们现在是共和国了，在保皇党中间可以暂时达成一致，即所有的君主都是天使，哪怕是路易十五。会有人说杜巴利（du Barry）伯爵夫人是一位有教养的人，当我借她之口对国王说粗话：“法兰西，去你的咖啡！”还有当德·拉瓦里耶（de La Vallière）先生在路易十六加冕时带来放逐她的命令时，她说：“这真是个登基的操蛋开端”，会有人告诉我，我诽谤了这位曾经的妓女，拉马丁曾对她做出令人钦佩的评价：“这个同时令御座和绞刑架蒙羞的女人就这样死了。”

您希望我如何回应？一方面，在刻画吉尔贝的时候，我中伤了民众，这帮人把德·朗巴勒（de Lamballe）夫人打昏后斩下她的头，然后在绞刑架的柱子那里侵犯了她的尸体。通常认为，所有民众，也就是读者，都是天使。简直是人间天堂！其他人声称，我塑造马拉（Marat）这个人物时有意影射巴黎公社，而且马拉的话抄袭了小说中的话，因为这个剧本是改编自别人的小说。此时，我们全部埋头走路，但是脚却踩在云中。您希望我怎么做？这就是一个阶段。下一次革命将因此不再砍头而是砍脚。普选权，甘必大的演讲和《克尔内维尔之钟》足以让我们的国家幸福。我真的不反对，我不想用自己的戏剧、书和思考干扰这一切。

这次不完全的失败使得一个庞大的计划流产了，他本来与奥德翁剧院的经理杜盖纳共同策划，准备将革命四部曲《一个医生的回忆》[1]改编上演。

9月26日，玛丽·仲马在库尔布瓦去世，她的同父异母哥哥似乎没有到场。

在1878—1879年，他似乎远离戏剧，在卡尔曼-雷维出版社出版了《幕间休息》，这是一部收入了演讲、书信、文章、散文和序言的三个系列文集。

---

1 包含《约瑟夫·巴尔萨莫》《王后的项链》《天使皮图》和《夏尔尼伯爵夫人》四部小说。

第一个系列包含1848年和1849年的文章:《以波兰人为借口》;《六月那些日子之后巴黎的面貌》;四封过去发表在《自由报》上的《巴黎通信》;三封《外省人来信》是在《新闻报》发表的,同时加入了《荷兰国王的加冕》《乐透的历史》、三篇为《火枪手》写的文章;还有为两份戏剧期刊写的文章:《一位女演员的人生》《乔治·桑的弗拉米尼奥》,以及《论体力:致亚历山大·仲马先生》;《初次演出》(摘自《1867年巴黎指南》);发表在《插图》杂志上的《拉马丁的葬礼:致亨利·拉瓦先生》;《致萨尔塞先生》;《辜负信任》结束了他拒绝撰写《高卢人日报》戏剧专栏的历史;最后是一本题为《玛德莱娜们后悔了》的小册子。

第二个系列包含《〈一个妻子的痛苦〉的故事》的小册子;《关于〈奥布莱夫人的见解〉的书信》是写给天主教报纸《十字军报》的经理乔治·塞涅尔先生的信,谈《奥布莱夫人的见解》;《关于〈金钱问题〉致米莱斯先生》,这一封充满讽刺的信是写给《费加罗报》的编辑先生的;小册子《朱尼厄斯致友人A.D.书信新编》;《关于当日要事的一封信》;《悼词:致奥贝尔,亚历山大·仲马[1],阿尼塞-布尔热瓦,泰奥菲尔·戈蒂耶,德克雷》。

第三个系列收入了《男人-女人:回答亨利·迪德维尔先生》;《关于合作:致〈费加罗报〉总编辑先生》,回答了大仲马借用历史学家欧内斯特·夏利耶尔(Ernest Charrière)《路易十四的青年时代》所做的暗示;《里姆城:致环法自行车赛的经理》,写于1876年,这

1 在维耶科特莱举行的大仲马葬礼的简短致辞。

一年他充当了度假胜地普伊的历史学家；他的《法兰西院士就职演讲》;《马朗巴事件》；他在“美德奖”颁奖典礼上的演讲。这本书还包括四篇序言:《博当骑士，嘉特莱尔（Quatrelles）短篇小说集的序言》，古斯塔夫·多雷[1]为书做插图；1873年7月23日为歌德的《浮士德》法译本所写的序言，这是由亨利·巴夏拉（Henri Bacharach）评注的新译本；为阿米约从希腊文翻译过来的法译本《达芙妮和克洛埃》[2]所写的序言,《〈曼侬·莱斯科〉：致格拉迪（Glady）兄弟》，日期为1月。

1879年12月，他应爱德华·莱贝（Édouard Lebey）的恳求，为报纸的穆尔西亚水灾专号写点儿东西，他在题为《向曼萨纳雷兹（Mançanarez）公开道歉》的文章中提到1846年那次风景如画的旅行，是与路易·布朗热一起出游，“其中一个地方我只在梦中见过”，还有“[与我父亲的精神]一脉相承的”奥古斯特·马凯，“我把他看作哥哥”。[3]

1880年发表了献给于勒·克拉尔蒂的小册子《杀人的妇女和投票的妇女》，日期为1880年8月20日[4]。我们可以记住结尾的总结:“妇女[……]也有需要、愿望、特殊利益、要取得的进步，因此有权主张，她们希望，也应该由她们选出的人在讨论公共事项时直接代表她们。制定这项妇女投票的新法令吧[……]。法国议院里应该有

1 A.普冉排版厂，1870年。

2 格拉迪出版社，伦敦，1878年。

3 收入《幕间休息新编》（1890年）。

4 同上。

法国妇女。法国应担起为文明世界做出表率的职责。请尽快吧！美国很快就会这样做了。”

同年还以书信的形式发表了一篇1879年10月2日所写的题为《离婚问题》的文章，《致修道院长、神学博士、拱廊学会会员、兰斯地区科学院成员、圣罗克教区的副本堂神甫维蒂厄先生》，驳斥了他在《家庭与离婚》中提出的论点。[1]

《戏剧全集》的出版也在紧锣密鼓地进行，他为每部作品都写了一篇很长的序言，表达自己对艺术家状况、剧院和时代变迁的思考，当然他也没有耽误介绍剧本。在1879年《异乡女人》的序言中，他提到了自己的身后名望，并借此机会再度向父亲致敬：

“有些人和我一样，因为写了几部作品，因为在法兰西喜剧院的舞台上演的次数繁多而变得重要，我们只是比其他人多了些机会。即使这里不再上演这些作品，他们还是会出现，因为在他们去世后，委员会在休息室、楼梯或门厅放置他们的大理石胸像。如果有一天我得到了这个荣耀，卡尔博为我塑的胸像可能会放在主楼梯的脚下，就在夏皮（Chapu）为我父亲塑的胸像对面。于是，我们能看见两尊胸像，但却不会注意到它们。美丽的人儿们匆匆经过这里，前往她们的位置就座。演出结束后，她们走下楼梯，也许其中一位在等马车时，会将目光漫不经心地停留在这尊大理石的形象上，说些关于这个人或作品的无论什么事。提前谢谢您，夫人，真的不能希求更

1　奥古斯特·维蒂厄（Auguste Vidieu）神父，《家庭与离婚》，巴黎，E.当图出版社，1879年。

多，而且就我而言，这种小小的不朽已经足够了。”

这个时期他有非常多的通信者，大部分都是有求于他的人。其中有一位不知名的作家：

亲爱的同行：

如果我只知道您可能很穷，我就无法理解您的来信。您很穷，您很勤劳，您比某些成功人士的价值高出千倍。当您的一位同行幸福、富有、出名，似乎在躲避您，并且没有做您认为他应该做的、他自然应该做的事，于是您就有充分的理由感到惊讶、觉得受伤，甚至发出抱怨。是这样，不是吗？

现在请看看我的状况。毫不夸张，我每月会收到四五十封和您的信一样的来信。您并不是地球上唯一努力工作、满怀期待和怀才不遇的人，您也不是唯一写信给我的人。如果我外出两天去打猎，我向您保证我赚了。您想要我为您做些什么？让我去和法兰西喜剧院或者任何其他一家剧院推荐上演您的作品？您知道他们会怎么回答吗？他们会回答我：“您觉得剧本不错？——是的。——好吧，署名吧。我们马上就上演。”但是无论您还是我都不希望我署名。您是想跟我聊聊吗？我求之不得。

选个日期和时间吧，我等着您。之后？告诉我您想让我做什么。我会去做的。就如同世界上只有您和我，如果这个世界属于我，我也会这样做的。我会给您一半，甚至满心欢喜地给您四分之三。但是还有其他人，他们有自己的兴趣和激情，有自己的问题和习惯。我对他们无能为力。［……］一切我能做的，我都会去做，但我不会也不愿意遭到任何拒绝，哪怕是为了别人。

在这类通信中，小仲马给一位神秘的“女罪人”的第一封回信与她请求进入剧院有关，让人倾向于假设这是一位年轻的女演员：

亲爱的孩子：

[……] 在法兰西喜剧院，我无能为力。两年前，我请佩兰做件小事，到现在都没有做成。我不能也不想再要求他任何事了。

她并没有气馁，并且在小仲马拒绝她之后流露出更明显的爱慕之意，小仲马回复她：

我已经深入研究了生活，也很清楚生活是怎么回事，即使我并不比任何人更清楚。我的观察结果是，实现幸福的最大可能性在于善。您在物质上独立，那就好好享受。您信任我，这是我在这个年龄愿意使用的唯一一个词。您称之为爱，是因为您是女人，年轻而又热情洋溢，作为热情洋溢而又年轻的女人，您只能通过爱才能去理解。您把身上美好的一切，也就是其他人还没有想到要利用的东西呈现在我面前，我第一时间回应了您真诚而正直的呼唤，您为此感激我，甚至到了您认为您只爱我的地步。我应该借这个机会尽力让您在未来比过去更幸福，如果我成功了，不管用什么办法都是好的，不是吗？

年轻的女演员心烦意乱，指责他所做的一切都是为了让她爱上他。小仲马以多少有些狡黠的方式为自己辩护：

首先要吸引这个灵魂，给它信心。您这种特殊情况下的人，要抓住您的唯一方法就是爱情。女性更容易接受感觉而不是理性，与她们相处最好的办法就是让她们爱上。一旦她们爱上了，她们就愿意去理解，她们所爱的男人在她们心目中拥有所有的优雅和才华。

最后，这位年轻的女演员与一位普通喜剧演员在一起以获得安慰，同时继续爱着小仲马，他用道德训诫和蔑视终止了书信往来：

“从煤袋子里掏不出面粉”，一个古老的谚语这样说。这意味着，就您而言，不能一下子获得爱、美德、忠诚、柏拉图式的爱情和坦诚。在这样的生活状态中，某些美妙的东西不可避免地会丢失。[……] 您是一位受害者，是家庭（如果可以称之为家庭）、出身、不健康的教育、糟糕的环境、错放的初恋和慕恋金钱的受害者。因为您比周围大多数女人都更有价值，因为您还有一点灵魂，您已经做了很多努力来摆脱您挣扎其间的烂污沼泽。在那上面，在山顶上有一角蓝天，[……] 但是您独自爬山的话，您还不够强大。当女人独自一人时是无能为力的。您已经找到一位我们的同行作为救助者和同伴。他肯定适合您、守护您。您又找了和蹩脚演员、露天剧场的花花公子共谋的方法，那位救助者放手了，您陷入了绝望。[……]您的心还没有被完全腐蚀，您的尊严有时会苏醒，它们同样会为此担忧，您可怜的身体成为所有这些躁动汇聚的战场，遭受的痛苦更多。您求救，但是毫无用处。路上没有任何人。尽最大的努力自我拯救，因为如果此时您放弃了，您将直接掉入满是淤泥的深渊。

小仲马去世后，《巴黎》杂志从杂耍剧院经理的遗孀手中获得了这些《致女罪人的信》，于1924年发表。这就引人联想这位女演员的大部分职业生涯都是在杂耍剧院，然而女罪人的身份至今仍然是个谜。

《巴黎》杂志发表这些信件时加了一段按语：

您将读到这些奇特的、未发表的信，这是对小仲马身后最美好的敬意：它们证明他所写下的道德训谕正是他自己生活的准则。

在这些信件中秘密记录的私人事件正好与著名的英国作家萨默塞特·毛姆（Somerset Maugham）今天向读者讲述的相反。[……]和这段逸事相仿的是，确实有一个救赎者和一个女罪人，但在小仲马这里，是女罪人想要引诱救赎者，而救赎者不允许自己被引诱。

直到最后，他仍然成功守住了父辈的角色，抱持着怀疑，还有点儿蔑视：直到最后，也就是说直到他确信女罪人再次陷入罪恶之中。他教训她时用的是什么样的语气啊！

> 这些信件中没有名字，没有日期。有什么意义？读者只知道这些信是在大约半个世纪前写的。[……]最迟钝的读者都会明白“他”指的是签字人。
>
> 该手稿是已故杂耍剧院的经理费尔南·萨缪埃尔（Fernand Samuel）的收藏品之一。[……]这些信件是由通信的艺术家本人赠予的，现在属于受赠人的遗孀，这些信件的出版获得经理遗孀的授权。

事实上，这种情况反复出现：如果没有一位保护者，女演员很难生存，她们都梦想小仲马成为可以保护她们和尊重她们的人。但是，接近女演员只可能成为私情的来源。与谣言相反，小仲马在私人生活中忠于他在作品中所阐明的道德原则。

1880年3月8日，他在自己的朋友、最优秀和最诚实的男人、体育馆剧院经理蒙蒂尼的墓前发表悼词，此前逝者已经失去了他爱过的、最优秀和最诚实的女人——萝丝·谢利。[1]

随着时间的推移，他既要为如此多的辞世者忙碌，也要与活着的人打交道。最重要的辞世者始终是他的父亲。

1880年，成立了一个由阿道尔夫·德·鲁汶担任主席的委员会，目的是在马莱伯广场竖立一座大仲马的雕像。认捐不太成功。古斯塔夫·多雷提出可以无偿塑像。他的构思受大仲马讲给儿子的一个梦境的启发：他站在一座山顶，每一块山石的形状都是他的一本书。

---

1 收入《幕间休息新编》。

古斯塔夫·多雷设计了一个巨大的石材基座，上面放置作家面带微笑的坐姿青铜像。在他的脚下，一边是他的一群读者、一位学生、一位工人和一个年轻女孩，另一边是基座上的达达尼昂。

莎拉·伯恩哈特在伦敦的演出季取得巨大成功，她塑造了《异乡女人》中的克拉克森夫人和《乔治公主》中比拉克王妃的形象。她于4月18日中断了与法兰西喜剧院的合同，着手准备她六次美国巡演中的第一次，演出剧目中就有《茶花女》，玛格丽特这个角色她早已得心应手。小仲马对女神的人格只有温和的评价，说她太瘦弱了，下雨的时候她可以从雨滴间穿过去，但是“她撒谎太多，可能会变得很胖”，他对路易·冈德拉（Louis Ganderax）说。[1]

1880年6月2日，在第十七区的市政厅，珂莱特·仲马（Colette Dumas）与圣艾蒂安兵工厂的厂主莫里斯·埃米尔·李普曼（Maurice Émile Lippmann）登记成婚，他是阿尔曼·德·卡亚维夫人的兄弟。新娘的证婚人是他父亲的两位老朋友：亨利·米罗和亨利·拉瓦。

1881年，小仲马回归戏剧，但在《异乡女人》的序言中，他承认自己是一位晚景凄凉的戏剧作家：

> 戏剧作家随着年龄的增长，失去了运动、明智和活力的天赋，也失去了他获得的对人类心灵的认识。[……]我们过度倾

1 参见安德烈·德·福吉耶尔（André de Fouquières），《我的巴黎和巴黎人》，第一卷，第152页。

向于对性格进行研究和对感情进行分析，经常变得沉重、晦暗、严肃、精细，就是说：无聊。剧作家到了一定年龄，唉！就像我现在一样，除了等死没什么可做的事情了，就像莫里哀；或者像莎士比亚和拉辛那样退出竞争。这已经是他们得以保持尊严的可靠方式了。戏剧堪比爱情，它想要幽默、健康、力量和青春。要是总想着被女人爱慕或者被观众宠爱，就会暴露在最痛苦的误解之中。

但是，因为答应法兰西喜剧院的经理佩兰写一部新剧，他只能信守承诺。

1881年1月31日，三幕剧《巴格达公主》在法兰西喜剧院的舞台上演。在《戏剧全集》中，他将这部剧题献给"亲爱的女儿珂莱特·李普曼夫人。永远做一个正直的女人，这是一切的基础！"（第二幕，第一场）

他没有像惯常那样写长篇序言，而是写了一个短篇的跋，谦逊地称之为"注释"，仅仅提供了关于作品的一些详情：

《巴格达公主》写了七天，晚上也不停笔，因为这次的写作热情高涨，睡得很少。［……］彩排时，作品的效果很好，但第一次演出时情况可不一样。特别是最后，从最后一幕的后半段开始，发生了激烈的冲突。［……］太罕见了，特别是在法兰西喜剧院，抗议声甚至口哨声从单人座和包厢的男女观众中发出来，但这些座席不是他们自己买的。更为罕见的是，记者没有耐心等待媒体专场就开始参与其间了。[……] 第二场演出是在礼拜二，年票日。该剧受益于习惯性的平淡反应，同时也受益于这个受过良好教育的特殊观众群。反应很平静，观众的沉默就像是接受。这部剧被接受了。[……] 第三次演出是礼拜四，第二个年票日，这部剧受到一定程度善意的接受，我们看到了彩排时的某些效果。[……] 最后在礼拜六，表演过程很平淡，但没有发生意外。气压计的显示变化不定，从那个时刻起，《巴格达公主》一出港就遇到严重的逆风，但仍然成为大海的主宰。[……] 现在，为什么会发生某些观众反对这部作品的情况？那是因为我刚刚出版了一本书，招惹到最容易被激怒和最记仇的人，他们是虔信者、老实人和虚伪者。《巴格达公主》替《离婚问题》的作者挨了揍、挡了枪。有人告诉我，很多人在大幕拉开之前大声对其他人说，他们来是为了给攻击他们宗教信仰的人所写的剧本喝倒彩的。

毫无疑问，人们也可以认为这部剧没有之前作品所具有的现实力量。人物努尔瓦迪（Nourvady）是个暴发户情人，根本不可靠。同样，主角丽约奈特·德·汉（Lionnette de Hun）是交际花和一个东方王储的私生女，她不再是一个人物，而是一个寓言。

作者提出了一个问题，并为公众提出了解决方案。[……]《巴格达公主》可以——也许能够——改名为《母亲》。亚历山大·仲马想要证明母性是女性的救赎，只要这种感情没有被抛弃或没被改变，那么就没有无可挽回地失去任何东西。[1]

巴尔贝·道尔维耶（Barbey d'Aurevilly）在《特里布莱日报》的专栏文章中严厉批评了《巴格达公主》：

这部剧崩塌了，就好像它不是小仲马的作品。就像剧院的枝形吊灯从天花板上掉落、然后在大厅里摔得粉碎一样惊人。［……］这是一个时代的结束吗？无论对与否，公众舆论让小仲马先生成为这个没有拿破仑的时代里戏剧界的小拿破仑。当然，我并不是说《巴格达公主》是他的滑铁卢，而是他对枫丹白露的告别。

这次失败之后，小仲马在四年内没有再为剧院写东西。他通过写信来参与公共生活，其中最重要的信都发表了，例如《致纳盖先生的信》是回应《伏尔泰日报》的一篇文章，众议员阿尔弗雷德·纳盖（Alfred Naquet）曾提交了允许离婚的法案，他在文章中提请小仲马支持关于“刚刚在众议院获得的关于离婚问题的美满解决办法”。他在文章中希望小仲马参与政治。作家拒绝发表意见：

我没有答应过任何人，我没有做过任何承诺。我既不属于某个党，也不属于某个派别，也不属于某个教派，也没有任何

1 托马斯·格里姆（Thomas Grimm），《小日报》，1881年2月2日。

雄心、任何仇恨，甚至也没有任何希望。[……]您是那些为所有人强烈呼吁自由的人之一，先生，请为此而快乐和骄傲。我拥有这种自由，完整、明确、无懈可击的自由，每个人都可以像我一样拥有这份自由，不需要公开声明、大肆宣扬，不需要暴乱和诉诸暴力。只需要老实地工作，需要耐心，需要尊重自己和他人。[……]至于管理我们国家的政府，它叫什么或者是什么形式对我来说都不重要。只要它能让法国伟大、受人尊重、自由、统一、安宁和公正，就让它成为它想要的或它能成为的样子。如果是共和国给了我们这个结果，我将与共和国在一起。我想我可以向您保证，除了市场以外，所有正直的人还没有和它在一起。[1]

当年（1881年）6月11日，小仲马成了外祖父：珂莱特生下奥古斯特·亚历山大·李普曼[2]，他日后成为了著名的击剑运动员，获得1908年、1920年和1928年奥运会的五枚奖牌，其中两枚是金牌。

1882年，卡尔曼-雷维开始出版《戏剧全集》的新版，称为喜剧院版，收入了最初的所有序言，但经过修改和增订，加入了未发表的补充说明。

当年2月16日，很多人参加了“从亚历山大·仲马先生藏品中挑出来的几幅画”的拍卖活动。其中多比尼的《月光》卖出最高价1

1 1882年6月22日《致纳盖先生的信》，收入《幕间休息新编》，1890年。

2 奥古斯特·亚历山大·李普曼（Auguste Alexandre Lippmann），1881—1960年。

万法郎。沃隆的《柚子》和《肉铺内景》，弗拉戈纳尔（Fragonard）的《风流场景》，让-巴蒂斯特·柯罗的《梦幻》《橡树》，2400法郎，德拉克洛瓦的《图拉真凯旋》，仅仅卖出1620法郎。还有阿皮尼（Harpignies）、多米埃（Daumier）、尚特伊（Chintreuil）、戴奥多尔·卢梭、特罗荣（Troyon）、多比尼、容金（Jongkind），他们的画卖得更便宜。

1883年1月15日，埃德蒙·德·龚古尔注意到小仲马表露出来的厌世情绪。“是的，”小仲马带着绝望回答，“所有人，当我第一次看到他们，我的第一印象就是把他们当作小人……所有女人也一样。如果人群中有一个诚实的人或者诚实的女人，我立刻能辨认出来……但是我的第一印象就是我告诉您的那样。”

在2月，他交给《新生报》发表了一篇题为《对儿童的思考》[1]的文章。同时于1883年8月13日在《时报》上发表《戏剧栏目：关于埃米尔·佩兰所写的导演手册》，插入弗朗西斯科·萨尔塞的《戏剧专栏》。[2]

他的女婿莫里斯·李普曼在普伊参与了撰写。

8月7日，礼拜二。他对刚刚完成的关于戏剧排演的信很不满意，又重新写了一封。按照往常的习惯，他把这项思考充分展开，增加了很多最初没有的内容，因为，用他的话来说，工

1 收入《幕间休息新编》。

2 同上。

作总是推着他的手往前走。最初应该只是一封简单的信，最后会成为一整篇文章。

1883年7月，他撰写一本题为《寻亲问题研究：致议员利维（Rivet）先生的信》[1]的小册子，利维先生已向众议院提交了有关这个问题的法案。22日，他修改了校样，并将校样寄给了议员。议员当天就拜访了他，并为自己在这次活动中得到支持深感高兴，这次活动有望成为热点。同年，卡尔曼－雷维出版了这本小册子。

1883年10月18日的《卢瓦雷日报》援引《万有箴言报》，向读者保证："与我们的同行今天早上宣布的正相反，亚历山大·仲马先生远非病魔缠身，反而身体棒极了，这是昨天他自己写给亚历山大·仲马夫人的信中的说法。"

报纸还告诉我们，亚历山大·仲马"和他的二女儿一起去瑞士旅行"，并且他目前正在位于蒙特克雷松（卢瓦雷）附近的萨勒纽夫城堡弗拉奥夫人的别墅度假，他的妻子将前来和他团聚。莱昂·弗拉奥在父亲去世后（1881年），继承了萨勒纽夫城堡和费雷利农场。

1884年1月25日，他在雕塑家古斯塔夫·多雷的墓前致悼词，这位雕塑家尚未完成大仲马的雕像。

六个月以来，他一直与另一位伟大的创作者面对面，无论

1 收入《幕间休息新编》。

是多产、创造力、多样性，还是力量、无私、仁慈，他们在很多方面都非常相像。

在完成这项工作之后，这颗心脏突然停止跳动，它曾经与我的心相通，为了对我而言最神圣的光荣而跳动。作家和艺术家天生敏感，从而可以彼此了解。同样，艺术家的整个灵魂已经离去，但它还在作家的形象和他周围环绕的诗意形象中闪闪发光。

现在他们永远地共存于人们的记忆中。这尊有争议的雕像现在挑战着冷漠和不公，强迫人们终于观看他的作品，并被死亡猛地推向不朽，而他刚刚将这份不朽给予另一个人。最后，我们，多雷和我，因为同样的爱而成为一家人！所以，我就和他的兄弟一样，带来最真切的怀念，虽然我不能像他一样把我真诚的赞美、我的虔诚而无用的感激之情铸入青铜雕像。[1]

1883年3月27日的《时报》发表了《一封亚历山大·仲马先生未发表的信》，收件人空缺，但报纸假设收件人是埃米尔·左拉（Émile Zola）的门徒。这个收件人，《幕间休息新编》终于给了他一个身份：他是保罗·亚历克西斯（Paul Alexis），左拉的“影子”，《没人娶的女人》的作者，这部剧因为小仲马的推荐在体育馆剧院演出。

这封看破一切的信中包含了对荣耀的思考。

1　在古斯塔夫·多雷墓前致的悼词（1883年1月25日），收入《幕间休息新编》。

当我们出生时，我们已经实现了所有这些理想，但也带来了所有可能产生的失望。暮年的夏多布里昂目睹了他最喜爱和尊重的东西崩溃，然后在废墟上看着年轻人采摘墓地上开始生长的花朵，把它们献给贝尔内莱特（Bernerette）和玛格丽特·戈蒂埃，而不是将它们虔诚地献到阿达拉的墓前。因此，夏多布里昂哀叹一个世界的终结，他曾希望自己是这个世界的重建者并成为那里的上帝。这是对政治的幻灭，而不是使作家晚年沉默寡言和备受折磨的失望。

难道说您是这样一个作家，因没有预见到公众的变化和任性而没有做好准备？就我而言，您所犯的错误归因于您处于一个首先热切盼望荣耀的年纪，在这个年纪，人们把荣耀看成是这个世界上最大的利益。它仍然躲着您，也许是因为您没有走那条孤独的岔路——这条岔路能到达背后隐藏着荣耀的柳树，也没有和维吉尔的仙女一样不惜一切代价去找到它。在拥有力量、信心和勇气的年纪，女神总是躲着您，如果有一天在她张开双臂拥抱您之后又放弃了您，您就会愈加伤心。

好吧，如果您愿意成为一个卓越的人，而且您的主人很愿意预言这一点，您还是会回到这个想法上，就像所有您鼓吹的、尚未实现的理想。

努力争取人们的喝彩是最初必要的天然兴奋剂，我比任何人都更清楚。我曾渴望荣耀，这是身边有个名人父亲的结果。他的名望之大让我觉得，如果没有设法活成个人物的话，我会悲伤而死。我成就了这样的自己，如果通过我招致的攻击来判断，这份声誉无论是否持久，肯定是值得嫉妒的。

他于10月6日登上去往洛桑的船，他的女婿莫里斯·李普曼再次与他会合，“他去那里拜访杜福尔博士”。马克·杜福尔（Marc Dufour）博士在洛桑收治眼科疾病患者，这让人想到作家是不是患了眼病。

1883年11月3日，他父亲的雕像在马莱伯广场众多认识和不认识的朋友们面前揭幕。小仲马坐在第一排，身边是妻子和女儿们，聆听一个接一个的演讲。首先是于勒·克拉尔蒂：

> 人们说仲马为三四代人带来欢乐。他做得更多：他为他们带来了安慰。如果他过度表现了人性的宽厚，不要因此而责备他，这是他在以自己的形象来描绘人性。

接下来是埃德蒙·阿布：

> 如果大仲马的读者每人都拿出1生丁，这座雕像就是纯金的了。这尊雕像，先生们，雕的是一个伟大的疯子，他以幽默和令人眼花缭乱的快乐，将更多的情理和真正的智慧植入我们所有人的心中，这正是我们所缺乏的。[……]这个容光焕发的面孔属于一个自私的人，他把一生都献给他的母亲、他的孩子、他的朋友、他的国家；这个面孔还属于一个心软而温厚的父亲，他扔掉了套在儿子脖子上的缰绳，然而，却极其幸运地在有生

之年看到声名显赫的优秀人物之一继承了自己的衣钵，整个法兰西都在为他们鼓掌。[……]有一天大仲马曾对我说："你爱亚历山大是对的，他是个极有人情味的家伙，他的心和他的头脑一样广阔。让他干吧，如果一切顺利，这个男孩将成为上帝的儿子。"这位出色的家伙是否清楚，这样说，他就是自称为上帝？也许吧，但是在仲马身上，自我永远不会是可憎的，因为他始终是天真和善良的。善良至少占他复杂、奇特和模糊的天性的四分之三。[……]这个火一般热情、强有力、如洪流般不可抗拒的作家从不制造仇恨或复仇，他对最坏的敌人同样仁慈和慷慨，所以他在人世间都是朋友。

所有发言者都在颂词中赞扬了这对父子。人们还记得父亲曾说儿子是他"最出色的作品"，与一般情况相反，这个伟人的儿子没有被父亲的名字压垮；相反，为他增添了荣耀。1883年11月3日，感动不已的小仲马与众人握手，忘却了他对其中一些人感受到的怨恨或蔑视。

晚上，在法兰西喜剧院，演员们在大仲马的《贝拉伊勒小姐》开演之前为他的半身雕像献上花环。

对于小仲马来说，这一天是某种巅峰，他本人各种荣耀加身，是剧院、学院和重量级沙龙的主宰，今天能够主持父亲雕像的揭幕仪式，这在古代就是他父亲封神的仪式。

从现在开始，走出家门，他就会经过父亲的雕像，每天他都可以和父亲打招呼。

第十七章　有罪的父亲

女人可以迅速猜出爱她们的男人！与年龄无关！

小仲马

《放荡的父亲》第二幕第三场

小仲马冬天住在维利耶大街的公馆，夏天到普伊避暑。不再需要到《启事报》上寻找令人垂涎的出租公寓了，他现在待在自己家中，足不出户。

1884年2月1日，在圣苏尔皮斯教堂雄伟的穹顶下，在快乐剧院经理亨利·拉罗谢尔（Henri Larochelle）的葬礼上，他与儒勒·凡尔纳（Jules Verne）长时间地交谈。他们在与历史剧院合作时期就认识了，当时凡尔纳正在推广《折断的麦秆》。他对凡尔纳说："您看，人们之所以希望在另一个世界获得永恒，是因为在这个世界无法获得。在这里，人们应该很乐意在此世得不到永恒。"

他是否得知，在遥远的地方，那个让他做出年轻人的冲动之举的女人，美丽的莉迪亚·阿斯内芙娜于1884年3月23日去世？

另一场离世对他影响更大：他父亲青春时代的朋友，鲁汶伯爵阿道尔夫·弗雷德里克森（Adolphe Fredericson）于4月14日死于胃癌，享年八十二岁，没有继承人。

在1884年4月16日的葬礼上，小仲马顶着倾盆大雨，徒步从马尔利走到五公里外的佩克公墓。在墓穴旁，他双脚站在雨水中，头上没有任何遮挡，宣读了感人的悼词。悼词首先从他父亲在《我的回忆》中与鲁汶的第一次相见开始。随后他提到老人最后的时光：

> 从那一刻起，微攥的双手，嘶嘶的喘息，轻微的头部动作和看着我、具有告别意味的目光［……］。
>
> 暮色低垂，鸟儿噤声，暗夜来临。他平静的脸庞，线条僵硬，只有一盏小夜灯照着他。他的呼吸变得更加平稳、缓慢、微弱，我不得不弯下身去，以确定他刚刚沉入的是否是那永恒的睡眠，没有丝毫颤动，没有丝毫努力。我合上他的双眼，亲吻了他，在他的仆人们祈祷和哭泣着为他穿上他自己准备的寿衣时才离开他。
>
> 这位好人就这样离开了这个世界。我没有见过比这更简单、更温柔、更高贵的死亡，他给那些无先见之明的人做出榜样，平息了人们对死亡的恐惧。我则执行了他的遗愿。在科尔西这条盛开着雏菊和山楂花的路旁，父亲结识了六十多年的朋友，我虔诚地将他安葬在这里，就在他妻子的身旁，在他自己选的

墓地里，墓碑上覆满鲜花，周围是他亲密好友们的墓穴。[1]

这篇悼词也由卡尔曼-雷维出版。亲爱的鲁汶将马尔利的房子遗赠给了小仲马，他已经习惯于在这里度夏，作为交换，他叮嘱小仲马照顾他的几匹马直到它们老去，永远不要让它们驾车，他也没有忘记他的四只狗：为每个照顾它们的仆人留了每个月30法郎的年金。

6月20日，在塞纳省第一法庭进行了小仲马与画家古斯塔夫·雅盖（Gustave Jacquet）之间奇特的诉讼，画家把小仲马画到了《犹太商人》的油画中，还给他穿上东方的长袍，让他经营一间东方杂货铺。原因嘛，小仲马买了这位画家的一幅题为《第一位抵达者》的水彩画，画面表现的是一位身穿路易十五时代服装的年轻女子第一个到达山顶，小仲马用它做了交换，按照雅盖的说法，他肯定是以双倍的价格交换的。愤怒的画家为了复仇，在1882年2月的水彩画展中展出了自己的作品，他在画中把作家画成了犹太商人的模样，随后又在商人乔治·佩蒂（Georges Petit）的画廊展出。莫里斯·李普曼在这个讽刺的形象中认出了自己的岳父，用手杖划破了这幅水彩画。法庭做出判决，禁止雅盖展出和公开出售这幅画。

7月14日，他在普伊海边的帐篷里消磨下午时光，晚上则观看悬

1 《在阿道尔夫·德·鲁汶墓前宣读的悼词》，1884年4月16日，收入《幕间休息新编》，第329—330页。

崖上的烟花表演。

8月21日，他必须匆匆赶回巴黎：他的朋友、画家朱塞佩·德·尼蒂斯（Giuseppe De Nittis）突然死于脑栓塞，年仅三十八岁，“正是年富力强、声名鹊起之时”，逝者的妻子雷欧蒂娜（Léontine）请他帮忙办理后事。24日，小仲马在圣日耳曼与埃德蒙·德·龚古尔会合，确定了葬仪队列和下葬在拉雪兹神父墓地的价格，然后与埃德蒙·德·龚古尔一起到市政厅签署了死亡证明——证明日期提前到22日。

> 在离开市政厅时，小仲马善意地请我一起吃些东西，我们在随便一家咖啡馆吃午饭。奇怪的是，小仲马在吃饭时始终在跟我说吉拉尔丹，并对我讲述他给吉拉尔丹的回答。有一天，吉拉尔丹对儿子的庸碌感到愤怒，可能对小仲马说：“我真应该生个像您一样的儿子！”“这样的儿子……您知道，必须自己去生！”随后，小仲马就动身去看他刚刚继承的鲁汶的遗产。[1]

小仲马也负责监护雅克，也叫洛洛，十二岁，是尼蒂斯心爱的儿子。

法兰西喜剧院于1885年1月19日首演了三幕话剧《丹妮丝》。这部剧在出版时题献给了法兰西喜剧院的管理人埃米尔·佩兰。在这部作品的最后几次排练中，埃米尔·佩兰送给剧院一份证书，证书

1 埃德蒙·德·龚古尔，《日记》，1884年8月24日。

下面是莫里哀极为珍贵的亲笔签名，于6月19日在德鲁奥公馆以高价获得。

按照埃米尔·佩兰的说法，《丹妮丝》获得了法兰西喜剧院三十年来“前所未有的”成功。大幕落下，观众一片啜泣声，作者被拉到舞台前，观众长时间鼓掌。共和国总统儒勒·格雷维（Jules Grévy）请他来到自己的包厢，对他表示祝贺。出于健康原因留在马尔利的娜迪娜·仲马接到一封又一封电报，共计二十八封，电报为她描述每个场次的结果和观众的反响。

演出结束后，前往布雷邦餐馆吃晚餐时，陪伴小仲马的朋友H.甘（H. Cain）爬到马车上大喊：“车夫，去万神殿！”

这部剧的剧情完全是小仲马的风格，再度采用了《奥布莱夫人的见解》或《阿尔封斯先生》的情境：一个年轻女孩被雇主家的儿子诱惑，生下一个孩子，孩子很快就死了。这个秘密只有女孩的母亲知道。几年后，一个她所爱的诚实的男人想要娶她，但经历了种种波折，她始终表现出正直的品德，坦白了自己的过去。他原谅了她并娶了她。

但评论家的意见与观众并不总是一致的。因此，在《新闻报》上，夏尔·拉布尔杰（Charles La Bultière）嘲讽道：

> 礼拜一，在法兰西喜剧院，幕间休息时，所有人都在议论亚历山大·仲马先生。此后，很多记者继续谈论这部剧。事实上，众所周知的是，亚历山大·仲马先生写剧本就是为了进行哲学思考，对他来说，这个舞台就是布道的讲坛：如果他写

《驴皮公主》，人们就会讨论关于不伦之爱的话题。当地球上最有智慧的人开始思考一些东西时，没有任何东西可以让他们放弃［……］。小仲马先生的剧首演的第二天，如果，一个人物在交谈中说出一个金句，人们会举着放大镜审慎地研究这个金句，比我们的立法者研究法律条款还要认真。我很愿意想象，小仲马先生知晓公众的这种狂热，他会很开心地特意在对话中塞入一些离奇的句子，然后以看这些句子被如何理解为乐。

从此以后，人们评论小仲马对社会的观察并且对此习以为常。《丹妮丝》的情节是一个已经写过的主题，灵感来自卡珊夫人的生平。虽然并非本意，小仲马还是吸引了不少女罪人并成为听她们忏悔的人，这位女士就是其中之一。卡珊夫人是科梅尔西一位洗染匠的女儿，她接受了足够细腻的教育，足以成为一位西西里贵妇的朗读者。她被这家的大儿子诱惑了，偷偷在家乡默兹生下一个女孩。她美丽、聪明、有教养，随后开始了高级交际花的生涯，被大银行家们秘密包养，后来又成为香榭丽舍大街一家私人公馆的主人，那里经常举办画展。1880年左右，她以收藏家的身份结识了小仲马。小仲马狂热地喜爱奥克塔夫·塔塞尔（Octave Tassaert）的画，用安德烈·莫洛亚的话说，画家有点儿像“小仲马风格的格勒兹（Greuze）”，得知小仲马的这个癖好之后，她很快就把自己收藏的塔塞尔的画送给他。作为交换，小仲马送她另一幅画，但她惊呼：

请行行好不要给我画吧！您可不可以还是那个不欠我任何

东西的人；相反，是我欠您深深的谢意。真糟糕！您不想要我的任何东西。我做了什么才会受到这样严厉的对待？您如果能有万分之一把我当成朋友，我将感激不尽。

小仲马终于让步了。很快他们之间就开始了通信联系。他为她提建议，她进入了他的密友圈：

如果您愿意给予我一丁点儿“友谊”，这对我来说将是上帝的恩惠，这样的友谊在我身上从没有激发过任何男人称之为“爱情”的东西！……我相信，这是属于我个人的，因为我没有体会到其他女性的感受：友情随爱情而来。我总是看到仇恨替代了最夸张和最虚伪的感情。人们不知道富有的女人可以引发多么奇特的感情！时光飞逝，我已经到了当奶奶的年纪，还是没有看到所有这些喜剧发生任何变化，这些喜剧让我的生活无限悲伤、极尽空虚，因为它不是建立在哪怕一丁点儿真诚的基础上。[……]先生，这是熟人之间的信。卡珊夫人为此请您原谅，她是一株冰冷的植物渴望着些许温暖。

小仲马没有沦入同情：他告诉她，她要对自己所过的生活负责，要对女儿加布里埃尔（Gabrielle）的冷酷行为负责，因为她没有好好教养女儿。她抱怨他冷酷，但继续追随他，仍然依恋他：

几天后，我将前往比亚里茨。您如果能告诉我您的身体状况就太好了，希望您最近没有忘记我。您知道的，我需要您。您是我现在依靠的参天大树。一定不要忘记我，否则就真的太令我伤心了。在我生命的巨大孤寂中，您就是我现在的“一切”。我知道在我们的关系中，没有性，但我是女人，我需要您的保护，纯属精神的保护。

卡珊夫人在信中夸耀那些追求她的名人，想引起小仲马的妒忌。她还承认对奥迪莉·弗拉奥的嫉妒。她知道小仲马与妻子之间存在问题，娜迪娜脆弱的神经导致她不断想自杀。毫无疑问，她希望情况朝对她有利的方向发展。后来，有段时间她想嫁给曾经诱惑她的德·蒙福尔（de Montfort）公爵，这位公爵不仅年迈而且破产了。但小仲马粗暴地提醒她永远不会被上流社会接纳，从而成功地打消了她的这个念头，她接受了他的建议。

阿黛尔·卡珊最终于1889年嫁给德·朗多尔福-卡尔卡诺（de Landolfo-Carcano）侯爵。

1885年5月22日雨果去世，这对他的影响小得多，远比不上之前父亲和朋友们去世的影响：雨果被捧得很高，这令小仲马异常愤怒，因为他似乎认为，这位伟人的名声被过高评价，更多的是因为他的政治立场而不是他的天才。

从凯旋门到万神殿的葬礼安排令他恼怒：

如果维克多·雨果的作品对共和国怀有敌意而不是对帝国

怀有敌意，那么他的诗句并不会不美，但他不会受到国葬的礼遇。[……]如果他住在御座广场后面，而不是住在星形广场附近，他的天赋也不会因此而不大，但葬礼队伍不会穿过凯旋门。缪塞也是一位伟大的诗人，他的葬礼只有不超过三十人。

人们可以假设，在他认为应该有一场盛大葬礼但却没有得到的人中，首先就是他的父亲。

巧合的是，1885年5月24日，雨果去世两天后，由阿尔伯特-欧恩斯特·卡里耶-贝鲁斯承担的大仲马的雕像最终在维耶科特莱揭幕了。儿子曾建议艺术家柔化他父亲的线条，使雕像具备大仲马的热忱和善良。

儿子和他的家人就在巨大的雕像脚下，还有许多名人，包括儒勒·凡尔纳。这是一个很早就有的想法，而今终于实现了，这多亏小仲马在最后关头支付的7000法郎。这是一位三米高的大仲马，自豪地竖立在高高的石头基座上，靠近火车站，面向洛尔梅街，因为他出生的房子就在那里，今天这里被称为亚历山大·仲马街。

在雕像揭幕的前夕，儿子来于勒·克拉尔蒂家听他要发表的演讲。他没有说一个字。演讲结束，他看着克拉尔蒂，伸出双臂拥抱了他，湛蓝的双眼中噙着泪水。

11月1日，他在法兰西喜剧院经理埃米尔·佩兰的墓前致悼词，是他把小仲马引进莫里哀之家[1]，这篇悼词令大部分到场者泪如泉涌。

1 即法兰西喜剧院。剧院最初是以莫里哀的剧团“莫里哀之家”为基础创立的。——译注在所有这些名人的葬礼间隙，他重新开始了戏剧创作：1886年9月20日的《费加罗报》宣布，小仲马在普伊度夏的两个月为法兰西喜剧院创作了一出四幕话剧，不过因为他的女儿李普曼夫人分娩而中断。这中间他到马尔利住了几天。

“这延迟了杰出的剧作家完成剧本，但回到普伊后他又重新开始工作。”

塞尔日·拿破仑（Serge Napoléon）于1886年8月14日出生于马尔利勒鲁瓦，在16日的出生证明上有他外祖父的签名。1975年5月28日，他将在日耳曼昂莱医院咽下最后一口气，只剩一块属于阿道尔夫·德·鲁汶的手表用来支付丧葬费用。

和他的哥哥亚历山大·李普曼一样，作为仲马父子仅有的后代，两兄弟到去世时都没有小仲马非常想要的男性继承人。而亚历山大的妻子科娜丽娅·艾斯泰拉·卡塔莉娜·李普曼（Cornelia Estrella Catarina Lippmann）却生下六个女孩。人们只知道其中四个女孩的名字：克莱尔·阿涅斯（Claire Agnès），弗朗索瓦兹·黛博拉（Françoise Débora），艾莱娜·玛丽（Hélène Marie），玛丽-劳尔·泰莱兹（Marie-Laure Thérèse）。因此，也可以说冠以其他姓氏的仲马后裔并未断绝。

1887年1月17日，法兰西喜剧院上演《弗朗西雍》，这部剧最初是准备在仲冬时节交给于勒·克拉尔蒂的。在这部剧中，“有作者和演员们的才华加持，才让观众接受了剧情的不可信和大胆之处，然而也并非全然接受。弗朗西娜（Francine），绰号弗朗西雍，也即利维洛尔（Riverolles）伯爵夫人，是位正直的年轻女子，妩媚、忠诚、慷慨而骄傲，她爱自己的丈夫，她丈夫是一位上流社会的人，不坏也不好，无可挑剔但无足轻重。

他无法忍受妻子自己喂养孩子的意愿，回到了“旧情人”罗莎莉·米雄（Rosalie Michon）的怀抱，当大幕拉开时，他正要去歌剧院的舞会见她。弗朗西娜恳求他留下来，面对他的拒绝，她对他发誓，如果得知他有情妇，一小时后她就会有一个情人，“以牙还牙，以眼还眼”。他还是走了。弗朗西娜跟着他出去，买了连帽斗篷和面罩，坐车前往歌剧院的舞会。她在那里看到丈夫吕西安和罗莎莉，并在走廊瞄上了英俊的陌生人，她带他去金屋酒店吃晚餐，就在吕西安的包间旁边。第二和第三幕全部是弗朗西娜对丈夫讲述她的行动、她进行的调查，吕西安从父亲和朋友们那里获得建议，弗朗西娜固执地坚持，最后，借助女性的狡黠逼出了她清白的证明。弗朗西娜遇到的陌生人恰恰是吕西安为统计他们两人各自的财务状况而找来的公证员，因为他们将要离婚。弗朗西娜的一位朋友让她相信公证员曾吹嘘自己是她的情人，弗朗西娜不自觉地喊道：“他说谎！”于是，吕西安跪在了妻子的脚下。

于勒·勒麦特（Jules Lemaître）不敢肯定《弗朗西雍》是部杰作，但仍然赞扬这部剧的品质：“这里有最迅捷、最密集和最出色的对话；这里有最敏锐的观察和最闪光的智慧；这里有最有活力、最大胆的厌世者；这是最让人喘不上气来、最快速、最有自信的戏剧之作。确实，这是艺术的顶峰，人们在这种对自我的掌控和专业的完美胜利中感受到了智性的快乐。”[1]

---

1 《戏剧印象》，第193页。

这部剧也不缺乏“论题”：就是女主人公弗朗西娜，本剧支持这样一种观点，即女性有权通过对丈夫不忠来报复丈夫的不忠，或者更确切地说，在欺骗她的丈夫时，女性所做的只不过是他对她所做的一切。

路易·冈德拉则感叹道：

> 真是个男人！多么令人钦佩的黑家伙！他像白人一样与我们探讨。他让我们感受到强大的力量，有时，也让我们感受到残忍，我们对此却很安逸。无论他是领着观众走还是粗暴地对待观众，都是大师的手笔。他一手掌控着观众并且统领着他们，几乎就像他的祖父驾驭坐骑一样。如果说他年轻时的作品和现在的作品之间存在差异的话，说实话，并不是说他今天变弱了，而是他更喜欢享受自己的天赋和艺术，以简单粗暴的实践为乐。[……]比作品更令我们目眩神迷的是作者，正是这种精湛的力量给了我们感受力，这种弥漫的喜悦所带来的好心情直接流露出来。所有人，我们都是多么钦佩小仲马先生，我们爱他，如果我们需要原谅他什么，我们会高兴地原谅他，因为布里克森（Brixen）的英雄的子孙，在文学生涯出道将近四十年之后，再次以黑人的性情向我们展示了一个巴黎人可能具有的最清晰的理性，最闪亮、最难对付和最纯净的头脑。[1]

作为彩蛋，在第十三次交锋之后，弗朗西娜的女仆阿奈特

1 《戏剧》杂志，《两个世界》杂志，第七十九卷，第693和707页。

（Annette）细说了一个弗朗西雍令人垂涎的沙拉食谱：把土豆在肉汤中煮熟，趁热切成片，加橄榄油、奥尔良醋、半杯白葡萄酒（最好是伊甘酒堡出品）、盐、胡椒和大量香料，然后，在葡萄酒奶油汤汁中煮熟大个贻贝，在香槟酒中煮熟松露并切片，将所有食材和土豆片拌在一起。

这位仲马不愧是《美食大辞典》[1]作者的儿子。

因为不想招致新的批评，他对参与公共生活有所保留，尽管如此，他却是埃菲尔铁塔的反对者之一，在《致万国博览会主席阿尔方（Alphand）先生的公开信》上签了名，这封信于1887年2月14日在《时报》上发表：

> 我们是作家、画家、雕塑家、建筑师，是保护美丽的巴黎不受破坏的热忱信徒，以我们所有的力量、所有的愤慨前来抗议，以尚未广为人知的法兰西品味的名义，以危在旦夕的艺术和法兰西历史的名义，反对在我们首都的心脏地带竖起这座无用而骇人的埃菲尔铁塔，这种公开的有害行为，通常以常识和正义之名行事，这座塔已经改名为“巴别塔”。
>
> 在严防陷入夸张的沙文主义的同时，我们有权大声宣布巴黎是世界上无与伦比的城市。在巴黎的大街小巷、宽阔的林荫大道、优美的散步场所中，矗立着人类最高贵的纪念碑。
>
> 法兰西的灵魂，珍宝中的精魄，在庄严绽放的璀璨宝石中

1　大仲马，《美食大辞典》，巴黎，菲布斯出版社，2000年。

熠熠发光。意大利、德国、佛兰德斯，它们有理由为自己的艺术遗产无比自豪，但它们所拥有的都无法与我们所拥有的相比拟，巴黎吸引着来自全球各个角落的好奇和赞美。

我们是否要让这一切被亵渎？巴黎城是否能更长久地与巴洛克以及机械建造者唯利是图的想象共存？后者只能不可挽回地丑化她并使她蒙羞。

随后是四十七位艺术家的签名，这里面不一定都是真正的进步主义者，其中就包括小仲马。

然而，他最终以一种僵硬的姿态，屈服于一个比他年轻近三十岁的女人所激发的激情，背叛了他的道德原则。

小仲马与演员雷尼耶·德·拉布里埃尔保持着长期的友谊，后者是法兰西喜剧院成员，在大仲马的好几部剧中扮演过角色，甚至与小仲马合作编写了剧本《罗穆卢斯》。他是位良师益友，有教养、和蔼、风趣，1871年离开了舞台，但仍然在法兰西喜剧院担任舞台监督。他与体育馆剧院的女演员露易丝·格雷夫东（Louise Grévedon）结婚，1851年生了女儿亨丽埃特（Henriette）。小仲马从女孩的孩提时代看着她长大，直到她十八岁时与建筑师菲利克斯·埃斯卡里耶（Félix Escalier）结婚。正如他在一部戏中所写，婚姻很快变成一场灾难，亨丽埃特回来与父母生活在一起。“女性之友”小仲马以温情回护着她，在看望她父母时也试图让她开心。她非常漂亮，而小仲马对女性的美也不是无动于衷。亨丽埃特在被丈夫忽略的同时，也感受到了这位名人对她的兴趣。对于那群期待小仲马垂青的哀怨不已的女人们而言，她的优势在于与他天长日久的熟稔程度。1885年雷尼耶去世时，小仲马协助两个女人办理了丧事，使他与亨丽埃特之间的关系更加紧密。之后的两年内，他抵挡住了亨丽埃特表现出来的情感，同时又没有失去向她表达自己的兴趣和温情的机会。最后，在1887年4月13日，她成了他的情人。这位极度蔑视女性的人反思："我充分思考过，那天，这种心烦意乱包含了多少真诚？有没有表演的成分？或者说你已经习以为常，只需要行动便可以占有你？[……] 噢！如果说我第一次扰乱了你的感觉，你却可以夸耀扰乱了我的心，成为唯一一个我无法表达清楚的女人。"

他没有听凭自己奔向幸福，而是用问题折磨自己以防止任何失望："每当我被怀疑裹挟，你这个人，你的存在就直接说服了我你是无辜的。一个曾经把自己交给另一个男人的女人不会这么快就交出自己。[……] 她会太害怕因为轻易放弃抵抗而被怀疑，甚至被谴责。"

10月，他同意不再压抑自己，但他非常想控制亨丽埃特的命运："我们会走向哪儿？什么结局？什么灾难？我什么都不知道。六个月前，你投入我的怀抱，你怀着神秘的预感，认为你的快乐或者不幸全都系于我一身。在我的有生之年，我会以自己拥有的全部力量和智慧让你幸福。不要讨论，不要质疑，也不要百转千回。让自己好好生活，让自己像个女人，像天使、女神、小孩，总之，以一切我喜欢的样子被宠爱。你不再属于自己。你不是想要一个主人嘛，你不可能拥有一个比现在更好的主人了。你现在感觉到自己是世界上最被爱慕的造物了吗？"

毫无疑问，他曾思考和表达过理想的男女之间的关系，多少有意识地试图将之付诸实践，并将女性定位为神。他写道："你突然出现在我的生命中，给我的理想勾勒出最清晰的形态。[……]我不仅从你一出生就喜爱你，而且你一直是我暗中喜爱的人，尽管在她和我之间存在着各种各样的雌性生物"，并且教育者的任务是天然属于男人的权力。

亨丽埃特在1890年与菲利克斯·埃斯卡里耶离婚，她的状况非常清楚，但是小仲马的远非如此：他不能与年过六旬的娜迪娜离婚，根据医生的诊断，她同时还患有一种无法治愈的精神疾病。因此，为了保卫各自的体面，他们只能保持地下情的关系，特别是他的女儿雅妮娜打算嫁给一个良好家庭的年轻人。雅妮娜自幼受自由思想的教育，却突然热诚地接受了天主教信仰，这让她的父亲非常沮丧。

早在1890年夏天，报纸就登出了婚礼的消息："明天，每个人都会谈论一场隆重的婚礼：亚历山大·仲马的小女儿雅妮娜·仲马小姐昨天与奥特利夫（Hauterive）伯爵订婚了。奥特利夫属于奥弗涅最古老的家族之一，伯爵是第十骑猎团的少尉。"

婚礼定于10月10日举行。

"婚礼将在巴黎举行"，8月21日的《费加罗报》报道。8月28日的《高卢人日报》更精确："我们报道的奥特利夫伯爵与雅妮娜·仲马小姐的婚礼将于10月初在马尔利勒鲁瓦教堂举行，那里是小仲马先生度夏的居所。由于仲马夫人身体欠佳，婚礼将只有证人和新婚夫妇的家人在场。让我们借此机会做个简要回顾，奥特利夫家族出身奥弗涅，他们拥有伊苏瓦尔附近的不动产，并与勒斯（Leusse）

家族、维布莱叶（Vibraye）家族、塞古尔家族、格拉蒙（Gramont）家族、米西塞（Missiessy）家族等联姻。”

9月1日，小仲马写信给拿破仑亲王解释他要对婚礼保持低调的原因：

殿下：

您已经从《费加罗报》那里得知，可能公主也已经向您证实了我小女儿的婚礼。您肯定惊奇没有成为最早直接从我这里得到消息的人之一。由于某些原因，您是我最早亲口告知的第一个人——直到某些完全属于道德范畴的事情彻底解决，我希望有资格说我还没有通知任何人。那些在报纸透露消息之后认为应该向我表示祝贺的人们，我很高兴写信表示感谢。昨天开始，我的事都结束了，于是我马上写信给您，阁下。小丑也不知道拿自己的秘密怎么办，我知道您会回答我：正是时候！我既希望您认识我，也希望您不认识我。总之，现在我可以告诉您，这桩婚事中，我对男方极为满意。他年轻、健康、非常聪明、非常谨慎、非常温柔、非常坚定，并且非常钟情。我的女儿与他认识和相恋已经四年了。他们完全清楚自己在做什么，如果幸福婚姻存在的话，那就是他们了。婚礼将于10月9日在马尔利举行，范围很小。仲马夫人的健康状况不允许举办巴黎式的奢华婚礼，而且未婚夫妇两人都不坚持。在婚礼上，我将在公主身旁保留一个位置。如果我们国家的政府像它宣称的那样公平和自由的话，那么您肯定会来坐那个位置的喽。

那件小仲马希望在公布婚礼消息前解决的“完全属于道德范畴的事情”是什么？可能是告知并说服奥特利夫家族接受珂莱特离婚的消息，要知道，奥特利夫家族是严格的天主教徒。

雅妮娜和欧内斯特·德·奥特利夫（Ernest d’Hauterive）没有后代。很快，欧内斯特将告别军人生涯专心从事文学创作：他将出版小说和历史散文，其中包括《亚历山大·仲马将军，革命的战士》（1897年），这本书让他理所当然地被亚历山大·仲马家族所接纳。

1891年，娜迪娜可能风闻了丈夫与亨丽埃特的绯闻。因为嫉妒得发狂，她离开了和小仲马的家，住到女儿珂莱特家附近的尼尔大街的酒店。

夏天，亨丽埃特和她妈妈一起去度假。在远离小仲马的地方，亨丽埃特非常无聊，盼着他的来信；他则想象她在远离自己的地方可以遇到各种人，任由悔恨和嫉妒占据自己：

> 你没有理由不喜欢大海。正是在海边，你骑着毛驴第一次出现在我面前［1864年］。有英文小说是这样开头的。［……］为什么上帝没有费神到我身边对我耳语：“这个孩子有一天会爱上你。当心她。”天使本来可以告诉你：“有一天，你将被这个男人永远珍爱。当心他。”上帝没有做该做的事情，天使经过你身边，却没有对你说什么，但你已经有了这样的幻觉，这个幻觉最终成为了你的一个预感。
>
> 你把你的日记交给我，让我读。我重新回顾了你的过去，还有你让我清楚真相的那些信件，我不时在里面找到我的名字，

这个名字是如此吸引你［……］直到你已经投入我的怀抱，从此不再离开。

在她逃避各种企图和诱惑时，他却在嫉妒不已，她为此责备他，他为自己辩护道：

我在自己身边从来看到的都是各种形式的恶行、谎言和堕落。在没人帮助的情况下，我必须通过无意识但无法抑制的努力自己拯救自己。［……］因此我仍然怀疑一切。在我生命中本应该结束所有幻想的时刻，我遇到了你，你实现了我青春的所有梦想，于是我听凭自己被欲望驱使。［……］那些我生命中的女人们曾经做过什么，或者会做些什么，包括那个分享了我的生命的女人，我不会因为她们而痛苦，因为我不爱她们。我并不幸福，但因为工作，我很平静。如果我没有遇到你，我很快就会忘记这个地球上还有女人。我从没有把自己的灵魂交给她们任何人，我的身体变得悲伤和沮丧。［……］我生性高洁。［……］我认识的女人都说谎。为什么你不像其他人一样撒谎？

避到女儿家的娜迪娜·纳里什金娜病得很重。雷尼耶夫人日渐衰弱，她让小仲马承诺在她离去后照顾女儿。小仲马清楚很快会有第二次婚姻的机会，他犹豫不决，回想起二十八年与娜迪娜一起度过的受难般的婚姻生活：

"我可能会获得的自由来自这个困难的局面。你没有搞错，这个可能的事件让我反思。我几乎已经获得了得到补偿的权利，但我开始害怕这是件不幸的事。[……] 二十八年前，当我错误地承担起责任，我几乎搭进去了我的人生，甚至还有我的理性。”他还能冒险去再结婚吗?

在他生命最后的几年内，小仲马不再为法兰西喜剧院写剧本。同时，他发表了一些文章:《亚历山大·仲马先生对勒贡特·德·利尔（Leconte de Lisle）演讲的回复》《1887年5月31日礼拜四在公众会议上发表的演讲》，在《插图》杂志上发表小说《伊尔卡》[1]，为埃米尔·贝日拉的一篇社会学研究写的序言:《共和国之爱：社会学研究，1870—1889年》。[2]

最后，他出版了《幕间休息新编》，一个手册、文章和悼念文的文集，包括:《致H.费利·德·皮尼先生的一封信：致〈费加罗报〉经理先生》、写于乔治·桑在诺昂的葬礼前夜的《未发表的演讲》《杀人的妇女和投票的妇女》《向曼萨纳雷兹公开认错》《在蒙蒂尼墓前致的悼词》《致纳盖先生》《对儿童问题的思考》《在古斯塔夫·多雷墓前致的悼词》《戏剧专栏：关于埃米尔·佩兰导演的小册子》《寻亲问题：致古斯塔夫·利维先生》《在阿道尔夫·德·鲁汶墓前致的悼词》《一封信》。

好像要清理过去一样，他在1892年5月12日和13日出售了一部分

---

1 第二年，第四卷，1887年12月1日，第365—378页。这篇小说也被用作1896年他身后出版的文集的书名，收入了《正面与背面》《青春的回忆》《夏夜的梦想》和《致J. P***医生》。

2 埃米尔·贝日拉，《共和国之爱：社会学研究，1870—1889年》，巴黎，E.当图出版社，1889年。

藏画。

夏尔·伊里亚尔特（Charles Yriarte）为目录作序，介绍仲马“是别具一格的、冲动的收藏家，乐于对潮流追根究底。作家不仅是人们认为的艺术评论家，他做得更好，他帮助了那个时代很多画家生存下来”，这是从他十八岁将那幅奥克塔夫·塔塞尔的《浴女》挂在他在布尔达卢大街家中的楼下开始的。

翻阅目录，人们可以注意到，除了塔塞尔的不少画作外，有一幅委罗内塞的画，一幅伦勃朗的《老者的头像》，两幅欧仁·布丹（Eugène Boudin）的画（《布列塔尼的马市》和《海滨风景：勒阿弗尔港》），夏尔丹（Chardin）的《塞丹纳的肖像》，古斯塔夫·多雷的《麦克白的巫婆》和《麦克白》，几幅德拉克洛瓦的画（《祈祷中的玛大肋纳》《瓜达莱特战役后的罗德里克王》《浮士德和瓦格纳博士》《虎》《希俄斯大屠杀》），八幅戴奥多尔·卢梭的画，一些美索尼耶的画和几幅普鲁东、沃隆、特罗荣、于勒·杜普雷（Jules Dupré）和柯罗的作品，其中一幅《拉罗谢尔》是德巴罗尔送给他的。[1]

小仲马的亲属：珂莱特和莫里斯·李普曼于1892年5月25日宣布离婚。珂莱特将于1897年10月2日在马尔利勒鲁瓦与罗马尼亚医生德米特里·阿希尔·马萨（Démétrius Achille Matza）结婚。新娘第二次婚礼的见证人是维克托里安·萨尔都和画家埃杜瓦尔·德塔耶（Édouard Detaille）。

1 参见1892年5月12日和13日拍卖会的《小仲马收藏的古代和现代绘画目录，水彩、素描和水粉》，巴黎，1892年，包含十五幅铜版画。

1894年，卡尔曼-雷维出版了《他人的戏剧》，这是小仲马与别人合作编写的剧本的合集：《妻子的痛苦》《埃洛伊斯·帕朗盖》《蓬皮尼亚克的教子》《达尼谢夫一家》《罗玛妮伯爵夫人》，这些剧在它们上演期间出现纠纷，小仲马不想把这些剧收入自己的戏剧全集，但是读者对这些剧感兴趣，因为人们在其中看到了他的手笔。

在《弗朗西雍》之后，他重新开始创作《底比斯之路》，虽然也对再完成一件作品不抱希望，他向保罗·布尔热承认。

> 我重新开始写《底比斯之路》，但我看不到终点，我很担心永远不会完成。全无热情和兴奋。我很清楚我想说什么，我不断重复："说这些有什么用呢？"真相就是，长久以来我太了解人性了。

有一次他去维利耶大街时，列奥波尔德·拉古尔问他什么时候可以在法兰西喜剧院看到《底比斯之路》。他得到了这个令人失望的回答："会有一天完成吗？我越来越怀疑了。里面需要容纳那么多东西，太多了！一个不想只取悦观众，而想引人深思的戏剧作家，他自己也在反思，对于他来说，生活的经历以及思考越来越强烈地给他忠告，因为他不再拥有创造者那般坚定的自信，也许二十年前这种自信可以使他有能力实现自己的想法。然后，再然后呢，我向您保证，我从没有感到过骄傲，尽管有这样一个很多人都喜欢的传说，但它终将破灭。但是最后，如果不是过分自负，我就可以骗自己，说我的作品具有真正的价值，希望在临终时我不会真的这样认为，我可以做到，这是因为，我的上帝！是的，因为我的成功，尤其是那些我认为清醒而严格的聪明人的评价，例如泰纳先生。然而，我看到公众的品味在变化，一部分年轻人走向贝克[1]和他的弟子那边，另一部分为易卜生而欢呼。我眼见着我的艺术形式在衰落。我的戏剧，我的戏剧终将消失。”

这种被抛弃的感觉没有得到证实。实际上，他的戏剧定期在法兰西喜剧院上演，如《茶花女》《半上流社会》《克洛德的妻子》。在后一部剧中，莎拉·伯恩哈特获得了极大的成功，一位评论家甚至断言“小仲马在易卜生之前就已经是易卜生了”。

列奥波尔德·拉古尔注意到什么都不能安慰他。这是一位对过去始终明晰的分析家。

> 伏尔泰的戏剧又怎么样？人们甚至都不去读了。然而，哪位抒情诗人的作品能比《扎伊尔》和《梅洛佩》[2]更受赞美和追捧？同样，一位剧作家，只有当他仍然有读者时才能算活着，如果我可以这样说的话。在这个通常是文学史的墓场里，这儿或者那儿，到处点缀着他的散文，好似作者的半身像。这位作家的艺术遗产并不是他写的书，而是至少有两三部真正的杰作继续在舞台上演。在19世纪的戏剧中，我可以找出三四部真正的杰作：不是维克多·雨果的歌剧——壮丽的语言不能永远拯

1 贝克（Henry Becque，1837—1899年），法国自然主义戏剧的代表作家，其代表作有《乌鸦》《巴黎妇女》等。——译注

2 《扎伊尔》和《梅洛佩》都是伏尔泰的戏剧作品。——译注

救它们——而是缪塞的几部喜剧。我不评论我的父亲：他有天才，就如同大象有鼻子一样。

《费加罗报》的记者菲利普·吉尔（Philippe Gille）就《底比斯之路》向他提问，他回答：

如果我只能挨打，那么，在我这个年纪还会去冒险吗？不会！我最好把《底比斯之路》留在抽屉里。我认为这是我最好的剧之一，我也相信我永远不会把它交出来［……］。在生活的虚无和我们徒劳的努力面前，我们绝望地呼唤所谓的天意，而天意什么都没有为我们准备，很简单，我想隐退到修道院。［……］至少在那里，我们远离生活。［……］哦！冷静点儿，我永远没有勇气这样做。［……］会有人说我受祭司和女人的影响沉迷宗教。［……］而且，我也会无聊得要死。

这部剧讲述了一位学识渊博的医生，也就是作者的化身，在生命的尽头遇到一个年轻而撩人的女孩，和斯芬克斯一样神秘，是小仲马戏剧中普遍存在的女妖怪的化身。这位迪迪埃（Didier）医生是无神论者，他的妻子和女儿都是信徒。女儿热纳维耶夫爱上了父亲的助手，这位助手是一名无神论者，从而引发了仁慈的宗教和粗暴的科学之间的不少冲突。美丽的米丽亚娜（Miliane）和她母亲出现了，米丽亚娜被一名逃亡的袭击者所伤。母女二人在诊所安顿下来养伤，她们迷人的存在和交谈令男人们很开心，却让女人们忧心不已。又来了一群对迪迪埃的工作感兴趣的瑞典大学生，接着那个试图杀死米丽亚娜的年轻人也来了，他现在想娶她。她拒绝了他，挑起助手与迪迪埃之间的纠纷，而迪迪埃此时已向她表白。她说她已经准备好献身迪迪埃了。第四幕在这里戛然而止。

于勒·克拉尔蒂在1904年10月1日的《费加罗报》上发表了一篇文章，他在文章中讲述小仲马为父亲所写的剧本，他发现自己与之相关：

> 一个秋天的下午，我的父亲去马尔利看望小仲马，以便与他一起确定第一场演出的日期。[……]小仲马坐在一张堆满书的大桌子前，在他面前有一个墨水瓶、蓝色的稿纸和一个装满鹅毛笔的瓶子。他穿着一件灰色法兰绒的写作服，手里拿着一份手稿，这就是《底比斯之路》。[……]他清声朗读，清晰的嗓音充满魅力和无限的甜蜜。窗外，秋雨敲打着屋顶似乎在为剧本伴奏。[……]有时，读完那些带有他的风格的精彩段落，他停下来，说："这太长了，我要删掉！"[……]在这短暂的五幕剧中，小仲马把他全部的才华，和他所有关于社会、科学、宗教、女人和儿童的想法全部熔为一炉。

小仲马答应给卡尔曼-雷维为《三个火枪手》豪华版写一篇序言信，这个版本中有莫里斯·勒努瓦尔（Maurice Lenoir）的二百五十幅插画和于勒·郁约（Jules Huyot）的版画。

在这篇序言中，他充满怀念地谈到了父亲：

还记得吗？在你的世界里，世界上的事物，或者永恒的生命只存在于我们的想象中，源于我们对不再存在的恐惧。我们一起生活的时候，从未讨论过这些，我相信那种形而上的思辨从未困扰过你。

[……] 啊！美好的时光！我们年龄相当：你四十二岁，我二十岁。那些愉快的谈话、温柔的诉说！我觉得仿佛就是昨天。[……] 你沉睡了近四分之一个世纪，安眠在维耶科特莱墓地的大树下，在你的母亲和父亲之间，你的母亲是你刻画的所有诚实女性的样板，你的父亲曾是你创造的所有英雄的证明。而我，你一直把我看作你身边的孩子，我也是，我也把自己当成你身边的孩子，可我鬓边的白发比你还要多了。[……] 地球转得飞快。很快会再见。

这个豪华版的《三个火枪手》的印刷日期是1893年11月25日。

第十八章　最后一幕

当我们看到上帝创造了生命时，还要特别感谢他创造了死亡。

小仲马

《丹妮丝》

死亡来得真快!

1895年4月2日，娜迪娜·纳里什金娜-仲马去世了。

公元一八九五年四月四日早上九点钟，谨立娜迪娜·德·克诺金（Nadine de Knorring）的死亡证明，身故人终年六十八岁，年金享有者，出生于俄罗斯莫斯科，四月二日晚十一点半亡故于尼尔大街17号家中，她是让·德·克诺金与奥尔加之女……她在第一次婚姻后，成为亚历山大·纳里什金的遗孀，第二次婚姻嫁给亚历山大·仲马·达维·德·拉帕耶特里，后者现年七十岁，作家，法兰西学院院士，大军官勋位获得者。本证明由公共教育官员、巴黎第十七区的民事官员助理普洛斯佩·米歇尔·勒费弗尔（Prosper Michel Lefèvre）根据欧内斯特·德·奥特利夫的要求而立，申请者三十一岁，驻穆兰（阿利埃）的骑兵军官，亡故者的女婿，以及勒内·比高涅（René Bigorgne），四十二岁，无业，住址为维亚拉街，上述三人，在宣读后签字。

录写的地址不是家庭住址，而是珂莱特的住址。

4月4日的《高卢人日报》谨慎地发布了这一消息：

亚历山大·仲马夫人刚刚去世，终年六十八岁，几年来一直卧床，最后死于大脑瘫痪。亚历山大·仲马夫人出生于莫斯科，俄罗斯人，本名为娜迪娜·德·克诺金。她是出身显赫的德·纳里什金的孀妇，在《半上流社会》首演取得巨大成功后第二天与亚历山大·仲马结婚。

这次婚姻中她生了两个女儿，珂莱特·仲马女士和奥特利夫伯爵夫人。

根据死者的愿望，不会邀请任何人参加葬礼。

宗教仪式将于明天礼拜五十一点钟在达鲁街的俄罗斯教堂举行。

这次葬礼让我们看清楚了小仲马晚年的社会力量。

虽然没有发出任何邀请，但昨天，闺名为娜迪娜·德·克诺金的亚历山大·仲马夫人在达鲁街的俄罗斯教堂的葬礼有相当可观的人参加。

亚历山大·仲马先生在女婿奥特利夫伯爵及其外孙亚历山大·李普曼的陪同下走在葬仪队伍的前边。

大主教瓦西里耶夫（Wassilieff）主持了仪式。

在前列出席者中，我们注意到：

玛蒂尔德公主，[……]，维克托里安·萨尔都先生和夫人，[……]，于勒·西蒙（Jules Simon），贝吕纳（Bellune）公爵，杜佩雷海军少将，埃德蒙·德·罗斯柴尔德（Edmond de Rothschild）男爵，路易·德·图莱纳（Louis de Turenne）伯爵，苏利–普吕多姆（Sully-Prudhomme），于勒·克拉尔蒂，约瑟夫·贝尔唐（Joseph Bertrand），梅尔基奥尔·德·沃居埃（Melchior de Vogüé）子爵，拉维斯（Lavisse），图罗–当冉（Thureau-Dangin），路德维克·阿雷维，亨利·梅拉克，亨利·乌塞伊（Henry Houssaye），路易·冈德拉，马塞尔·德·日尔米尼（Marcel de Germiny）伯爵，欧仁·德·勒斯（Eugène de Leusse）子爵。

[……] 于勒·勒麦特，保罗·卡尔曼–雷维，杜布夫（Dubufe），让·埃卡尔（Jean Aicard），于勒·德拉夫斯（Jules Delafosse），安贝尔·圣阿芒（Imbert Saint-Amand）男爵，雷昂·克雷利（Léon Cléry），德·夏佩尔（Chapelles）男爵，夏尔·埃弗鲁希（Charles Ephrussi），路易·卡安·当维尔（Louis

Cahen d'Anvers）伯爵，德·蒙利沃（de Montlivault）子爵，勒费弗尔－蓬塔利（Lefèvre-Pontalis），亨利·昂德雷（Henri Hendlé），A.尼萨尔，杜蒙帕利耶（Dumontpallier）医生，埃米尔·布拉维，伊波利特·帕里戈（Hippolyte Parigot），亨利·拉夫当（Henri Lavedan），亚瑟·梅耶（Arthur Meyer）等等，等等。

埃德蒙·阿布夫人，德·格朗瓦尔（de Grandval）侯爵夫人，德·朗格拉德（de Langlade）男爵夫人，H.德·达克斯（H. de Dax）子爵夫人，奥贝尔农·德·内尔维尔，德·科尼斯瓦特（de Koenigswarter）男爵夫人，沃姆斯－巴莱塔（Worms-Baretta）以及法兰西喜剧院和奥德翁剧院的许多艺术家。

葬礼在讷伊公墓举行。

娜迪娜和劳尔·拉贝埋在同一个墓穴里。

紧接着三个星期后，轮到亨丽埃特的母亲露易丝·雷尼耶·德·拉布里埃尔（Louise Régnier de La Brière）去世了：

伟大的喜剧演员雷尼耶的遗孀，雷尼耶夫人昨天上午［4月22日礼拜一］在巴黎去世，死于疾病，真正的原因则是她儿子十八个月前突然死亡所带来的极度痛苦［亨利，剧院政府津贴专员，1893年12月4日亡故］。之前她承受了同样残酷的丧女之痛，阿尔弗雷德·德·缪塞曾为她的女儿写了一首美丽的十四行诗。［……］雷尼耶夫人深居简出，在她唯一活着的女儿的怀抱中辞世，得到女儿无微不至的照顾。她在身后获得了卓越而仁慈的女子的名声。[1]

小仲马离开维利耶大街98号，临时住在安培街11号。

6月26日，他在巴黎十七区政府与亨丽埃特结婚，出席的有声名显赫的证人：

公元一八九五年六月二十六日下午两点半，谨立此结婚证书。亚历山大·仲马·达维·德·拉帕耶特里，于公元一八二四年七月二十四日出生于巴黎，作家，大十字骑士勋章获得者，法兰西学院院士，现住在安培街11号，年龄为七十一岁零四个月，是已故夫妇亚历山大·仲马·达维·德·拉帕耶特里和玛丽·卡特琳娜·拉贝的儿子，娜迪娜·德·克诺金的鳏夫，为一方；亨丽埃特·玛丽·塞西尔·雷尼耶·德·拉布里埃尔（Henriette Marie Cécile Régnier de La Brière），公元一八五一年十一月二十二日出生于巴黎，年金享有者，住在安培街45号，已故夫妇约瑟夫·雷尼耶·德·拉布里埃尔（Joseph Régnier de La Brière）和亨丽埃特·露易丝·劳尔·格雷夫东（Henriette Louise Laure Grévedon）的大女儿，已与尼古拉·菲力克斯·埃斯卡里耶离婚，新娘的证人声明认识新娘本人，并宣誓说他们不清楚她祖先的住所和死亡地点，为另一方。由

1　见1895年4月23日的《费加罗报》。

我，区长助理、巴黎第十七区民事官员、公共教育官员让·乔治·雷昂·于勒·克斯纳尔（Jean Georges Léon Jules Cosnard）起草，我们刚刚为他们在区政府公开举行婚礼［……］。

一个月后，亚历山大·仲马写下了遗嘱：

我今天进入了人生的第七十二个年头。现在是时候写下遗嘱了，特别是因为某些症候，我似乎可能看不到七十二岁结束了。［……］一个月前，我并没有因此而放弃和一个比我年轻得多的女人结婚，我希望给予她这份她应得的尊重和感情证明。我非常确信，她配得上冠以我的姓氏，当我不在人世以后，她还要冠着这个姓氏很久很久。此外，她是一个勇敢而有活力的人，将执行我记录在这里的某些愿望。

我明确希望葬礼不举行任何宗教仪式，我希望我的墓前不要读任何悼词，而且免除军事礼遇。这样，只有那些愿意被打扰的人才会被我的死亡打扰。

我希望被葬在拉雪兹神父公墓一块只有两具棺材的墓穴里，虽然尽可能晚一些，仲马夫人会前来和我团聚。在我死后，我将穿着我的一件红色花边的亚麻浴衣和一件我工作时习惯穿的衣服，配成一套，光着脚［……］。

我将所有的文章、信件、手稿留给亨丽埃特·亚历山大-仲马夫人，她会把它们整理好，并且知道要如何处理它们。

显然他预见到并且希望避免亨丽埃特和他的女儿们之间的冲突。

8月初，他决定在普伊的房子里过个短假期，他有六七年没有来过这里了。

然而，面对多变的天气，他犹豫不决。但到了8月中旬，阳光明媚的日子回来了，他决定动身，承诺只在海边待到9月15日。

来普伊的客人发现他年轻了十岁，面带笑容，充满活力，头脑敏锐，很高兴与家人住在大地的这个角落，在这里他曾度过了创作的最好年代。当他到迪耶普来迎接客人们时，他自己驾车，赶着马儿，双手有力，他的脸被咸湿的海风吹打，眼睛明亮，嘴上挂着笑容。晚上，他讲述趣事和回忆，或领着大家玩孙儿们带来的新游戏。他又认真地开始为法兰西喜剧院写剧本。他只需要最后一步就可以“串起整条项链”了。这不是《底比斯之路》，而是一个改写本，《撩人的女人》，他打算在11月或12月开始排练。

“您来信让我重写第四幕的最后一场，这对全剧和对穆内-苏利（Mounet-Sully）都至关重要。如果我们失败，这里就是我们会失败的地方；如果这里我们取得成功，我们就能取得巨大成功，尽管结局不是那么合适”，他在8月写信给于勒·克拉尔蒂。

当他走在通往海边的路上时，他几乎不怎么使用手中长长的乡村拐杖，并且喜欢用手指旋转拐杖玩。在面朝大海的鹅卵石滩，他与父亲的访客交谈，在他写作的房间，墙上挂着五六幅父亲不同年龄的肖像。他喜欢充满温情地讲述父亲在这里度过的最后时光，他称他为大师。

他在普伊居住的最后两周，也就是9月下旬，他的健康状况开始出问题。他的胃部出现不适——人们将问题归咎于他太爱吃水果、甜瓜和醋栗炖鲭鱼。这些都会让他胃部不适。他给自己开药，拒绝改变任何生活方式。

由于他身体没能康复，亨丽埃特敦促他回马尔利，在那里他开始遵守格鲁比（Grouby）医生的食谱。尽管他的健康状况只是暂时稳定，但他仍然自己驾车出门。他每周去巴黎两到三次，去法兰西学院、参加戏剧作家的会议或者去见朋友。11月11日礼拜一，他到巴黎去玛蒂尔德公主家吃饭。当晚，他承认感到很累。

早在10月1日，他就生病了，并意识到他完不成《底比斯之路》了。“就当我已经死了，不要再指望我”，他对克拉尔蒂宣布。他抱怨头疼欲裂，耳朵里有持续的鸣音，他有时会意识丧失，吓坏了他的妻子和女儿们。医生们一个接一个来到马尔利他的病床前，诊断他是充血，有脑部肿瘤。

11月28日，亨丽埃特和珂莱特守在病床前，医生夏里耶（Charrier）刚刚注意到他好转了一些，亨丽埃特就发现丈夫的面部突然发生痉挛，她对珂莱特喊道：“快叫夏里耶！”

医生才出去发了一封电报，于是立刻上楼，这时他探身看向病人，看到他一阵痉挛，接着突然停止了。就是这样：小仲马死了。

他死于脑底部炎症病灶的发展引起的局部脑膜炎。死亡是与这种脑膜炎有关的延髓病变猝发的结果。

毫无疑问，他平静地去世了。“到目前为止，我丝毫不怕死亡。我在世界上看到了令人钦佩的和谐，没有什么需要改变的。我确信，这种和谐不会中止，而且这种和谐在死亡中与在生活中一样多”，他曾这样说。

公元一八九五年，十一月二十八日上午九点钟，谨立作家、法兰西学院院士、大十字勋章获得者亚历山大·仲马·达维·德·拉帕耶特里的死亡证明，卒年七十一岁零四个月，公元一八二四年七月二十四日生于巴黎，晚上六点四十五分死于马尔利勒鲁瓦的尚福鲁街家中，他是已故亚历山大·仲马·达维·德·拉帕耶特里与纳塔莉[1]·拉贝的儿子，其妻为亨丽埃特·玛丽·塞西尔·雷尼耶·德·拉布里埃尔，无职业，四十一岁，家在前述马尔利勒鲁瓦。他在第一次婚姻中与丧偶的娜佳·克诺金结婚。证人为费尔迪南·欧内斯特·勒库尔·奥特利夫，驻穆兰（阿利埃）的骑猎兵第十团中尉，三十一岁，亡者的女婿；埃米尔·皮洛特·德·拉夏洛特里，巴黎－里昂－地中海铁路办公室主任，五十岁，居住在巴黎的布朗什街五十六号，亡者的教子。[2]两位证人与我们，市长，以及民事官员布鲁森·让－巴蒂斯特（Broussin Jean-Baptiste）阅后签字，我们签字确认死亡。

---

1 原文如此。——译注

2 没有人清楚小仲马与他的教子之间的关系。戴奥多尔·博特莱尔（Théodore Botrel）在《一个流浪诗人的回忆》中说，巴黎－里昂－地中海铁路公司（PLM）办公室主任“德·拉夏洛特里先生和仲马长得一模一样，我认为他是他的……孙子”米盖尔·埃米尔·皮洛特·德·拉夏洛特里（Miguel Émile Pilotte de La Charlotterie）于1845年9月21日出生于巴黎，夏洛特·玛丽·玛德莱娜·皮洛特·德·拉夏洛特里（1815—1902年）承认他是自己的儿子，生父不详；他在1899年9月6日与于丽·埃莱奥诺尔·里约唐（Julie Éléonore Lieutand）结婚。1917年2月7日《高卢人日报》宣布了他过世的消息：“我们得知德·拉夏洛特里先生去世的消息。根据逝者遗愿，他的葬礼只有最近的亲友参加。/德·拉夏洛特里先生是小仲马的教子，他一生都与小仲马很亲密。”他收藏的画在4月21日德鲁欧公馆被拍卖。

第二天，所有的报纸都向他表示敬意。

可以看到《日报》发表的弗朗索瓦·科培的文章，《辩论报》发表的于勒·勒麦特的文章，《费加罗报》发表了菲利普·吉尔的文章，《吉尔·布拉斯报》发表了弗朗西·舍瓦索（Francis Chevassu）的文章，《世纪报》发表的卡米耶·勒塞纳（Camille Le Senne）的文章，《晚报》发表了于勒·西蒙以及（也许是）他的同父异母兄弟亨利·鲍尔的文章，他于1879年被赦免，自《巴黎回声报》创立起就是该报的戏剧评论家。

《高卢人日报》极为认真地列举了人们对小仲马表示的所有敬意。

成群结队的作家、记者、政治家、上流社会的女性和普通人涌向尚福鲁。小仲马被安放在他的房间里帝国风格的床上，床头装饰着由两只巨大的柠檬木雕天鹅支撑的青铜雕塑，他穿着红色花边的浴衣和工作服，赤着脚，和他要求的一样。

第二天，遗体从马尔利运往巴黎。我们可以在《高卢人日报》上读到当天的报道：

> 九点半，亚历山大·仲马先生的遗体从他在马尔利勒鲁瓦过世的房间抬了出来，立刻被安置在殡仪车里，他的家人和非常多的当地居民在场，他们的脸上流露出深深的敬意。
>
> 当车队离开时，珂莱特·亚历山大-仲马夫人收到以下电报：

布鲁塞尔，11月28日。

晚7:15。

法语文学界因您父亲的去世而蒙受了无法挽回的损失。请相信我对您的痛苦的真诚问候。

拿破仑

九点四十五分，灵车开始启程，后面跟着三辆车，里面坐着亚历山大·仲马夫人，珂莱特·亚历山大–仲马女士和他的长外孙，还有欧内斯特·德·奥特利夫夫妇，德·夏洛特里先生，亨利·弗尔（Henri Faure）医生和朗多尔夫（Landolf）医生。

车队沿着如下路线行进：布日瓦尔、吕埃耶、楠泰尔、库尔布瓦、国防部环岛，经过萨布隆维尔大街进入讷伊，到达了佩莱尔广场和阿尔封斯德纳维耶大街，到达时间为十一点半。

棺柩立即被运进了小教堂，这里自前一天便布置好了。公寓在第三层，而且非常开阔。因为小仲马还没有完成新居的装饰就病倒在床，所以房间里面只放了一部分家具，显得更加开阔。只有卧室已经完全布置好。这个房间被贴上封条。灵柩被放在一个非常高的台子上，周围点燃了巨大的蜡烛。房间的四个角落点着四个落地灯柱和几排蜡烛。整个房间挂满银色的葬礼布幛。在最深处的帷幔上悬挂着一个巨大的银色星星。

一切都简单而庄重。

全家人都在这里。维克托里安·萨尔都夫人在热纳维耶芙·萨尔都（Geneviève Sardou）小姐的陪同下抵达。

人们把法兰西学院院士的外套和剑、礼帽放在棺椁上。在灵柩台脚下的一块垫子上，放置着荣誉军团勋章。

成堆的花束送到了，是朋友们和仰慕者送来的，棕榈、花束、花冠。人们把鲜花摆在棺材前。很快，这些鲜花就堆到了亡者的双脚那里。

有人送来了一个巨大的不朽之冠，上面刻着这样的铭文：

致亚历山大·仲马，玛蒂尔德公主

公主玛蒂尔德走进来跪下祈祷。

人群已经进入，慢慢地，无声地从灵前走过，被深深的悲伤淹没。母亲们带着孩子。小家伙们看不到，有人抱起他们，以便他们不会错过任何细节。

我听到一位女士对她的孩子说：

“好好看看。你以后可以说你见过亚历山大·仲马的棺材。”

中学生、大学生都来了。队伍一直在继续，继续。

葬礼在11月30日举行。

与他遗嘱中所表达的愿望不同，他并没有被埋葬在拉雪兹神父墓地，而是被埋葬在蒙马特墓地。

根据亡者的遗愿，葬礼以最简单的方式进行。葬礼队伍由所有的文学和艺术界的知名人士组成。然而，由于他的葬礼纯粹是民间的，许多人只是写下留言，然后被劝离，以致他们后悔没能跟着队伍到墓地以向这位如此高才的男人致以最高的敬意。

在人行道和左邻右舍的房子附近，人们在等待，已经聚拢了相当可观的人群。葬礼队伍立刻就成形了。

指挥官热尔米内（Germinet）先生代表共和国总统。政府代表有：公共教育和艺术部部长贡布（Combes）先生，内政部部长及内阁主席莱昂·布尔热瓦（Léon Bourgeois），海洋和测量部部长、商务部部长艾杜瓦尔·洛克华（Édouard Lockroy）。然后是欧内斯特·德·奥特利夫先生，亚历山大·李普曼先生，埃米尔·德·拉夏洛特里先生的家庭代表，他们是亡者的女婿、外孙和教子。后面还有学术院、戏剧作家和作曲家协会以及文学家协会的人。

朋友们紧随而来。

牵引棺索的是比扎尔（Bizard）少校——他代表因身体不适而留在家中的荣誉勋位管理会总管费弗里耶（Février）将军，美术办公室负责人亨利·鲁永（Henry Roujon），法兰西学院终身秘书加斯东·布瓦西耶（Gaston Boissier），法兰西科学院终身秘书约瑟夫·贝尔唐，美术院院士艾杜瓦尔·德塔耶，戏剧作家和作曲家协会副主席维克托里安·萨尔都，法兰西喜剧院经理于勒·克拉尔蒂，文学家协会主席埃米尔·左拉。

葬礼队伍大约在十二点十五分出发。

覆盖在棺材上的是亚历山大·仲马的院士服和佩剑。

装满鲜花的殡仪车前面是两辆载有无数花冠的马车。

人们还注意到文学家协会、国立音乐朗诵学院、奥德翁剧院、体育馆剧院和杂耍剧院的精美花环。萨拉·贝恩哈特的花环品味独特，吸引了所有人的目光。

另一个令人赞叹的花环是亚历山大·仲马将军的诞生地海地的大学生所送。

英国戏剧家协会的花环上有这样的题词：

向天才的亚历山大·仲马致以深深的敬意。

葬礼队伍穿过两排围观者，沿着维利耶大街向前。在马莱伯广场，葬礼队伍的成员本能地抬起眼睛望向《三个火枪手》作者的雕像。大仲马的头正好转向葬礼队伍。父亲看着儿子的遗体经过。

葬礼队伍接着经过库尔塞尔大道、巴提尼奥尔大街、克利希广场，随后到达蒙马特公墓。到这里，人群是如此之众，葬礼队伍被迫放慢了速度。很快，由于人太多，开始禁止人们进入墓地。亚历山大·仲马先生的遗体被放入城市的临时墓穴，同时等待为他建造的纪念碑。

人们在墓前献上花环、成捆的鲜花、棕榈、花束。鲜花很快堆积成山，越来越高。小仲马的家人走了一段路迎候队伍。但这支队伍太长了。而亚历山大·仲马最小的女儿德·奥特利夫夫人觉得难受。奥特利夫先生要把她送走，也不得不和她一起坐车离开，很遗憾地不能和家里的其他成员在一起。亚历山大·仲马夫人和珂莱特·仲马夫人也筋疲力尽了。人们把她们送上车。

人群继续沿着开放的墓地缓慢地行进，观看花环和花束，阅读上面的铭文，持续了一个半小时，而在墓地的另一边，妇女和年轻人将从亚历山大·仲马墓上落下的鲜花放到玛丽·杜普莱西的墓上。[1]

安培街公寓的家具总价格为141 303法郎，这可以用里面包含的画作的数量和质量来解释：沃隆，美索尼耶，德拉克洛瓦的《罗德里格王在瓜达莱特战役之后》，米勒的《拉撒路复活》，柯罗的《孤独》和杰利柯（Géricault）的一幅男子肖像。

家具和绘画作品于1896年3月2日和3日在乔治·佩蒂画廊拍卖后四散了。

蒙马特公墓的坟墓将竖起雕塑家勒内·德·圣马尔索（René de Saint-Marceaux）创作的纪念碑，表现的是亚历山大·仲马身穿僧侣的服装躺在华盖下，作家的脸是在马尔利倒的模。

他的妻子亨丽埃特于1934年与他在这里团聚。

1 当丹，《小仲马的葬礼》，见1895年12月2日的《高卢人日报》。

参考书目

Autran (Joseph): *Œuvres complètes VII. Lettres et notes de voyages*. Calmann-Lévy, 1879.

Blaze de Bury (Henri): *Alexandre Dumas, sa vie, son temps, son œuvre*. Calmann-Lévy, 1885.

Dash (Comtesse): *Mémoires des autres*. Librairie illustrée, 1896.

Dreyfous (Maurice): *Ce que je tiens à dire. Un demi-siècle de choses vues et entendues*. Librairie Paul Ollendorff, 1912.

Dumas (Alexandre): *Mes Mémoires*. Robert Laffont, 1989.

Dumas (Alexandre): *Lettres à mon fils*. Ed. Cl. Schopp. Mercure de France, 2008.

Dumas fils (Alexandre): *L'Affaire Clemenceau. Mémoires de l'accusé*. Michel Lévy, 1866.

Dumas fils (Alexandre): *Théâtre complet* avec préfaces inédites. Calmann-Lévy, 1896.

Goncourt (Edmond et Jules de): *Journal*. Robert Laffont, 2014.

Lapommeraye (Henry de): *Histoire du début d'Alexandre Dumas fils au théâtre* ou les tribulations de la Dame aux camélias. Michel Lévy, 1873.

Lippmann (Maurice): «Alexandre Dumas fils intime. Deux années de sa vie». *Revue des Deux Mondes*, 1er août 1924.

Lyonnet (Henry): *La Dame aux camélias de Dumas fils*. Edgar Malfère, 1930.

Maurois (André): *Les Trois Dumas*. Hachette, 1957.

Mirecourt (Eugène de): *Les Contemporains IX*. Alexandre Dumas fils. Gustave Havard, 1855.

Sand (George): *Correspondance générale*, éd. Lubin. Garnier 1964-1991.

Spronck (Maurice): «Alexandre Dumas fils. Ses origines et ses débuts». *Revue des Deux Mondes*, 15 mars 1898.

图书在版编目（CIP）数据

小仲马传：反俄狄浦斯者 /（法）玛丽亚娜·肖普，（法）克洛德·肖普著；张文英译. —北京：商务印书馆，2022
ISBN 978 - 7 - 100 - 20824 - 6

Ⅰ. ①小… Ⅱ. ①玛… ②克… ③张… Ⅲ. ①小仲马(Dumas fils, Alexandre 1824-1895) – 传记 Ⅳ. ①K835.655.6

中国版本图书馆 CIP 数据核字（2022）第035530号

小 仲 马 传

反俄狄浦斯者

〔法〕玛丽亚娜·肖普 克洛德·肖普 著

张文英 译

商 务 印 书 馆 出 版
（北京王府井大街36号 邮政编码 100710）
商 务 印 书 馆 发 行
山西人民印刷有限责任公司印刷
ISBN 978 - 7 - 100 - 20824 - 6

2022年6月第1版　　开本 889×1194 1/32
2022年6月第1次印刷　　印张 13

定价：85.00元